聯經經典

一切能作為學問而出現的
未來形上學之序論

Prolegomena zu einer jeden künftigen Metaphysik,
die als Wissenschaft wird auftreten können

康德（Immanuel Kant）◎著

李明輝◎譯注

國科會經典譯注計畫

目次

譯者前言

康德在西方哲學史中具有無可爭議的重要地位，其若干著作早已有中譯本。但現存的中譯本當中，絕大多數均不甚理想。其主要缺點有三：第一、這些譯本多半由英譯本轉譯；第二、少數譯本雖係直接由德文譯出，但其譯者若非對康德哲學欠缺理解，就是對18世紀的德文無法精確掌握；第三、它們均欠缺中文讀者所需要的注釋與相關資料。這些中譯本過去雖曾發揮了一定的階段性作用，但如今國內學術界在康德研究方面的水準已大為提升，故有必要依更嚴格的學術標準重新翻譯康德的主要著作。

國家科學委員會人文處自1998年起開始推動「西方經典譯注計畫」。筆者參與了第一批譯注計畫，完成了《康德歷史哲學論文集》之譯注工作，譯本已由聯經出版公司於2002年出版。本譯本是筆者執行的第二個「西方經典譯注計畫」之成果。該計畫自2005年8月至2007年7月執行（計畫編號：NSC94-2420-H-001-016; NSC95-2420-H-001-004）。在執行計畫的過程中，筆者曾於2004及2005年在行政院國家科學委員會與德國學術交流服務處（Deutscher Akademischer Austauschdienst）之部分

資助下赴德國波昂大學訪問，蒐集相關的資料。

康德於1781年出版的《純粹理性批判》引起了不少評論，其中包含不少誤解，特別是1782年1月19日匿名刊載於《哥廷根學報》（*Göttingische Anzeigen von gelehrten Sachen*)的書評（簡稱〈哥廷根評論〉)中的誤解。這篇書評之原作者是萊比錫大學哲學教授加爾維(Christian Garve, 1742-1798)，但經過該刊編輯費德爾(Johann Georg Heinrich Feder, 1740-1821)之大幅刪節與小幅修改。為了澄清這些誤解，康德便撰寫《一切能作為學問而出現的未來形上學之序論》(*Prolegomena zu einer jeden künftigen Metaphysik, die als Wissenschaft wird auftreten können*，以下簡稱《序論》)一書，於1783年出版。除了《序論》全文及〈哥廷根評論〉之譯注之外，本譯本還包括以下四種相關資料之譯注：

1. 加爾維之完整書評(後刊於《德意志萬有文庫》[*Allgemeine Deutsche Bibliothek*])；
2. 艾瓦爾德(Schack Hermann Ewald, 1745-1824)之書評(刊於《哥塔學報》[*Gothaische gelehrte Zeitungen*])；
3. 1783年7月13日加爾維致康德函；
4. 1783年8月7日康德覆加爾維函。

這些資料均有助於讀者了解康德撰寫《序論》)一書的動機與背景。

《序論》一書早已有大陸學者龐景仁之中譯本《任何一種能夠作為科學出現的未來形而上學導論》(北京：商務印書館，

1978)。但其譯文在嚴格性方面有所不足，而不耐精讀。再者，
此譯本欠缺中文讀者所需要的注釋與相關資料。筆者譯完《序
論》全文時，另一位大陸學者李秋零之譯本《未來形而上學導
論》正好出版 [1]。就譯文而言，此一新譯本遠勝於龐景仁之舊
譯本，但遺憾的是：新譯本依然欠缺中文讀者所需要的注釋與
相關資料。不過，無論如何，人文經典之翻譯並不嫌其多，不
同的譯者自然會表現出不同的風格，筆者之譯文在風格上與大
陸學者之譯文必有所不同。多一種譯本，讀者即多一種選擇。
以英文譯本為例，此書目前已有以下的四種譯本：

1. Carus, Paul (ed.): *Kant's Prolegomena to any Future Meta-
   physics*. Chicago: Open Court, 1949.

2. Logan, Beryl (ed.): *Immanuel Kant's Prolegomena to Any
   Future Metaphysics*. London: Routledge, 1996.

3. Kant, Immanuel: *Prolegomena to Any Future Metaphysics*.
   Translated and edited by Cary Hatfield. Cambridge: Cam-
   bridge University Press, 2004, revised edition.

4. Kant, Immanuel: *Prolegomena to Any Future Metaphysics
   That Will Be Able to Present Itself as Science. With Two
   Early Reviews of the Critique of Pure Reason*. Edited by
   Günter Zöller, translated by Peter G. Lucas and Günter
   Zöller. Oxford: Oxford University Press, 2004.

1　收入李秋零主編：《康德著作全集》，第4卷(北京：中國人民大
　學出版社，2005年)，頁253-389。

筆者在翻譯《序論》的過程中，也不時參考這些譯本。

　　除了譯文本身之外，筆者在譯文中又加上「譯注」及「譯者按」，其中包括：(1)文字校勘；(2)人名、地名、典故之出處；(3)重要概念之簡要說明；(4)其他必要的補充說明。筆者之注釋廣泛採納了「參考文獻」中第一至四項所列之相關文獻，尤其是波洛克(Konstantin Pollok)為 Felix Meiner 出版社「哲學叢書」(Philosophische Bibliothek)所編的新版本之附注。由於這些注釋多半涉及事實及基本資料(如姓名、生卒年代、著作、出處等)，無所謂原創性，而且各種版本之編輯者或翻譯者往往相互轉引，故除非必要，筆者往往逕自引用，而不一一注明其出處。在此特加聲明，以示無意掠人之美。身為學術著作之翻譯者，筆者自然希望本譯本能達到學術翻譯所要求的嚴謹程度，然譯事甚難，筆者並不敢自許譯文已臻完美。倘若讀者發現此譯本有不當之處，尚祈不吝指正，以期日後有機會修訂。本書在出版過程中，承蒙李國維先生編輯及排版，王又仕及呂政倚先生校對並製作索引，特申謝忱。

中譯本導讀：

《未來形上學之序論》之成書始末及其與《純粹理性批判》的思想關聯

一、《序論》之成書始末

《一切能作為學問而出現的未來形上學之序論》(*Prolegomena zu einer jeden künftigen Metaphysik, die als Wissenschaft wird auftreten können*，以下簡稱《序論》)是康德(Immanuel Kant, 1724-1804)於1783年出版的一本小書。他撰寫這本小書的動機可以直接追溯到他於兩年前出版的大部頭著作《純粹理性批判》(*Kritik der reinen Vernunft*)。他於1770年發表其教授就職論文《論感性世界與智思世界之形式與原則》(*De mundi sensibilis atque intelligibilis forma et principiis*)之後，經過長期的沉思與蘊釀，終於在1781年初出版了《純粹理性批判》這部畫時代的

鉅著。儘管康德花了十餘年的時間來構思《純粹理性批判》，但他卻是在年歲日增的壓力下，於短短四、五個月的時間內倉卒完稿[1]。這部著作之篇幅龐大（共856頁），它所探討的問題又極為複雜，而且康德在書中還使用了不少新的名詞與表述方式。但更重要的是，根據康德自己的說法，此書是「一部離開了所有常走的道路、而走上一條我們無法立刻熟悉的新道路之著作」[2]。職是之故，他自己早已預見到此書不容易為一般讀者所理解。在此書第一版之〈前言〉中，他便承認：此書是為「學問之真正行家」所寫，而「決無法適合於通俗的運用」[3]。

果然不出所料，此書出版之後，德國哲學界之反應頗為冷淡。在第一年（1781年）僅出現了兩篇不具名的簡短書評[4]。連康德極為看重的好友孟德爾頌（Moses Mendelssohn, 1729-1786）對此書也毫無反應。康德在一封寫於1781年5月11日以後的信中向他的學生黑爾茲（Marcus Herz, 1747-1803）訴苦說：「孟德

---

1 參閱1783年8月7日康德致加爾維（Christian Garve, 1742-1798）函，見 *Kants Briefwechsel, Bd. 1, Kants Gesammelte Schriften* (Akademieausgabe, 以下簡稱 KGS), Bd. 10, S. 338.

2 *Prolegomena zu einer jeden künftigen Metaphysik, die als Wissenschaft wird auftreten können*（以下簡稱 *Prol.*）, *KGS*, Bd. 4, S. 380.

3 I. Kant: *Kritik der reinen Vernunft*（以下簡稱 *KrV*）, hrsg. von Raymund Schmidt, Hamburg: Felix Meiner 1971, AXVIII. (A = 1781年第一版，B =1787年第二版)

4 分別刊於 *Frankfurter gelehrte Anzeigen*, Nr. 57 & 58, Frankfurt/M. 1781, S. 456-461; *Neueste Critische Nachrichten*, 44. Stück, Greifswald 1781, S. 345-346. 在當時，評論者不具名並非特例，而是常見的事。

爾頌先生將我的書擱在一旁，這使我極不愉快，但我希望：這種事不會老是發生。」[5]他甚至在1783年8月16日致孟德爾頌的信中直接表達了其失望之情：「〔……〕僅致力於探討那座建築〔按：指形上學〕之地基的《批判》〔按：指《純粹理性批判》〕無法吸引您機敏的注意力，或是隨即又使您的注意力移開，這令我極為遺憾〔……〕。」[6]

　　有證據顯示：就在《純粹理性批判》剛出版不久，康德便已感到有必要另寫一部較為通俗的著作，來闡明《純粹理性批判》之要義。就在康德寫給黑爾茲的上述信函中，康德於談到《純粹理性批判》時寫道：「這種探究總會是困難的，因為它包含**形上學之形上學**，但我還是想到一個計畫，按照這個計畫，這種探究也能取得**通俗性**。但是在開頭時，由於要清理地基，通俗性不會得到妥善的處理，尤其是因為這類知識之整體必須按其全部結構被展現出來。」[7]康德底同鄉哈曼（Johann Georg Hamann, 1730-1788）在1781年8月5日致函康德早年的學生赫德爾（Johann Gottfried Herder, 1744-1830）時也提到：「康德準備也為外行人編寫其《批判》底一個通俗的摘要。」[8]六天之後（即8月11日），哈曼又在寫給出版商哈特克諾赫（Johann Friedrich Hartknoch, 1740-1789）的信中提到：「康德談到其《批

5　*Kants Briefwechsel*, Bd. 1, *KGS*, Bd. 10, S. 270.

6　同上注，S. 344f.

7　同上注，S. 269.

8　Johann Georg Hamann: *Briefwechsel* (Frankfurt/M: Insel 1988), Bd. 4, S. 319.

判》之一個具有通俗趣味的摘要。他答應為外行人編寫這個摘要。」[9]同年8月18日康德曾致函哈特克諾赫，可惜這封信並未保存下來。但是11月19日哈特克諾赫回覆康德此函時表示：「如果《批判》之摘要已完成（這我並不懷疑），請將它寄給印過偉大著作的哈雷（Halle）印書商格隆內爾特（Grunert）。但一旦手稿寄出之後，懇請通知我。」[10]由此或許可以推斷：康德於1781年8月18日在寫給哈特克諾赫的信中可能提到了他為《純粹理性批判》編寫一個通俗摘要的計畫，甚至已著手編寫。其後，哈曼在1782年元月11日致函哈特克諾赫時又提到：「康德正在撰寫**道德底形上學**——我不知道是為哪個出版社而寫。他還想在接近復活節時寫完他的小著作。」[11]這裡所提到的「小著作」顯然便是指《序論》一書。但康德並未如期完成此書，因為此時出現了一段插曲，使康德改變了寫作計畫。

　　1782年1月19日在《哥廷根學報》(*Göttingische Anzeigen von gelehrten Sachen*)附冊第1冊刊出了一篇對於《純粹理性批判》的不具名書評[12]。這篇書評之原作者是加爾維，後經《哥廷根

9　Hamann: *Briefwechsel*, Bd. 4, S. 323.

10　*Kants Briefwechsel*, Bd. 1, *KGS*, Bd. 10, S. 279.

11　Hamann: *Briefwechsel*, Bd. 4, S. 364.

12　Zugabe zu den *Göttingischen Anzeigen von gelehrten Sache* unter der Aufsicht der Königl. Gesellschaft der Wissenschaften. Der erste Band. auf das Jahr 1782. Göttingen, gedruckt bey Johann Christian Dietrich, 3 Stück, den 19. Januar 1782, S. 40-48；亦收入 I. Kant: *Prolegomena zu einer jeden künftigen Metaphysik, die als Wissenschaft wird auftreten können,* hrsg. von Konstantin Pollok (Hamburg: Felix Meiner

學報》底編輯費德爾之大幅刪節與小幅修改,而以目前的形式
發表(以下簡稱〈哥廷根評論〉)。加爾維出生於布雷斯勞
(Breslau),曾擔任萊比錫大學哲學教授,是18世紀德國「通俗
哲學」(Populärphilosophie)底代表人物之一[13]。這篇書評引發
了康德與加爾維之間的第一次辯論。日後,加爾維在他於1792
年出版的《試論道德學、文學與社會生活之各種對象》(*Versuche
über verschiedene Gegenstände aus der Moral, der Litteratur und
dem gesellschaftlichen Leben*, Breslau)一書中批評康德底批判
哲學及其方法論。康德於次年9月出刊的《柏林月刊》
(*Berlinische Monatsschrift*)第12期(頁201-284)發表一篇長文
〈論俗語所謂:這在理論上可能是正確的,但不適於實踐〉
("Über den Gemeinspruch: Das mag in der Theorie richtig sein,
taugt aber nicht für die Praxis"),在其中的一節回應加爾維之批
評[14]。

(續)————————————————
    2001), S. 183-190.

13 關於加爾維之哲學地位,參閱 Franz Nauen: "Garve - ein Philosoph in
    der echten Bedeutung des Wortes", *Kant-Studien*, 87. Jg. (1996), S.
    184-197. 關於加爾維與康德之關係,參閱 Günther Schulz: "Christian
    Garve und Immanuel Kant. Gelehrten-Tugenden im 18. Jahrhundert",
    Jahrbuch der schlesischen Friedrich-Wilhelm-Universität zu Bleslau,
    Bd. 5 (1960), S. 123-188; Klaus Petrus: "Beschrieene Dunkelheit und
    Seichtigkeit. Historisch-systematische Voraussetzungen der Auseinan-
    dersetzung zwischen Kant und Garve im Umfeld der Göttinger Rezep-
    tion", *Kant-Studien*, 85. Jg. (1994), S. 280-302.

14 此文收入 *KGS*, Bd. 8, S. 273-313;中譯本收入李明輝譯:《康德
    歷史哲學論文集》(臺北:聯經出版公司,2002年),頁93-144。

　　在〈哥廷根評論〉中，評論者將《純粹理性批判》視為「一套高級的（或者如作者所稱，超越的）觀念論之系統」[15]，並且將它與英國經驗論哲學家柏克萊（George Berkeley, 1685-1753）之觀念論相提並論[16]。不但如此，評論者在書評之最後一段對《純粹理性批判》總結道：「但對我們而言，作者似乎並未選擇在無節制的懷疑論與獨斷論之間的中道，亦即縱非完全滿意、但卻放心地回歸最自然的思考方式之真正中道。」[17]而此處所謂「最自然的思考方式」便是訴諸「通常的人類知性」（gemeiner Menschenverstand）[18]。在康德底用法中，「通常的人類知性」一詞往往與「通常的人類理性」（gemeine Menschenvernunft）、「健全的人類理性」（gesunde Menschenvernunft）、「健全的人類知性」（gesunder Menschenverstand）互換其詞。它們均相當於英文中的 common sense 一詞。這是以里德（Thomas Reid, 1710-1796）、歐斯瓦爾德（James Oswald, 1703-1793）、比提（James Beattie, 1735-1803）、史蒂瓦爾特（Dugald Stewart, 1753-1828）等人為代表的蘇格蘭「常識哲學」（common sense philosophy）之核心概念，而為加爾維底「通俗哲學」所繼承。接著，評論者指出脫離此一「中道」後可能導致的流弊：

15　Pollok (Hg.): *Prolegomena...*, S. 183 [184]；括號中為本書之頁碼，
　　下同。評論者在此使用康德並未使用的 transcendentell 一詞，故
　　康德在《序論》中引述時將它改為 transcendent（*KGS*, Bd. S. 373）。

16　Pollok (Hg.): *Prolegomena...*, S. 184 [185]。

17　同上注，S. 189 [190]。

18　同上注，S. 190 [190]。

而以理性思考者如何脫離此途呢？這是由於他將**兩類的感覺**——內在感覺與外在感覺——相互對勘，並且願意使它們相互融合或轉化。當內在感覺底知識被轉化為外在感覺底形式或者與它相混雜時，由此便產生唯物論、擬人論(Anthropomorphismus)等。當外在感覺得以與內在感覺並列的合法地位，亦即其特點，被否認時，由此也產生觀念論。懷疑論一下子這麼做，一下子那麼做，為的是將一切弄得亂七八糟，並且動搖一切。在一定的程度上，我們的作者也是如此。由於他想要將實體與現實性底概念視為僅屬於外在感覺，他誤判了內在感覺之權利。但是他的觀念論更加反對外在感覺之法則，以及由此而產生且合乎我們的本性之表象方式與語言[19]。

換言之，對評論者而言，康德底「觀念論」可能會導致唯物論、擬人論、懷疑論等觀點。

康德對這篇書評極為不滿，因為評論者完全誤解了《純粹理性批判》之真正觀點。但這種誤解並非這篇書評之作者所獨有。例如，哈曼在讀了這篇書評之後，在1782年4月22日寫信給赫德爾，在信中表示：「我愉快地讀了對於《純粹理性批判》的哥廷根評論。〔……〕作者〔按：指康德〕一定不會對它滿意；他是否有理由不滿，我不知道。在我看來，這篇評論是深

19　同上注。

刻的、坦率的與合宜的。可以確定的是：沒有柏克萊，就不會有休謨，就像沒有休謨，就不會有康德。」[20]在這封信中，哈曼還提到：康德正在撰寫「一套尚待撰寫的形上學之序論」（"Prolegomena einer noch zu schreibenen Metaphysik"），而它是「龐大作品之精粹」（"Kern und Stern des großen Organi"）。這似乎是指康德原先計畫為《純粹理性批判》撰寫的通俗版。

然而，這篇書評卻促使康德改變了原先的計畫，而在這部計畫撰寫的新書中針對〈哥廷根評論〉加入一些釐清與辯解的文字。在《序論》底〈附篇〉中便有一節題為〈在探討《批判》之前就對它作評斷的樣例〉。在這一節中，康德直接反駁評論者在〈哥廷根評論〉中對《純粹理性批判》提出的批評。康德以罕見的辛辣口吻寫道：

> 他〔按：指評論者〕似乎根本不了解在我所從事（無論成敗）的探討中真正的問題之所在。無論是對於透徹思考一部長篇著作之不耐，還是由於一門他認為早已得到全面澄清的學問面臨改革而產生之惡劣心情，抑或──我不願作此猜測──一種實際上有局限的理解力要為此負責，使他從未能在思想上超越其學院形上學；簡言之，他猛然瀏覽一長串的命題──我們若不知這些命題之前提，就根本無法思考任何東西──，偶而發出他的指摘，而讀者不知道其理由，一

20　Hamann: *Briefwechsel*, Bd. 4, S. 376.

如他不了解這種指摘所要針對的命題，且因此，他既無法為讀者提供訊息，也無法在行家底判斷中對我造成絲毫損害。因此，若非這種評斷給我機會去作若干闡釋，而這些闡釋能使本書底讀者在若干情況下免於誤解，我完全不會理會它[21]。

因此，康德斷然否認「《純粹理性批判》是一套高級的（超越的）觀念論之系統」這項評論。他以嘲諷的口氣回應說：

一看到這幾行文字，我立刻知道這裡會出現什麼樣的評論。這約略像是一個對幾何學從無所見所聞的人發現一部**歐幾里德**底著作，而被要求對它下判斷；他在翻閱時偶然見到許多圖形之後，或許會說：「此書是關於繪畫之一種有系統的指示；作者使用一種特殊的語言，以提出晦澀難解的規定，而這些規定最終所能達成的，不過是每個人憑一種良好的自然目測就能完成之事」云云[22]。

康德特別強調他自己的觀念論有別一般的觀念論。他將從古希臘伊里亞學派到近代英國經驗論哲學家柏克萊之觀念論概括為一句：「凡是藉由感覺與經驗而得到的知識均無非是純然的幻相，而且唯有在純粹的知性與理性之觀念中才是真

21　*Prol.*, *KGS*, Bd. 4, S. 373.

22　同上註，S. 374.

理。」[23]反之，他將自己的觀念論建立在另一項完全不同（甚至相反）的原理之上，此即：「凡是僅出於純粹知性或純粹理性之關於事物的知識均無非是純然的幻相，而且唯有在經驗中才是真理。」[24]他還將自己的觀念論特別稱為「形式的或批判的觀念論」，以有別於柏克萊之「獨斷的觀念論」與笛卡爾（René Descartes, 1597-1650）之「懷疑的觀念論」[25]。

在《序論》§13之〈附釋二〉及〈附釋三〉中，康德也特別說明他自己的觀念論（「批判的觀念論」）之意涵。他強調：他自己的觀念論並不否定外在世界之存在，故正好與一般的觀念論相反[26]。他將自己的觀念論稱為「先驗的觀念論」或「批判的觀念論」，以別於柏克萊之「神祕的且狂熱的觀念論」與笛卡爾之「經驗的觀念論」或「夢幻的觀念論」[27]。他甚至意有所指地說：

〔……〕我對觀念論底一切過分要求的抗議是如此簡潔而明瞭，以致若不是有**不夠格的裁判**，這種抗議甚至似乎是多餘的。這些裁判情願為一切與其雖然常見、但卻顛倒的意見不合者冠上一個舊名稱，而且決不對哲學稱謂底精神下判斷，而僅執著於字面；因

23　*Prol.*, *KGS*, Bd. 4, S. 374.

24　同上注。

25　同上注，S. 375.

26　同上注，S. 288f.

27　同上注，S. 393f.

此，他們準備以他們自己的幻覺來取代明確的概念，
且藉此扭曲並破壞這些概念[28]。

此外，《序論》中的若干段落顯然也是針對〈哥廷根評論〉
而發。例如，康德在《序論》一書之〈結語〉中討論「純粹理
性之定界」時，在§57及§58論及休謨底《自然宗教對話錄》
(*Dialogues Concerning Natural Religion*)一書中有關「理神論」
(Deismus)與「有神論」(Theismus)的辯論。依康德底理解，「理
神論」底觀點是將上帝視為「一個包含所有實在性的事物」[29]，
而否定其人格性；反之，「有神論」則肯定上帝之人格性，因
而預設一種「擬人論」。在這個脈絡中，康德指出：休謨對理
神論的批駁是無力的，因為它所涉及的「只不過是理神論主
張之論據，而決非其命題本身」[30]。反之，康德認為：休謨對
有神論的批駁是非常有力的，因為它涉及有神論所預設的擬
人論[31]。康德自己將理神論的「上帝」概念視為「一項必要的
假設」[32]，由此可以過渡到有神論[33]。康德所主張的有神論固

28　同上注，S. 393. 黑體字為筆者所改。

29　同上注，S. 355.

30　同上注，S. 356.

31　同上注。

32　同上注，S. 358. 康德在其1786年發表的〈何謂「在思考中定向」?〉
　　("Was heißt: Sich im Denken orientieren?")一文中將這個假設視為
　　「理性在其理論性運用中的需求」，稱之為「純粹的理性假設」
　　(reine Vernunfthypothese)；見 *KGS*, Bd. 8, S. 141.

33　這種有神論之根據即康德在〈何謂「在思考中定向」?〉一文中

然也預設一種擬人論，但這只是一種「象徵的擬人論」，而非
「獨斷的擬人論」，因為它並未將任何我們藉以設想經驗對象
的特性加諸上帝，因而未逾越純粹理性之界限[34]。最後，康德
總結道：

> 在此，理性底批判標示出在休謨所反對的獨斷論與他
> 所要採納的懷疑論之間的真正中道；而這種中道並非
> 如其他的中道——人們建議彷彿機械地（從一邊取一
> 些，從另一邊又取一些）為自己決定這些中道，而且
> 無人由此得到更多的教益——一樣，而是人們能根據
> 原則精確地決定的一種中道[35]。

這些說法無疑是在回應〈哥廷根評論〉中關於「其觀念論可
能導致擬人論」的質疑，以及「康德並未選擇真正的中道」
之批評。

　　康德在《序論》底〈附篇〉中回應〈哥廷根評論〉之餘，
最後他還要求評論者現身[36]。這項要求得到了積極的回應。加
爾維於1783年7月13日寫信給康德[37]，承認這篇書評與他有關。

（續）————

　　所說的「理性底信仰」(Vernunftglaube)或「理性底設準」(Postulat
　　der Vernunft)，亦即「理性在其實踐性運用中的需求」；見 *KGS*, Bd.
　　8, S. 141.

34　*Prol.*, *KGS*, Bd. 4, S. 357.

35　同上注，S. 360.

36　同上注，S. 379f.

37　此函收入 *Kants Briefwechsel*, Bd. 1, in: *KGS*, Bd. 10, S. 328-333.

但是他特別說明：

> 如今以這篇評論目前的樣子來說，我固然決無法承認
> 它是我的評論。如果它是完全出自我的筆，我會遺憾
> 萬分。我也不相信：這份學報底任何一位其他的編輯
> 若是獨自作業，會產生如此亂無章法的東西。但我的
> 確多少參與其事[38]。

根據加爾維在信中所述，這篇書評目前的形式是經過一位「哥
廷根學者」（指費德爾）之刪節與修改。加爾維並且解釋說：

> 您可以相信：在看到這篇評論時，您本人所感受到的
> 反感或不快不會像我這麼多。我的原稿中之若干語句
> 事實上被保留下來，但是它們的確不及我的評論底十
> 分之一，且不及〈哥廷根評論〉底三分之一[39]。

但是阿諾德(Emil Arnoldt, 1828-1905)在詳細比較了加爾維底
評論與〈哥廷根評論〉之後，發現加爾維所言不實。根據阿諾
德之統計，〈哥廷根評論〉之全文（共312行）可分為四類：1)抄
錄加爾維之評論而完全未加修改者（共76行）；2) 抄錄加爾維
之評論而僅在措辭上略加修改者（共69行）；3) 摘錄或濃縮加
爾維之評論而未改變其意義與用語者（共55行）；4) 費德爾自

38　同上注，S. 328f.
39　同上注，S. 330.

己的補充及他對加爾維底觀點的闡述（共112行）。前三類（共
200行）可視為出自加爾維之筆，佔全文篇幅將近三分之二，而
非三分之一[40]。此外，加爾維之評論在篇幅上是〈哥廷根評論〉
之三倍有餘。以此推算，〈哥廷根評論〉約保留了加爾維底評
論之五分之一，而非十分之一。

　　後來加爾維取回其原稿，並且將它寄給尼可萊（Christoph
Friedrich Nicolai, 1733-1811），尼可萊便將全文刊登於他所創辦
的雜誌《德意志萬有文庫》[41]。在比較過加爾維底原稿與〈哥
廷根評論〉之後，波洛克（Konstantin Pollok）總結如下：

　　　　費德爾之介入加爾維底文本誠然留下了明確的痕
　　　跡：事實上，〈哥廷根評論〉比原先的版本較少連貫
　　　性，而特別是其語氣為費德爾所大為加強。加爾維原
　　　先的評論顯得較少傲慢與自負，也未與柏克萊及休
　　　謨相比較，關於觀念論的爭論被表述得較為溫和，
　　　而且完全沒有關於懷疑論的爭論。但無論是在個別
　　　的評論還是整體的評斷當中，這兩個文本之間幾乎

40　參閱 Emil Arnoldt: "Vergleichung der Garve'schen und der Feder'-
　　schen Rezension über die Kritik der reinen Vernunft", in: ders.,
　　Gesammelte Schriften, hrsg. von O. Schöndörfer, Bd. IV (Berlin:
　　Bruno Cassirer 1908), S. 7f.

41　*Allgemeine Deutsche Bibliothek*, Anhang zu den 37-52. Bd., 1783,
　　Abt. 2, S. 838-862; 收入 *Prolegomena zu einer jeden künftigen Meta-*
　　physik, die als Wissenschaft wird auftreten können, hrsg. von Rudolf
　　Malter (Stuttgart: Reclam 1989), S. 219-246；亦收入本書附錄。

無所出入[42]。

此外，康德早期的學生蘇爾茲（Johann Schultz, 1739-1805）在其
1783年8月28日寫給康德的信中也談到加爾維底原稿，並且提
出如下的評斷：

它〔按：指加爾維底原稿〕比低劣的〈哥廷根評論〉
好得太多了，而且在事實上顯示：加爾維先生花了許
多精力詳細研究過您的《批判》。然而，它對您如此
重要的作品卻不太公允，以致就整體而言，它毋寧還
是對您的作品不利[43]。

總而言之，加爾維在信中的說辭似有推卸責任之嫌。在信函之
末尾，加爾維特地請求康德不要公開他在信中所言，以免令費
爾德難堪。

　　康德隨即於8月7日給加爾維寫了一封回函[44]。康德在信中
表現了極大的善意，一開頭便表示：「現在我享有更純粹的愉
悅，即是在大札中見到明確的證明，顯示您那種一絲不苟的耿
直與通情達理的體貼心態，而這些特質賦予您那些精神稟賦以
真正的價值。」[45]接著，他表示接受加爾維之解釋：「可敬的先

42　Pollok (Hg.): *Prolegomena...*, "Einleitung", S. XXXIII.
43　*Kants Briefwechsel*, Bd. 1, in: *KGS*, Bd. 10, S. 353.
44　此函收入同上注，S. 336-343；亦收入本書附錄。
45　同上注，S. 336f.

生！您可以堅定地相信我，甚至隨時到萊比錫博覽會向我的出版者哈特克諾特探詢：我從未相信他的一切保證，說您在這篇評論上參與其事，而如今我極其高興由您善意的報導證實了我的揣測。」[46]

不論康德是否真的接受加爾維底解釋，〈哥廷根評論〉之出現顯然改變了康德底作計畫。1782年8月25日哈曼致函赫德爾時提到：「〔……〕我今天聽說：康德已請人謄寫他的新論著，它可能涉及哥廷根的評論者。其標題似乎不同於我告訴您的標題——『一套尚待撰寫的形上學之序論』。」[47]但即使哈曼在此所言屬實，他所提到的「新論著」仍非《序論》一書之定稿。因為在《序論》之〈附篇〉中有一節題為「建議先探討《批判》再作評斷」，而康德在此提到艾瓦爾德（Schack Hermann Ewald, 1745-1822）在《哥塔學報》（*Gothaische gelehrte Zeitung*）第68期（1782年8月24日出刊）以匿名對《純粹理性批判》所作的評論[48]。因此，《序論》一書不太可能在8月25日以前定稿。除了康德底改寫之外，印刷商格隆內爾特之延誤也延遲了此書之出版時間[49]。此書係在1783年春季出版，正好趕上復活節年市[50]。

---

46 *Kants Briefwechsel*, Bd. 1, in: *KGS*, Bd. 10, S. 337f.

47 Hamann: *Briefwechsel*, Bd. 4, S. 418.

48 *Prol.*, *KGS*, Bd. 4, S. 380. 這篇書評收入 Rudolf Malter（Hg.）: *Prolegomema...*, S. 200-205；亦收入本書附錄。

49 在《序論》出版之後兩年多，哈特克諾赫於1785年10月8日致康德的信函中提到：「我固然知道：他〔按：指格隆內爾特〕不但在《序論》，也在《道德底形上學》耽誤您許久；但是在我為此譴責過他之後，這種事不會再發生。」（*Kants Briefwechsel*, *KGS*, Bd.

二、關於《序論》之撰寫與版本的爭議

由於相關資料之不足，康德在《純粹理性批判》出版之後如何形成撰寫《序論》之計畫，在康德研究者當中始終有爭論。其中最著名的是艾爾德曼(Benno Erdmann, 1851-1921)與阿諾德之爭論。針對《序論》一書之形成，艾爾德曼提出所謂「雙重編輯假說」("Hypothese einer zweifachen Redaktion")[51]。根據此一假說，康德在《純粹理性批判》出版之後原先有兩個關於此書的寫作計畫：一是為外行人撰寫一個通俗版，二是為行家撰寫一個簡明的摘要。但是最後康德僅完成了後一計畫。而在撰寫此一摘要的過程中，康德又受到〈哥廷根評論〉及其他批評——如來自哈曼、蘇爾茲、希培爾(Theodor Gottlieb von Hippel, 1741-1796)、克勞斯(Christian Jakob Kraus, 1753-1807)等人的批評——之影響。因此，在以目前的形式出現之《序論》

(續)————

    10, S. 411.)

50 普雷辛(Friedrich Viktor Lebrecht Plessing, 1749-1806)在1783年4月15日寫給康德的信中提到：「哈曼先生從柯尼希貝爾格告所我說：您那部《序論》已問世了〔……〕」(*Kants Briefwechsel, KGS*, Bd. 10, S. 310f.)

51 Benno Erdmann: *Historische Untersuchungen über Kants Prolegomena* (Halle: Max Niemeyer 1904; Nachdruck Hildesheim: H. A.Gerstenberg 1975), S. 24；相關的說法亦見其"Einleitung" zu Immanuel Kant's *Prolegomena zu einer jeden künftigen Metaphysik, die als Wissenschaft wird auftreten können* (Leipzig: Voss 1878).

一書中，這兩個動機交錯在一起，而出現兩種不同的文本。艾爾德曼在他所編的《序論》版本中，以小字排印他認為康德針對各種評論而插入的段落，以資區別。然而，阿諾德卻強烈質疑這個「雙重編輯假說」，認為這只是艾爾德曼之猜測[52]。阿諾德認為：雖然康德起初計畫為《純粹理性批判》撰寫一個「通俗的摘要」，但是後來(1781年10月)卻放棄了這項計畫[53]；因此，這個胎死腹中的「摘要」與日後完成的《序論》根本是兩回事。他推斷：康德是在1782年2月上旬開始撰寫《序論》，而於同年9月中旬完稿[54]。

關於這場爭論之細節，懷興格(Hans Vaihinger, 1852-1933)與佛蘭德爾(Karl Vorländer, 1860-1928)均已有所評述[55]，筆者在此無意續貂。儘管相關的文獻不足以確定事實之真相，但筆

---

52 Emil Arnoldt: "Kants Prolegomena nicht doppelt redigiert. Widerlegung der Enno Erdmann'schen Hypothese", *Altpeussische Monatsschrift*, Bd. 16 (1879), S. 25; auch in: Emil Arnoldt, *Gesammelte Schriften*, hrsg. von O. Schöndörfer, Bd. III (Berlin: Bruno Cassirer 1908), S. 34. 以下引述此文時，以前一出處之頁碼為主，後一出處之頁碼以括號附於其後。

53 參閱同上注，S. 29-34 [39-45].

54 同上注，S. 34 [45f.].

55 Hans Vaihinger: "Die Erdmann-Arnoldt'sche Controverse über Kant's *Prolegomena*", *Philosophische Monatshefte*, Bd. 16 (1880), S. 44-71; Kant: *Prolegomena zu einer jeden künftigen Metaphysik, die als Wissenschaft wird auftreten können*, hrsg. von Karl Vorländer (Hamburg: Meiner 1957), "Einleitung des Herausgebers", S. XIV-XIX.

者在比較各家之說後，認為佛蘭德爾之推斷較為合理，故引述
於次：

> 康德於1781年8月要讓哈特克諾赫出版的《摘要》與
> 日後的《序論》決無法（如阿諾德所言）嚴格地區別開
> 來，而是後者由前者發展出來。但我願意比艾爾德曼
> 走得更遠，即是甚至在**簡明的**摘要與**通俗的**摘要之間
> 也不明確地加以區分[56]。

> 在〈哥廷根評論〉出版之前，康德已在撰寫日後的
> 《序論》，這在我看來，即使不是確定的，但卻是可
> 能的。他的計畫受到〈哥廷根評論〉之影響，或者不
> 如說，因它而修改，也是可能的[57]。

如果佛蘭德爾之上述推斷無誤，我們便不難理解《序論》
一書在編輯上的錯亂。撇開小問題不談，最明顯的錯亂出現在
§2與§4中。針對這兩節中的文字錯亂，懷興格提出所謂的「錯
頁假說」（"Blattversetzungs-Hypothese"）[58]。懷興格猜測：或許
由於康德本人之疏忽，再加上排版工人之誤判，原屬於§2的五

56　Vorländer (Hg.): *Prolegomena...*, "Einleitung des Herausgebers", S.
　　XVII.

57　同上注，S. XIX.

58　Hans Vaihinger: "Eine Blattversetzung in Kant's *Prolegomena*",
　　Philosophische Monatshefte, Bd. 15 (1879), S. 321-332& 513-532.

段文字被錯置於§4。懷興格建議將這五段文字移到§2之末尾，並為其中的一段「依本義而言的形上學判斷均是綜合的……」（"Eigentlich metaphysische Urteile sind insgesamt synthetisch..."）補上標號 "3."。這樣挪動之後，的確使§2與§4這兩節文字在邏輯上較為一貫，而不致顯得突兀。因此，儘管有人反對懷興格之「錯頁假說」[59]，佛爾蘭德與馬爾特（Rudolf Malter, 1937-1994）在其各自編輯的《序論》版本中均採納懷興格之建議。

在懷興格「錯頁假說」之基礎上，庫爾曼（Georg Kullmann）進一步提出兩個調整文本的建議[60]。首先，他將原版中被置於§4中的第二及第三段（如今已被懷興格移置於§2）——自「純粹數學的知識所以別於所有其他先天知識之主要特點在於……」（"Das Wesentliche und Unterscheidende der reinen mathematischen Erkenntnis von..."）起的兩段——再度向前挪移到「首先必須注意的是……」（"Zuvörderst muß bemerkt werden..."）一段之後。其次，他將原版中屬於§2的「幾何學家所預設的若干其

---

59 Johann H. Witte: "Die angebliche Blattversetzung in Kants *Prolegomena*", *Philosophische Monatshefte*, Bd. 19 (1883), S. 145-174; J.H. Witte: "Prof. H. Vaihinger und seine Polemik", *Philosophische Monatshefte*, Bd. 19 (1883), S. 597-614; Sitzler in Aurich: "Zur Blattversetzung in Kants *Prolegomena*. Mit einem Nachwort von H. Vaihinger", *Kant-Studien*, Bd. 9 (1904), S. 538-544. 懷興格之回應見其 "Eine angebliche Widerlegung der 'Blattversetzung' in Kant's *Prolegomena*", *Philosophische Monatshefte*, Bd. 19 (1883), S. 401-416.

60 Georg Kullmann: *Kantiana I. Korrekturen und Konjekturen zu den Prolegomenen* (Wiesbaden: Heinrich Staadt 1922), S. 5-15.

他原理……」("Einige andere Grundsätze, welche die Geometer voraussetzen...")一段之前後兩部分對調,而成為以「在此,我們通常相信……」("Was uns hier gemeiniglich glauben macht...")開頭的一段文字。這進一步的調整使§2中的文字在邏輯上更為一貫。因此,波洛克所編的《序論》版本便同時採納懷興格與庫爾曼之建議。本書也採納此一調整方案。

三、《序論》與《純粹理性批判》之思想關聯

關於這兩部著作之關係,康德本人在《序論》之〈前言〉中有所說明。他從三方面來說明這種關係。首先他承認《純粹理性批判》因晦澀而欠缺通俗性,而擬「藉本《序論》對此加以補救」[61]。但是,《序論》並不能因此而取代《純粹理性批判》。他特別強調:「那部闡述純粹理性能力之全部範圍和界限的著作在此依然是基礎,本《序論》僅是作為預習(Vorübungen)而與它有關係。」[62]換言之,《序論》是幫助讀者理解《純粹理性批判》的入門之階。

其次,康德將《序論》與《純粹理性批判》之關係比擬為建築藍圖與建築物之關係。他寫道:

〔……〕儘管單單一個可能先於純粹理性底批判而有的方案是不可理解、不足恃且無用的,可是如果它在

61　*Prol.*, *KGS*, Bd. 4, S. 261.

62　同上注。

這種批判之後產生，它就更為有用。因為這使我們得以綜觀全體，逐項檢查在這門學問中問題攸關的主要論點，並且在闡述方面比在此著作底第一個稿本中所能做到的，更妥善地安排一些事情[63]。

換言之，《序論》如同建築藍圖一樣，有助於我們把握建築物之整體結構。但是一般的建築藍圖是先於建築物而存在，而《序論》卻是後於《純粹理性批判》而出版。所以，康德說：這是「在著作完成之後所擬訂的方案」[64]。

　　最後，康德就他撰寫這兩部著作時所採取的方法來說明其不同。他說：「它〔按：指《序論》〕可按照**分析法**來制訂，而原著〔按：指《純粹理性批判》〕必須完全按照**綜合法**來撰寫，以便這門學問將其所有環節當作一種完整的特殊認知能力之結構，依其自然的聯結來加以說明。」[65]但是康德所謂的「分析法」與「綜合法」有特別的意涵，需要加以解釋。

　　康德曾在兩個不同的脈絡中使用「分析的／綜合的」("analytisch/synthetisch")這組概念：除了在方法論的意義下將它用於「分析法」與「綜合法」之外，他還在形式邏輯的意義下使用這組概念，而提出「分析判斷(命題)」與「綜合判斷(命題)」之區分。當康德依**形式邏輯的意義**提出「分析判斷(命題)」與「綜合判斷(命題)」之區分時，「分析的」一詞表示：在一

63　*Prol.*, *KGS*, Bd. 4, S. 263.

64　同上注。

65　同上注。

個判斷(或命題)中，主詞之概念內容在邏輯上涵蘊謂詞之概念內容，「綜合的」一詞則表示：謂詞之概念內容在邏輯上超出了主詞之概念內容[66]。

　　「分析的／綜合的」這組概念之形式邏輯意義顯然較為一般讀者所熟知。但如果我們忽略了這兩個意義脈絡之不同，而依形式邏輯的意義來理解康德所謂的「分析法」與「綜合法」，便會造成根本的誤解。康德本人也預見了這種可能的誤解，所以他在《序論》中特別提出如下的說明：

> 分析法就它與綜合法相反而言，完全不同於分析命題之總合。它僅意謂：我們從所探究的事物出發，彷彿它是既成的，並且上升到使之成為可能的僅有的條件。在這種方法中，我們往往全然使用綜合命題，數學分析就為此提供了一個例子；而這種方法最好能稱為**回溯的**(regressiv)**方法**，以別於綜合的或**順推的**(progressiv)方法。還有，「分析論」(Analytik)之名也指邏輯底一個主要部分；而它在此是真理底邏輯，並且與辯證論(Dialektik)相反，根本不考慮它所包含的知識是分析的還是綜合的[67]。

康德在此建議用「回溯的／順推的」這組名詞來表示「分析法」

66　參閱 *KrV*, A6f./B10f.; *Prol., KGS*, Bd. 4, S. 266f.; *Logik, KGS*, Bd. 9, S. 111, §36.

67　同上注，§5, S. 276 Anm.

與「綜合法」，就是要防範讀者依「分析的／綜合的」這組概
念之形式邏輯意義來理解「分析法」與「綜合法」。此外，「分
析法」亦有別於《純粹理性批判》中的「分析論」（Analytik）；
後者係探討構成知識真理的條件（或要素），包含範疇與「純粹
知性原理」，故可視為「真理底邏輯」。

依**方法論的意義**來使用「分析的／綜合的」這組概念，
並非始於康德。笛卡爾便曾依這種意義討論過「分析法」與
「綜合法」[68]。康德本人也分別在倫理學與形上學的脈絡中使
用過「分析法」與「綜合法」這組概念。就**倫理學的脈絡**而言，
他在《道德底形上學之基礎》一書中之〈前言〉中寫道：

> 我以為，我在本書中所採用的方法是這樣的：如果我
> 們願意採取分析的途徑，由通常的理性知識進而決定
> 其最高原則，再轉而採取綜合的途徑，由對此原則的
> 檢查及其來源回到它所應用的通常知識，那麼這便是
> 最恰當的方法[69]。

這裡所謂「通常的理性知識」即是「通常的道德的理性知識」

---

68 Descartes: *Meditations on First Philosophy*, in: *The Philosophical
    Works of Descartes*, trans. by Elizabeth S. Haldane & G. R. T. Ross
    (Cambridge: Cambridge University Press 1968), Vol. 2, pp. 48-51；
    參閱拙著：《康德倫理學與孟子道德思考之重建》（臺北：中央研
    究院中國文哲研究所，1994年），頁31-35。

69 *Grundlegung zur Metaphysik der Sitten*（以下簡稱 *GMS*），*KGS*, Bd.
    4, S. 392.

（如第一章之標題所示），係指一般人未經反省的道德意識。「分析的途徑」便是將一般人之這種道德意識視為既成的事實，由此出發而進行反省，發現它所依據的最高原則，即「自律」（Autonomie）底原則。「綜合的途徑」則是反其道而行，根據「自律」底原則來證成一般人之道德意識。此書之前兩章係按照「分析的途徑」而進行，第三章則是按照「綜合的途徑」而進行[70]。

至於**形上學的脈絡**，除了前引《序論》中的說明之外，康德在其《邏輯》講義中也談到「分析法」與「綜合法」。他說：

> **分析**法與**綜合**法相反。前者從有條件和有根據者出發，而進至原則（a principiatis ad principia）；反之，後者由原則走向結論，或者由簡單者走向複合者。我們也可將前者稱為**回溯**法，正如將後者稱為**順推**法[71]。

他接著加上一個「解說」：

> 分析法通常也稱為**發現**底方法。為了通俗化起見，分析法較為適宜；但為了學術地且有系統地探討知識起見，綜合法較為適宜[72]。

70 關於康德在此書所採取的論證策略，參閱拙著：《康德倫理學與孟子道德思考之重建》，頁41-69。

71 *Logik*, *KGS*, Bd. 9, S. 149, §117.

72 同上注。

根據康德在《序論》及《邏輯》講義中的說明，我們便不難了解他何以說：《序論》是按照分析法來撰寫，《純粹理性批判》是按照綜合法來撰寫。在《純粹理性批判》中，康德分別就人類之三重認知能力（感性、知性與理性）探討使知識成立的先天要素：在〈先驗感性論〉中，他發現感性層面之先天要素是時間與空間；在〈先驗分析論〉中，他發現知性層面之先天要素是範疇與「純粹知性原理」；在〈先驗辯證論〉中，他發現理性層面之先天要素是理念（Idee）。綜而言之，《純粹理性批判》是根據這些先天要素來說明各種知識（純粹數學、純粹自然科學、形上學）之基礎，這是「由原則走向結論，或者由簡單者走向複合者」。康德在《序論》之另一處也寫道：

> 在《**純粹理性批判**》中，我對這個問題是以綜合的方式來處理，也就是說，我在純粹理性本身中探究，而且試圖在這個泉源本身中根據原則來決定其成素及其純粹運用底法則。這項工作很困難，而且要求一個果斷的讀者在思想中逐漸進入一個系統中；這個系統除了理性本身之外，尚無任何現成的東西作為依據，而且不依靠任何一項事實，試圖從理性底原初根芽開展出知識來[73]。

由於綜合法是由抽象到具體，所以它有利於展現學術性與系統

73　*Prol.*, *KGS*, Bd. 4, §4, S. 274.

性，但卻不利於通俗化。

反之，在《序論》中，康德卻是由存在於純粹數學、純粹
自然科學與形上學中的先天綜合命題出發，去追溯使它們成為
可能的條件。因此，康德先一般性地追問：先天綜合命題如何
可能[74]？然後再針對不同的學科分別追問[75]：

一、純粹數學如何可能？
二、純粹自然科學如何可能？
三、一般而言的形上學如何可能？
四、作為學問的形上學如何可能？

康德之所以將形上學區分為「一般而言的形上學」與「作
為學問的形上學」，是因為他認為：在他的時代，儘管純粹數
學與純粹自然科學已經成為學問，但形上學卻尚未步上學問之
途，所以「作為學問的形上學」尚不存在。然而，康德並不否
認：我們具有對於形上學的「自然稟賦」（Naturanlage），因而
具有「引發這門學問〔按：指形上學〕且作為其基礎的完全自
然地形成的先天知識（儘管其真實性不無可疑）」[76]。這便是他
在《序論》中所說的「一般而言的形上學」，亦即他在《純粹
理性批判》第二版〈導論〉中所提到的「作為自然稟賦的形上
學」（KrV, B22）。

---

74 同上注，§5, S. 276.
75 同上注，§5, S. 280.
76 同上注，§5, S. 279.

綜而言之,《序論》之論證策略如下:一、在已經成為學問的純粹數學與純粹自然科學中追溯使其中的先天綜合命題(其實在性無可置疑)成為可能的條件;二、既然這些條件是所有先天綜合命題之共同條件,它們也同時是形上學中的先天綜合命題之條件;三、通過以上兩個步驟,已經成為學問的純粹數學與純粹自然科學間接地為形上學中的先天綜合命題(其實在性不無可疑)背書,使形上學有可能成為學問。

波洛克僅就這個論證策略的第一步而認為:《序論》只有到§23為止,是以分析法撰寫的[77]。但是他將「分析法」理解得太狹隘。因為對康德而言,只要是從既有的知識(無論它是否確實無疑)出發,去追溯使它成為可能的條件,都可算是分析法之運用。純粹數學與純粹自然科學之知識固不待言;至於形上學知識,康德明白地說:「作為理性底自然稟賦的形上學是實際存在的,但是單就它自身而言,它也是〔……〕辯證的與欺騙的。」[78]此處說:這種形上學「是辯證的與欺騙的」,即等於他說:形上學知識之「真實性不無可疑」。然而,這樣一種可疑的知識也可以作為分析法之出發點。如上文所述,在康德倫理學的脈絡中,作為分析法之出發點的是「通常的道德的理性知識」。而康德不止一次強調:這種道德知識是靠不住的,有陷於「自然的辯證」之虞[79]。

77　Pollok (Hg.): *Prolegomena...*, S. XV.

78　*Prol.*, *KGS*, Bd. 4, S. 365.

79　所謂「自然的辯證」是指「一種癖好,以詭辯反對那些義務法則,懷疑其有效性(至少懷疑其純粹性和嚴格性),並且盡可能使之順

　　因此，筆者認為：《序論》全書當如康德本人所言，是按照分析法撰寫的。除了〈前言〉與〈緒論〉之外，此書之主要部分是以「先驗的主要問題」為題的三編：第一編回答「純粹數學如何可能」，對應於《純粹理性批判》之〈先驗感性論〉；第二編回答「純粹自然科學如何可能」，對應於《純粹理性批判》之〈先驗分析論〉；第三編回答「一般而言的形上學如何可能」，對應於《純粹理性批判》之〈先驗辯證論〉[80]；最後附以〈本《序論》底主要問題「作為學問的形上學如何可能？」之解答〉一節。既然這種方法是由具體到抽象，它自然有利於通俗化。再者，既然它是一種在既有的知識中發現其原則的方法，它自然可說是「發現底方法」。

　　最後，我們還要指出：康德於《純粹理性批判》第二版（1787年）中所作若干的修訂顯然與該書所受到的批評（尤其是〈哥廷根評論〉與〈加爾維評論〉）及《序論》有關。例如，康德在《純粹理性批判》第二版中全盤改寫〈前言〉。第二版的〈前言〉是由各門學問（邏輯、數學、物理學）如何步上「學問之途」切入，以檢討形上學之歷史及其命運。第二版之〈導論〉則是經過局部改寫，除了較小幅度的改寫之外，主要是增加了第五

（續）————————

　　　應我們的願望和愛好，也就是說，從根敗壞之，且剝奪其全部尊
　　　嚴。」（*GMS*, *KGS*, Bd. 4, S. 405）

80　關於《序論》與《純粹理性批判》在結構上的對應關係，亦可參
　　閱 Hans Michael Baumgartner: *Kant "Kritik der reinen Vernunft":*
　　Anleitung zur Lektüre (Feiburg i. Br.: Karl Albert 1985), S. 53f.；李
　　明輝之中譯本：《康德「純粹理性批判」導讀》（臺北：聯經出版
　　公司，1988年），頁47。

節〈在理性之所有理論性學問當中均包含作為原則的先天綜合判斷〉及第六節〈純粹理性之一般課題〉。在新增的第五節中，康德討論算術、幾何學、自然科學與形上學中的先天綜合命題。在第六節中康德強調：「純粹理性之真正課題包含於以下的問題之中，此即：**先天綜合判斷如何可能**？」（*KrV*, B19）然後將這個問題分為以下四個問題：

一、純粹數學如何可能？

二、純粹自然科學如何可能？

三、作為自然稟賦的形上學如何可能？

四、作為學問的形上學如何可能？

這些文字顯然都是根據《序論》中的相關文字改寫與增補的。

再者，由於〈哥廷根評論〉（或許連同〈加爾維評論〉）將康德的哲學系統誤解為柏克萊式的觀念論，康德為了澄清這種誤解，將〈先驗辯證論〉第一卷第二章〈論純粹理性之誤推（Paralogismen）〉幾乎全盤改寫。此外，他還在〈先驗分析論〉第二卷第二章中討論「一般而言的經驗思考之設準（Postulate）」時特別加入〈對觀念論的駁斥〉一節，並提出一項定理：「對我自己的存在之在經驗上被決定的純然意識證明在我之外在空間中的對象底存在。」（*KrV*, B275）[81]藉由此項定理，康德肯定外在世界之實在性，以別於笛卡爾之「或然的觀念論」（它懷疑外在世界之存在）與柏克萊之「獨斷的觀念論」（它否定外在世界之存在）（*KrV*, B274）。在這個意義下，《序論》一書具

81　"Das bloße, aber empirisch bestimmte, Bewußtsein meines eigenen Daseins beweist das Dasein der Gegenstände im Raum außer mir."

有一種過渡性質，而有助於我們了解康德在《純粹理性批判》
前後兩版之間所經歷的思想發展。

凡例

一、本譯本以普魯士王室學術院版《康德全集》為依據,頁邊
　　上所附的號碼代表此一版本之頁碼。在一般情形下,這些
　　頁碼位於原版換頁之處;但在腳注或編者調整原版段落的
　　情況下,所標示的頁碼並非位於原版換頁之處,則加上
　　〔〕,以資區別。

二、德文本中為強調而採疏排或以黑體排印者,中譯本一律以
　　黑體排印。

三、康德之原注以細明體排印,不加任何標示。譯者所加之注
　　釋則標以【譯注】,並以楷體排印,以資區別。譯者為原
　　注所加之說明則標以【譯者按】,亦以楷體排印。正文及
　　原注中譯者所增補之字句,一概以〔〕標示之。

四、〈人名索引〉及〈概念索引〉均依據中譯本之頁碼而編。

五、為求譯文之嚴謹起見,譯者依1910及20年代之習慣,將「的」
　　字用作形容詞詞尾,而以「底」字作為所有格語助詞,以
　　「地」字作為副詞詞尾;有時亦用「之」字作為所有格語
　　助詞,義同「底」字。但所有格代名詞(如「你的」、「我
　　的」)用「的」字,而不用「底」字。

六、譯文中所附德文原文，除非有必要保留原樣，否則一律使
　　用現代拼音法，例如以 Notwendig 取代 Nothwendig，以
　　transzendental 取代 transscendental。

康德著作縮寫表

KGS = *Kants Gesammelte Schriften* (Akademieausgabe).

GMS = *Grundlegung zur Metaphysik der Sitten.*

MS = *Metaphysik der Sitten.*

KrV = *Kritik der reinen Vernunft.* A = 1781年第一版，B = 1787
年第二版。

KpV = *Kritik der praktischen Vernunft.*

KU = *Kritik der Urteilskraft.*

Prol. = *Prolegomena zu einer jeden künftigen Metaphysik, die als
Wissenschaft wird auftreten können.*

Rel. = *Religion innerhalb der Grenzen der bloßen Vernunft.*

一切能作為學問而出現的

未來形上學之序論

前 言

　　本《序論》並非供學生之用，而是供未來的教師之用；即使對於未來的教師，它也決不該是供他安排一門既有的學問之講授，而該是供他自己首度發明這門學問。

　　對於有些學者而言，哲學史（包括古代的和近代的）本身就是他們的哲學；本《序論》並非為他們而寫的。他們必須等到那些努力汲取理性本身底泉源的人弄清其問題之後，才輪到他們去告知世人所發生之事。否則，凡是他們認為過去不曾被說過的，都無可說；而事實上這也可被視為對一切未來之事的一項可靠預言。因為既然許多世紀以來人類知性已用各種方式沈迷於無數的對象，則對於一切新事物，我們很難不發現與它多少相類似的舊事物。

　　我的目的是要使所有那些認為形上學值得研究的人相信：暫且中止他們的工作，將迄今發生過的一切事情當作尚未發生，並且首先提出「像形上學這樣的東西到底是否可能」這個問題，乃是極為必要之事。

　　如果形上學是學問，它為何無法像其他的學問一樣，得到普遍而持久的認可呢？如果它不是一門學問，它為何卻在一門

256 學問之幌子下不斷地自誇，並且以永不止息、但決不會實現的
希望來耽擱人類知性呢？因此，不論我們是要證明自己的知識
還是無知，對於這門自命的學問之本性總得弄清一些可靠的事
情；因為這門學問不可能繼續停留於原地。當其他一切學問都
不斷地進步時，我們在這門自命為智慧之化身、而為每個人提
供諭示的學問中卻始終在原地打轉，而無絲毫進步，似乎是近
於可笑之事。它的信徒也已大為消失，而我們不見那些自認有
足夠能力在其他學問中大放異彩的人願意在這門學問中以其
聲譽來冒險，而每個平常在一切其他事情上均無知的人卻自以
為能提出一項決定性的裁斷。因為在這個領域中事實上仍不存
在任何可靠的準繩，來分辨透闢的見解與無聊的廢話。

　　但是當一門學問經過長期的經營之後，人們驚訝於他們已
在這方面進展到何等地步時，終於有人想到「這樣的一門學問
到底是否可能？而又如何可能？」這個問題，這決非罕見之事。
人類理性是如此以建構為樂，以致它屢屢興建了塔，隨後卻又
將之拆除，來看看其地基可能有什麼性質。理性與智慧之取得
永不嫌太遲；但如果解悟來得太遲，總是更難使它發生作用。

　　「一門學問是否真的可能」這個問題之提出，係以人們懷
疑其實在性為前提。但是這樣一種懷疑冒犯到一種人，其全部
家當或許就是這個假想的寶貝；因此，表露出這種懷疑的人就
要預期來自各方的反對。有些人會以其古老的、且正因此而被
視為合法的財產為傲，手持其形上學簡編，對他加以鄙視。其
他人除了與他們曾在某處見過的東西相同者之外，未見過任何
東西，故不會了解他。在若干時間內，一切將保持不變，彷彿
完全沒有發生過任何事情，可使人擔心或期望即將來臨的改變。

　　但是我仍敢預言：本《序論》之能獨立思考的讀者不只是會懷疑過去的這門學問，而是以後會完全確信：除非此處所提 257 出的要求（這門學問之可能性係以這些要求為依據）得到滿足，決不會有這樣一門學問；而既然這些要求仍未得到滿足，所以根本就尚未有任何形上學。但既然由於普遍的人類理性之興趣與形上學太緊密地交織在一起，對於形上學的需求也決不會消失[1]，則本書底讀者將承認：按照一個至今尚完全不為人知的方案對形上學作全面的改革，或者也許使之脫胎換骨，是勢所必至的──儘管人們一時反對這麼做。

　　自從**洛克**與**萊布尼茲**底論文[2]出版以來，或者不如說，自有形上學以來（就形上學史底範圍之所及），尚未有任何事件比**大衛・休謨**對形上學的攻擊[3]更能決定這門學問之命運。休謨

1　「鄉下人等著河水流盡，但河水滾滾而流，而且會永遠流下去。」（荷拉修斯）【譯者按】荷拉修斯即羅馬詩人 Quintus Horatius Flaccus，語出其《書簡集》(*Epistulae*)，I，2，42f.。

2　【譯注】指洛克(John Locke, 1632-1704)底《人類理智論》(*An Essay Concerning Human Understanding*)一書及萊布尼茲(Gottfried Wilhelm Leibniz, 1646-1716)底《人類理智新論》(*Nouveaux essais sur l'entendement humain*)一書。當時前一書已有波雷彥(Heinrich Engelhard Poleyen)之德譯本 *Herrn Johann Lockens Versuch vom menschlichen Verstande* (Altenburg 1757)，後一書已有烏爾里希(Johann Heinrich Friedrich Ulrich)之德譯本，收入 *Gottfried Wilhelm von Leibniz: Philosophische Werke nach Raspens Sammlung* (Halle, 1778/1780)。

3　【譯注】這是指休謨(David Hume, 1711-1776)底《人類理解研究》(*Enquiry Concerning Human Understanding*, London 1748)一書。康

並未為這類知識帶來任何光明，但他卻擊出一顆火花。如果這顆火花遇上一個易燃的火絨，而其星星之火又被小心地維護與擴大的話，我們或許能把這顆火花引燃成一片光明。

　　休謨主要是從一個單獨的、但卻重要的形上學概念出發，此即**因果聯結**底概念（連帶地也包含「力」、「活動」等衍生概念）。他要求理性（它聲稱從自己的內部產生了這個概念）回答他，它憑什麼權利認為某物能有這種特質，即是：當此物被設定了，另一物也必然因之被置定；因為原因底概念就是這個意思。他無可辯駁地證明：理性完全不可能先天地且出於概念去設想這樣一種聯結，因為這種聯結包含必然性；而我們決無法看出，如何由於某物之存在，另一物也必然存在，且因此，這樣一種聯結底概念如何能先天地被引進來。他由此推論道：理性在這個概念上根本是自欺，它把這個概念當成自己的孩子，但這不外是構想力底一個私生子；構想力因經驗而受孕，而將某些表象歸諸聯想法則之下，並且以一種由此產生的主觀必然性（亦即習慣）混充為一種由解悟而來的客觀必然性。他由此推論道：理性完全沒有任何能力去設想這種聯結（甚至僅僅一般性地去設想），因為在這種情況下，理性底概念將只是虛構，而其一切所謂先天地形成的知識不外是打上錯誤印記的普通經驗──這等於是說：根本就沒有形上學，而且也不會有形上學[4]。

258

（續）────────────────

　　德本人擁有比斯托里烏斯（Hermann Andreas Pistorius, 1730-1798）之德譯本 *Philosophische Versuche über die menschliche Erkenntniß*（Hamburg, 1755）。

〔258〕　4　但**休謨**仍把這種破壞性的哲學本身稱為形上學，並且賦予它一種

　　縱使他的推斷是多麼草率而不正確，它至少是以探討為依據；而這種探討的確值得他那個時代的才智之士聯合起來，按照他所闡明的意義，盡可能更順利地解決這個課題，而這必然很快地會對這門學問造成一次全面的改革。

　　然而，自始對形上學不利的命運注定了休謨之不為人所了解。他的論敵**里德**、**歐斯瓦爾德**、**比提**，最後還有**普里斯**

（續）————————————

高度的價值。他說（見其《試論》德譯本第4部，頁214）：「形上學與道德學是最重要的兩個學問分支，數學和自然科學之價值不及其半。」但是這位見解深刻的人在此僅考慮到其消極的好處，即是節制思辨理性之過分要求，以便完全消除使人類迷惑的諸多無休止且惱人的爭論。可是他在這個問題上卻忽略其積極的損害，這種損害之形成係由於理性被剝奪了最重要的期望，而只有依據這些期望，理性才能為意志指示其一切努力之最高目標。

【譯者按】此處所引的《試論》是指休謨《人類理解研究》之德譯本（見上注），但康德顯然弄錯了出處。他所引的當是休謨底另一部著作《道德與政治論文集》（*Essays, Moral and Political*, Edinburgh, 1741-1742）之德譯本 *Vermischte Schriften über die Handlung, die Manufacturen und die andern Quellen des Reichthums und derMacht eines Staats* (Hamburg & Leipzig, 1754-1756)。在英文本中有一篇題為「論藝術與科學之起源與進展」（"Of the Rise and Progress of the Arts and Sciences"）的論文，其中有如下的一段文字：「君主國之所以得以穩定，主要是由於人們對教士與君王的盲從敬畏。這些國家在宗教與政治方面，從而在形上學與道德方面，剝奪了理性思考之自由。這一切形成了科學之最重要的分支；剩下的唯有數學與自然哲學，而其價值則不及前者之半。」（Vol. 2. p. 79；德譯本見4. Teil, S. 214）康德之引述顯然與原文略有出入。

特利 [5]完全弄錯了其課題之要點；再者，當他們老是把休謨所

5　【譯注】里德 (Thomas Reid, 1710-1796)、歐斯瓦爾德 (James Oswald, 1703- 1793) 和比提 (James Beattie, 1735-1803) 均是蘇格蘭哲學家，屬於主張常識哲學 (common sense philosophy) 的蘇格蘭學派。萊德之主要著作為《根據常識底原則探究人類心靈》(*An Inquiry into the Human Mind, on the Principles of Common Sense*, Edinburgh, 1764)，當時已有德譯本 *Untersuchungen über den menschlichen Geist, nach den Grundsätzen des gemeinen Menschenverstandes* (Leipzig, 1762)。歐斯瓦爾德之主要著作為《為宗教而訴諸常識》(*Appeal to Common Sense in Behalf of Religion*, 2 vols., Edinburgh 1766/1772)，當時已有威爾姆森 (F.E. Wilmsen) 之德譯本 *Appelation an den gemeinen Menschenverstand zum Vortheil der Religion* (Leipzig, 1774)。比提之主要著作為《論真理之性質與不變性，對反於詭辯與懷疑論》(*Essay on the Nature and Immutability of Truth in Opposition to Sophistry and Scepticism*, Edinburgh 1770)，當時已有德譯本 *Versuch über die Natur und Unveränderlichkeit der Wahrheit; im Gegensatze der Klügerley und Zweifelsucht*。普里斯特利 (Jesoph Priestley, 1733-1804) 為英格蘭哲學家兼神學家，也是物理學家和化學家，並且與哈特利 (David Hartley) 共同建立聯想心理學。他是上述三位蘇格蘭哲學家之論敵。當時他剛出版《致一位哲學的無信仰者之信函》(*Letters to a Philosophical Unbeliever, Containing an Examination of the Principal Objections to the Doctrines of Natural Religion, and Especially Those Contained in the Writings of Mr. Hume*, Barth 1780)，兩年後即有其德譯本 *Joseph Priestley's Briefe an einen philosophischen Zweifler in Beziehung auf Hume's Gespräche, das System der Natur und ähnliche Schriften* (Leipzig, 1782)。關於上述三位蘇格蘭哲學家對康德的影響，參閱 Manfred Kuehn: *Scottish Common Sense in Germany, 1768-1800: A Contribution to the History of Critical Philosophy* (Kingston/Ont.: McGill-Queen's University Press, 1987), Chap. 9: "'Reid, Oswald,

懷疑的東西當作他所承認的，另一方面卻熱切地而且往往極冒昧地證明他從未想到要懷疑的東西，而無視於他關於改進的暗示，以致一切均保持原樣，彷彿未發生過事情一樣。我們見到這種情況，無法不感到一些痛心。問題不在於原因底概念是否正確、有用而且對全部自然知識為不可或缺（因為**休謨**從未懷疑這點），而在於這個概念是否先天地為理性所設想，並且以此方式具有一種獨立於一切經驗的內在真理，且因而也具有不僅局限於經驗對象、而可能進一步擴展的可用性。休謨期待此問題之解答。我們所談的可是這個概念之根源，而非它在運用上的必要性。只要前一問題弄清楚了，這個概念之運用條件及其有效範圍自然就會得出來。

259

　　但是為了解決這個課題，這位知名人物之論敵必須極深入地鑽研理性之本性（就理性僅從事於純粹思考而言），而他們並不適合做此事。因此，他們發明一種全無解悟而剛愎自用的省事辦法，即訴諸**通常的人類知性**[6]。事實上，擁有一種正直的（或者像人們近來所稱的，純樸的）人類知性乃是一項偉大的天賦。但是我們要證明這種天賦，必須藉由行動（Taten），藉由深思熟慮且合乎理性的思想和言論，而非在我們無法提出任何明智的理由為自己辯解時，將這種天賦當作一種神諭而訴諸它。在解悟和學問都無能為力之際，然後（而不在這以前）才訴諸通常的人類知性，這是近代的精巧發明之一。由於這項發明，最

（續）————————————
　　and Beattie' and Kant".

6　【譯注】「通常的人類知性」（gemeiner Menschenverstand）相當於英文中的 common sense。

無聊的空言之輩得以自信地與最深刻的才智之士分庭抗禮，並且與他相持下去。但只要尚有一絲解悟殘存，我們一定會避免利用這個應急之方。嚴格說來，訴諸通常的人類知性無異於訴諸群眾之判斷——這是一種喝采，哲學家為之臉紅，但是要小聰明而大受歡迎的人卻為之揚揚得意而剛愎自用。可是我應當想到：**休謨**也能像**比提**一樣，要求於一種健全的知性，此外還能要求於比提一定沒有的東西，即是一種批判的理性——這種理性節制通常的知性，使它不會擅自進行思辨，或者在僅論及思辨的情況下不會想有所決定，因為它無法為它的原理提出辯解；只有這樣，它才不失為一種健全的知性。鑿子和槌子極適於用來處理一塊木料，但是對於銅雕，我們就得使用蝕刻針。故健全的知性和思辨的知性一樣，兩者皆有用，但各以其道。當問題涉及直接應用於經驗中的判斷時，前者有用；但是當我們應當一般性地、純由概念去下判斷時，譬如在形上學中，後者有用。在形上學中，自命為健全的（但往往作為反義語）知性完全無法下任何判斷。

260

我坦白承認：正是**大衛・休謨**之提醒在多年前首度打斷了我獨斷的瞌睡，並且為我在思辨哲學底領域中的探討提供了一個完全不同的方向。但是在結論方面，我並未聽從他。他之所以得到這些結論，只是由於他沒有從整體去設想他的課題，而是僅著眼於它的一個部分；不考慮整體，這個部分就無法提供任何消息。如果我們從其他人留給我們的一項儘管未經詳細說明、但卻有根據的思想開始，我們或許能期望在繼續思索時會比那位見解深刻的人（我們得感謝他打出這道光明底第一顆火花）有更進一步的發揮。

因此，我首先考察休謨之反駁是否能普遍地去設想，而發現：因果聯結底概念決不是知性藉以先天地設想萬物之聯結的唯一概念，而不如說，形上學完全是由這類概念所組成。我嘗試去確定這類概念之數目，而當我如願（即根據一個單一原則）作成此事時，我便著手於這些概念之推證（Deduktion）。如今我確信：這些概念並非如休謨所擔心的，是從經驗衍生出來，而是根源於純粹知性。這種推證對於我這位見解深刻的前輩似乎是不可能的，而除了他之外，根本沒有人想到這種推證——儘管每個人都放心地使用這些概念，而不追問其客觀有效性究竟有何根據。我說，這種推證是我們為形上學所能做過的最艱難的工作。此外，在這項工作中最糟糕的是：形上學（只要它存在於任何地方）在此也無法為我提供絲毫幫助，因為一門形上學之可能性應當首先藉這種推證來確定。如今既然我不僅在一個特殊的個案中，而是就純粹理性之全部能力成功地解決了休謨底問題，則我能穩當地（雖然始終只是緩慢地）前進，以便最 261後完整地且依據普遍原則來決定純粹理性之全部範圍（就其界限和內容而言）。形上學需要這個工作，以便依照一個穩當的方案去建立其系統。

但是我擔心：當我們以盡可能最大的篇幅來**闡述**休謨底問題（此即《純粹理性批判》）時，其情況可能會像這個**問題**本身最初被提出時的情況一樣。人們會錯誤地判斷這種闡述，因為他們不了解它。人們會不了解它，是因為他們固然樂意翻閱完這部書，卻不想對它仔細加以思考；而且他們也不願將精力用在這上面，因為這部著作是枯燥的、晦澀的，與一切常用的概念相牴牾，而且是繁複的。如今我承認：當事關一種受到頌揚

且對人類不可或缺的知識本身之存在時，我沒料到會從一位哲學家 [7]口中聽到抱怨，說這部書欠缺通俗性、趣味性和輕鬆性。這種知識只能根據一種學院式的精確性之最嚴格規則來確定；我們固然可以隨後逐漸取得通俗性，但決不可由它開始。然而，某個程度的晦澀係部分歸因於方案之繁複，使人不易對在此項探討中問題攸關的主要論點一目了然。因此，關於這種晦澀，其不滿是有道理的；而我將藉本《序論》對此加以補救。

那部闡述純粹理性能力之全部範圍和界限的著作在此依然是基礎，本《序論》僅是作為預習而與它有關係。因為在我們能想到使形上學出現，或甚至僅對它抱有一份遙遠的期望之前，這部《批判》必須作為有系統且完整到無所遺漏的學問而成立。

我們久已習慣於見到有人使陳舊不堪的知識脫離其原先的聯繫，為它們套上一件隨便什麼獨特款式的系統性外衣，但冠以新標題，藉以重新裝飾它們；而大多數讀者事前所期望於這部《批判》的也不外乎此。然而，本《序論》將會使他們明白：這是一門全新的學問，過去的人連想都沒想到過，甚至單單其理念都不為人所知；而且除了休謨底懷疑所能提供的暗示之外，一切迄今既有的東西對它都沒有什麼用處。休謨也未料想到一門這類可能的正規學問，而是為了安全起見，把他的船駛上海灘（懷疑論），而它可能橫在那裡腐爛掉。但對我而言，

262

7　【譯注】這可能是指費德爾（Johann Georg Heinrich Feder, 1740-1821）。他當時是《哥廷根學報》（*Göttingische Anzeigen von gelehrten Sachen*）之編輯。

重要的反倒是給這艘船一名駕駛，而他依照航海術底可靠原則
（這些原則得自關於地球的知識），備有一份完整的航海圖和一
個羅盤，能將船安全地駛往他想去的地方。

　如果人們在開始探討一門完全孤立且在其門類中獨一無
二的新學問時帶有一種成見，彷彿他們能藉他們從前獲得的假
想知識去評斷它（儘管正是這些知識之實在性必須先完全受到
懷疑），這只會使他們以為到處都見到了他們過去所熟知的東
西，因為或許措辭聽起來與之相似；不過他們一定覺得一切都
極為怪誕、荒謬而難解，因為他們在此並非以作者底思想為依
據，而是始終以他們自己因長期習慣而成為天性的思考方式為
依據。但是著作之繁複（只要這種繁複性是基於學問本身，而
非基於闡述）、在此無法避免的枯燥和學院式的精確性，這些特
點固然可能對事情本身極為有利，但對著作本身必然會有害處。

　並非每個人都擅長於像**大衛・休謨**那樣細膩而又動人的文
筆，或者像**摩賽斯・孟德爾頌**[8]那樣深刻且又典雅的文筆。然
而，如果我所關心的只是擬訂一個方案，並且慫恿他人使之落
實，而不關切我已研究如此久的學問之福祉，則我可以自誇地
說，我可能會使我的闡述具有通俗性。因為要想不誘惑於較早

8　【譯注】孟德爾頌(Moses Mendelssohn, 1729-1786)是猶太裔的德
　國啟蒙哲學家。康德從1760年代就開始與他通信，對他極為推崇。
　其主要著作有《費東，亦名論靈魂之不朽》(*Phädon, oder Über die
　Unsterblichkeit der Seele*, 1767)、《黎明，亦名關於上帝存在之演
　講錄》(*Morgenstunden, oder Vorlesungen über das Dasein Gottes*,
　1785)等。

蒙受的善意接納，而期望於雖然遲來、但卻持久的掌聲，這需要很大的毅力，甚至需要不小的自制力。

263 　　**擬訂方案**往往是一種奢侈而虛浮的心靈活動，當人們要求他們自己做不到的事，指摘他們也無法做得更好的事，提出他們自己都不知道在何處可以找到的東西時，這種心靈活動為他們贏得一份創造性天才之美譽。但縱然只是理性底一般批判之卓越方案所需要的，也超過了人們底可能估計——如果這項方案不要如通常一般，僅成為虔誠願望之一種宣示。然而，純粹理性是一個內部普遍相聯繫的獨立領域，以致我們無法觸及其任何部分而不牽動其餘部分，而且若不先為每個部分決定其位置及它對其他部分的影響，就無法有任何成就。因為既然除了純粹理性之外，沒有任何東西能在內部糾正我們的判斷，則每個部分之有效性和運用均取決於它在理性自身內與其餘部分之關係，而且如同在一個有機體之結構中一般，每個環節之目的只能從對於整體的完整概念推衍出來。因此，我們可以說：如果這樣一種批判並未全部**完成**，直到純粹理性之最小部分為止，它決不足恃；再者，對於這種能力之領域，我們必須**全部**決定或確定，否則就**全無**決定或確定。

　　但儘管單單一個可能先於純粹理性底**批判**而有的方案是不可理解、不足恃且無用的，可是如果它在這種批判之後產生，它就更為有用。因為這使我們得以綜觀全體，逐項檢查在這門學問中問題攸關的主要論點，並且在闡述方面比在此著作底第一個稿本中所能做到的，更妥善地安排一些事情。

　　此處即是這樣一種在著作完成之後所擬訂的方案，它可按照**分析法**來制定，而原**著**必須完全按照**綜合法**來撰寫，以便這

門學問將其所有環節當作一種完整的特殊認知能力之結構，依
其自然的聯結來加以說明 9。對於我置於一切未來的形上學前
面作為序論的這個方案本身仍覺得晦澀的人，可以想想：本來
就不是每個人都有必要研究形上學；再者，有的才能在更接近
直觀的深入的（甚至深奧的）學問10中有極好的發揮，但是要藉
純然抽象的概念去探究，卻不會成功；在這種情況下，人們必
須將其才智用在另一個對象上。著手評斷形上學、甚至撰寫一
套形上學的人必須完全滿足此處所提出的要求，不論他是採取
我的解決辦法，還是甚至徹底駁斥我的辦法，而代之以另一種
辦法（因為他無法不這麼做）。最後，受到如此責難的晦澀（對
他自己的懶散或愚鈍的一種慣有的掩飾）也有它的用處，因為
一切對於其他所有學問均審慎地保持沉默的人，在形上學底問
題上則老練地發言，並且大膽地裁斷，因為在此他們的無知的
確與他人底學問無明顯的區別，但是與真正的批判原理卻有明
顯的區別。因此，我們可以讚揚這些原理說：它們不讓雄蜂這
種懶惰的畜牲進入蜂巢。（維吉利伍斯）11

264

9　【譯注】關於「分析法」與「綜合法」之意義，參閱李明輝：《康
　　德倫理學與孟子道德思考之重建》（臺北：中央研究院中國文哲研
　　究所，1994），頁25-45；Charles A. Corr: "Analytic and Synthetic
　　Method in Kant". In: P. Laberge, F. Duchesneau & B.E. Morrisey
　　(eds.): *Proceedings of the Ottawa Congress on Kant in the Anglo-
　　American and Continental Traditions* (Ottawa: The University of
　　Ottawa Press 1976), pp. 382-390.

10　【譯注】這是指數學。

11　【譯注】維吉利伍斯即羅馬詩人 Publius Vergilius Maro，語出其
　　《農事詩》（*Georgica*），IV, 168。

緒論：

論一切形上學知識之特點

§ 1

論形上學之根源

　　如果我們想要將一種知識當作**學問**（Wissenschaft）來闡述，就得先能夠確切地決定它與任何其他學問均不相同的差異之處，亦即其**獨特**之點；否則，所有學問之界限都會混淆，而且我們無法對任何一門學問按其本性透徹地加以討論。

　　而今，不論這項特點是在於**對象**之差異，或是在於**知識來源**、甚或**知識種類**之差異，還是在於若干因素（假使不是所有這些因素合起來的話）之差異，這門可能的學問及其領域之理念首先是以這項特點為依據。

　　首先就形上學知識底**來源**而論，其概念已包含以下之義：它不能是經驗的。因此，形上學知識之原則（這不僅包含形上學知識之原理，也包含其基本概念）決不能得自經驗；因為它

應當不是自然的知識,而是形上學的(亦即,超乎經驗的)知識。是故,它既不以外在經驗(這是依本義而言的物理學之根源)為依據,亦不以內在經驗(這是經驗心理學之基礎)為依據。因此,它是先天的(a priori)知識,或者說,由純粹知性和純粹理性而來的知識。

但是,在這一點上,形上學知識無所區別於純粹數學;因此,它必須稱為**純粹哲學知識**。但是關於這個用語底意義,請參閱《純粹理性批判》,頁712以下 [1],這兩種理性運用之區別在那裡有清楚而充分的說明。——關於形上學知識之來源,就說到這裡。

§2

唯一能得「形上」之名的知識種類

a) 論一般而言的綜合判斷與分析判斷之區別

形上學知識必須包含純然先天的判斷,這是其來源底特性所要求的。然而,不論判斷有一個什麼樣的根源,亦不論它們在邏輯形式上有何特質,它們在內容上卻有一項區別;由於這項區別,它們或者僅**是闡釋性的**,而對知識底內容無所增益,或者是**擴展性的**,而擴充現有的知識。前者可稱為**分析的**(analytisch)判斷,後者可稱為**綜合的**(synthetisch)判斷。

1　【譯注】此係第一版底頁數,第二版底頁數自頁740起,即〈先驗方法論〉第一章第一節〈純粹理性在獨斷運用中的訓練〉。

　　分析判斷在謂詞中所表示的，不過是我們在主詞底概念中實際上（儘管並非如此清晰且以同樣的意識）已想到的。當我說：「所有物體均有擴延性」時，我絲毫未擴展我對於物體的概念，而是僅僅分解了它，因為在判斷之前，擴延性已藉由前一概念實際上（儘管並未明確地被表示出來）被想到了；因此，這種判斷是分析的。反之，「有些物體有重量」這個命題在謂詞中包含某種在「物體」底普遍概念中並未實際上被想到的東西；是故，由於它對我的概念有所增益，它擴充了我的知識，且因此必須稱為一項綜合判斷。

267

b）一切分析判斷底共同原則是矛盾律

　　一切分析判斷均完全以矛盾律為依據，且在本性上是先天知識，不論供它們作為質料的概念是否為經驗的。蓋由於一項肯定的分析判斷底謂詞已先在主詞底概念中被想到了，故它無法被主詞所否定而無矛盾。同樣的，在一項分析的、但卻否定的判斷中，這項謂詞底反面必然被主詞所否定，而且也是依據矛盾律。「每個物體均有擴延性」和「沒有物體是無擴延性的（單純的）」這兩個命題就具有這種性質。

　　正因此故，一切分析判斷也都是先天判斷──縱然其概念是經驗的，譬如：黃金是一種黃色金屬。因為要知道這點，除了我對於黃金的概念（這個概念包含以下之義：這個物體是黃色的，而且是金屬）之外，我不需要其他的經驗。因為這正好是我的概念，而且我可以做的只是去分析這個概念，而不必在它之外去尋求其他的東西。

c) 綜合判斷需要矛盾律以外的另一項原則

有後天的(a posteriori)綜合判斷,其根源是經驗的;但是也有綜合判斷是先天地確實的,並且源於純粹的知性和理性。然而這兩者有一致之處,即是:它們決無法單獨依據分析底原理(即矛盾律)而形成;它們還需要一項完全不同的原則──儘管不論它們出自什麼原理,它們總是得**依據矛盾律**被推衍出來;因為儘管本來就不是所有的東西都能從這項原理推衍出來,但是沒有任何東西可以違背它。我想先將綜合判斷加以歸類。

268

1. **經驗底判斷**(Erfahrungsurteile)[2] 總是綜合的。因為將一項分析判斷建立在經驗底基礎上,乃是荒謬之事──既然我可以完全不超出我的概念,而提出一項判斷,且因此不需要經驗來證明它。「一個物體有擴延性」是一個先天地確定的命題,而不是一個經驗底判斷。因為在我訴諸經驗之前,我在概念中已具有我的判斷底一切條件;我能依據矛盾律從這個概念只是抽取出謂詞來,並且藉此同時意識到這項判斷底**必然性**,而經驗決不會向我說明這種必然性。

2. **數學的判斷**均是綜合的。儘管這個命題是千真萬確的,並且有極為重要的後果,但似乎至今完全未被人類理性之分析家所察覺,甚至與他們的所有猜測正好相反。蓋由於人們發現數學家之推論全是依據矛盾律而進行(這是每一種確然的確實

2　【譯注】在康德底用法中,「經驗底判斷」與「經驗的判斷」(empirische Urteile)有所區別。相關的說明見本書§18。

性之本性所要求的），所以他們相信其原理也是藉由矛盾律而被認識的；他們在這點上大錯特錯。因為一項綜合命題固然能依據矛盾律來理解，但必須以另一項綜合命題為前提，由之可推出這項命題，但決無法就其本身來理解。

首先必須注意的是：真正的數學命題總是先天的，而非經驗的判斷，因為它們具有必然性，而這種必然性無法得自經驗。但如果大家不願承認我這種說法，那麼好吧！我把我的命題局限於**純粹數學**，而純粹數學底概念已含有以下之義：它不包含經驗知識，而僅包含純粹先天知識。〔272〕

純粹**數學的**知識所以別於所有其他先天知識之主要特點在於：它決**非由概念**而形成，而是必須始終僅藉由概念之建構（《純粹理性批判》，頁713）而形成 [3]。因此，既然純粹數學知識在其命題中必須超出概念之外，而至於與這個概念相對應之直觀所包含的東西，則其命題也決不能、亦不應當經由概念之分析（亦即以分析的方式）而產生，且因而均是綜合的。

但是，我不能不說明因忽略這種一向輕易且似乎無關緊要的考察而為哲學帶來的害處。當休謨感到一個哲學家有義務將其目光投注於純粹先天知識底整個領域（人類知性自以為在這個領域中擁有極大的產業）之際，他輕率地從這個領域割去其中最重要的一整個疆域（純粹數學），而想像其本性，以及不妨說是其憲法，係以完全不同的原則為依據，亦即僅以矛盾律為依據。雖然他並未像我在這裡一樣，正式且普遍地或者藉名稱

3　【譯注】此係第一版之頁數，第二版之頁數係頁741。

對命題加以區分，但是他正是彷彿說：純粹數學僅包含**分析**命題，而形上學卻包含先天綜合命題。在此他大錯特錯，而且這種錯誤對他的全部想法有十分不利的後果。因為假如他不是犯了這項錯誤，他會將他關於我們的綜合判斷底根源之問題廣泛地延伸到他對於因果性的形上學概念之外，並且也會將這個問題擴展到數學底先天可能性之上；因為他必定會認為數學也是綜合的。但是這樣一來，他決無法將其形上學命題僅建立在經273 驗底基礎上，否則他也會使純粹數學底公理隸屬於經驗；而他是明白人，不會這樣做。形上學由此而加入的良好圈子使它不虞受到一種可恥的糟蹋；因為有意加諸形上學的打擊必然也會落在數學上，而這並非休謨底意思，也不會是他的意思。而這位見解深刻的人就會去作一些考察，這些考察必然會與我們目前所從事的考察相類似，但是由於他無比優美的論述，這些考察將會有無窮的收穫 [4]。

〔268〕 首先大家可能會認為：7+5=12這個命題是一個純然分析的命題，是由「7與5底總和」之概念依據矛盾律得出來的。然而，如果我們進一步加以考察，就會發現：「7與5底總和」之概念所包含的不過是兩個數目之合而為一，而藉由這個過程，我們完全沒有想到這個由兩個數目組合成的單一數目為何。「12」底概念決非由於我僅僅想到7與5底結合就會被想到；而且不論269 我把我對於這樣一個可能的總和之概念分析多久，我在其中都找不到12。我們必須超出這些概念，而借助於與這兩個數目之

4　【譯注】以上兩段原先置於§4，依 Georg Kullmann 之建議移置於此。請參閱本書〈中譯本導讀〉。

一相對應的直觀，例如借助於們的5根手指，或者如**塞格納**在其算術中 [5]那樣，借助於5個點，並且逐次將在直觀中被給與的「5」底單位加在「7」底概念上。因此，藉由7+5=12這個命題，我們實際上擴充了我們的概念，並且在前一個概念上加上一個新概念，而這個新概念在前一個概念中完全未被想到。這就是說：算術命題總是綜合的。當我們取用更大的數目時，我們便越清楚地認識到這一點。因為顯而易見，無論我們如何擺弄我們的概念，若不借助於直觀，只靠分析我們的概念，我們決無法發現這個總和。

　　同樣的，純粹幾何學底任何一項原理均不是分析的。「兩點之間以直線為最短」是一個綜合命題。因為我對於「直」的概念並不包含任何量，而是僅包含一項質。因此，「最短」底概念完全是加上去的，而且無法藉由分析由「直線」底概念得出來。因此，我們在這裡必須借助於直觀；只有憑藉直觀，綜合才是可能的。

　　在此，我們通常相信這種確然的判斷之謂詞已在我們的概念之中，且因此這種判斷是分析的；我們之所以相信如此，只是由於用語上的歧義。因為我們應當在思考中將某項謂詞加在一個既有的概念上，而這些概念已帶有這種必然性。但問題並不在於我們**應當在思考中**將什麼加在這個既有的概念上，而在

5　【譯注】塞格納即德國物理學家及數學家 Johann Andreas von Segner (1704-1777)，此處所言參閱其 *Anfangsgründe der Arithmetic, Geometrie und der Geometrischen Berechnungen* (2. Aufl. Halle 1773), 1. Abschnitt, §§ 3&31.

於我們**實際上**在這個概念中所**思考**（儘管只是隱晦地）的是什麼；在此便顯示出：這項謂詞雖是必然地、但並非直接地繫屬於那個概念，而是憑藉一種必須添加進來的直觀。幾何學家所預設的若干其他原理固然實際上是分析的，並且以矛盾律為依據，但卻僅像同一性命題（identische Sätze）一樣，充作方法上的連鎖，而非充作原則，例如：a＝a，全體等於其自身，或者（a＋b）＞a，亦即，全體大於其部分。再者，甚至這些原理本身雖然單依概念而言就有效，但是它們之所以在數學中被接受，只是由於它們能在直觀中被呈現[6]。

〔273〕　　　〔3.〕**依本義而言的形上學**判斷均是綜合的。我們得將**屬於形上學的**判斷和依本義而言的**形上學**判斷區別開來。在前一類判斷中有非常多是分析的，但它們只是形上學判斷之工具；這門學問底目的完全是針對這些形上學判斷，而它們一定是綜合的。因為如果概念屬於形上學（例如實體底概念），則僅由這些概念之分析所產生的判斷也必然屬於形上學（例如「實體是僅作為主詞而存在的東西」等等）；而藉由若干這類的分析判斷，我們試圖取得諸概念底定義。但既然分析一個純粹知性概念（形上學包含這類概念）的方式，無異於分析任何其他不屬於形上學的概念，甚至是經驗概念（例如：空氣是一種有伸縮性的流體，其伸縮性不因任何已知的冷度而喪失）之方式，則這

6　【譯注】此段文字原先的語脈不順，依 Georg Kullmann 之建議將前後兩部分對調，即將原先屬於前半部的文字「幾何學家所預設的若干其他原理……只是由於它們能在直觀中被呈現」與後半部對調。請參閱本書〈中譯本導讀〉。

個概念固然是真正形上學的，但分析判斷卻不是。因為這門學問在其先天知識之產生上有其獨特之處；因此，這種知識之產生必須有別於這門學問與其他所有知性知識共有的特性。例如，「在事物中的一切實體均常住不變」這個命題 [7] 即是一項綜合命題，而且是真正的形上學命題 [8]。

如果我們事前已按照確定的原則將構成形上學底質料和建材的先天概念蒐集起來，這些概念之分析便有很大的價值。我們也可以將這種分析當作一個僅包含屬於形上學的分析命題 [9] 之部分（彷彿作為闡釋的哲學［philosophia definitiva］[10]），而與構成形上學本身的一切綜合命題分開來加以闡述。因為事實上，這些分析只有在形上學中，亦即只有牽涉到應當由那些首先被分析的概念所產生之綜合命題，才有顯著的用處。

因此，本節底結論是：形上學其實與先天綜合命題有關，而且只有這些命題才是形上學底目的；為了這個目的，形上學固然需要對於其概念的一些分析，因而需要分析判斷，但是其處理方式與在一切其他知識種類中並無不同——假如我們只打算藉分析來釐清其概念的話。然而，依據直觀和概念來**產生**先

274

7　【譯注】此即《純粹理性批判》中所謂的「實體常住性原理」：「在現象底一切更迭中，實體常住，而且它在自然中的量額不增亦不減。」（A182/B224）

8　【譯注】本節之序號依 Hans Vaihinger 之建議而補。

9　【譯注】例如，「實體是獨立存在之物」，「有果必有因」。

10　【譯注】德國哲學家鮑麥斯特（Friedrich Christian Baumeister, 1709-1785）有一部著作名為《闡釋的哲學》（*Philosophia definitive*, Wittenberg, 1733）。

天知識,最後也產生先天綜合命題(而且是在哲學知識中),才
是形上學之主要內容[11]。

<h1 style="text-align:center">§ 3</h1>

270 　關於分析判斷與綜合判斷底一般區分的解說

　　這項區分對人類知性底批判而言,是不可或缺的,且因此
值得在這種批判中作為**典要**;此外,我就不知道它在任何其他
地方還有一項顯著的用處。在此我也發現獨斷哲學家(他們總
是僅在形上學本身之中,而不在它之外、在一般而言的純粹的
理性法則之中尋求形上學判斷底來源)何以忽略這項似乎是不
言而喻的區分之緣故,也發現知名的**吳爾夫**及其見解深刻的追
隨者**包姆加騰**[12]如何能在矛盾律中尋求充足理由律(這顯然是
綜合的)底證明之緣故[13]。在另一方面,我已在**洛克**有關人類理

11　【譯注】以上三段原先置於§4,依 Hans Vaihinger 之建議移置於
　　此。請參閱本書〈中譯本導讀〉。

12　【譯注】吳爾夫(Christian Wolff, 1679-1754)與包姆加騰(Alexan-
　　der Gottlieb Baumgarten, 1714-1762)均是德國哲學家。他們繼承並
　　發揚萊布尼茲底理性主義哲學,使之成為當時德國最具影響力的
　　哲學學派。

13　【譯注】參閱 Christian Wolff: *Philosophia prima sive Ontologia*
　　(Frankfurt u. Leipzig 1728), § 70; Alexander Gottlieb Baumgarten:
　　Metaphysica (Halle, 1779, 7. Aufl.), §§ 10, 20-22. 萊布尼茲將「充
　　足理由律」(principium rationis sufficientis)與「矛盾律」加以區分:
　　前者涉及「事實真理」,後者涉及「理性真理」。他將「充足理

智的論文中見到關於這項區分的暗示。因為在第四卷第三章第九節及以下幾節裡，在他已先討論過判斷中的表象之各種聯結及其來源，而將其中一種來源置於同一性和矛盾（分析判斷），但將另一種來源置於諸表象在一個主體中的存在（綜合判斷）之後，他在第十節中承認：我們關於後者的（先天）知識十分狹窄，而且幾近於無[14]。然而，在他關於這類知識的言論中極少有確定且有規則可循的東西，以致我們毋須驚訝於無人、特別是連**休謨**都未藉此機會對這類命題加以探究。因為這類普遍但確定的原則我們不易從他人學得，這些原則只是隱晦地浮現在他們的心中。我們必須先靠自己的思索得到這些原則，然後我們也會在別處發現它們；我們一定不會先在那裡找到它們，因為連作者本人都不知道他們自己的想法是以這樣一個理念為根據。從未獨立地思考的人仍然有一種洞察力，能在經過指點之後，從別人從前說過的話中探知原先無人能看出的一切。

（續）────────────

由律」表述如下：「沒有任何事實能證實為真實或存在，沒有任何命題能證實為正確，除非有一項充足理由說明它們何以非如此不可。」(*Monadologie*, §§ 31-33; 參閱 *Theodicée*, Part 1, § 44)

14　【譯注】John Locke: *An Essay Concerning Human Understanding*, edited by P. H. Nidditch (Oxford: Oxford University Press, 1975), p. 544.

《序論》底一般問題：
形上學究竟是否可能？

§4

　　假如能保持其學問底地位的形上學實際存在，又假如我們能說：形上學在這裡，你們只要去學習它，而它將無可抗拒且無可改變地使你們相信其真實性，那麼上述的問題便是多餘的，而且只剩下一個問題，這個問題涉及對我們的洞察力之檢查，更甚於對事物本身底存在之證明，此即：**它如何可能**？以及，理性如何著手得到它？在這種情況下，人類理性並未如此幸運。我們無法指出任何一本書（如同我們舉出例如一位**歐幾里德**一樣），並且說：這是形上學，你們在此發現這門學問底最主要目的，即根據純粹理性底原則而證明的一個最高存有者和一個來世底知識。因為我們固然能指出許多確然無疑且從未受到質疑的命題，但是這些命題均是分析的，而且它們涉及形上學底材料和建材，更甚於涉及知識之擴充；而知識之擴充卻應當是我們建立形上學的真正目的〔§2, c〕）。但縱使你們也舉

出一些綜合命題(例如充足理由律),這些命題你們從未單從理性,亦即如你們應當做的,先天地加以證明,而人們卻願意讓你們舉出這些命題;可是如果你們想要利用這些命題來達到你們的主要目的,你們就會陷入極為不適當且不可靠的主張中,以致在所有的時代裡,一套形上學與另一套形上學在主張本身方面,或者在其主張底證明方面相牴牾,且因此自己否定了它對於持久認可的要求。甚至建立這樣一門學問的企圖無疑是這麼早就形成的懷疑論之最初原因。懷疑論即是一種思考方式,理性在此極粗暴地對待自己,以致這種思考方式必然只能在對於理性底最重要意圖之滿足的完全絕望中形成。因為在人們開始有計畫地詢問自然以前很長的時間內,他們僅詢問其抽象的理性,而這種理性在某個程度內已受到通常經驗之磨練。因為理性固然一直在我們的心中,但自然法則通常卻需要辛苦的探索。形上學就這樣漂浮在表面,像泡沫一樣,而一旦人們所掬取的泡沫破滅了,立刻便有另一個泡沫出現在表層。有些人始終熱切地採集泡沫,而另一些人則不去深入探究這種現象之原因,卻嘲笑前一種人白費力氣,而自以為聰明 [1]。

因此,由於厭煩於獨斷論(它對我們無所教益),同時也厭煩於懷疑論(它對我們根本無所承諾,甚至連我們之退隱於一種被許可的無知,它都不能承諾),由於我們所需要的知識底重要性之敦促,更由於有關我們以為已擁有、或者我們在純粹理性底名義下得到的一切知識之長期經驗所引起的不信任,我

1　【譯注】這段以下原有的五段文字依 Hans Vaihinger 之建議移置於§2。請參閱本書〈中譯本導讀〉。

們只剩下一個批判性的問題，而我們可依據其解答來安排我們未來的作為；這個問題即是：**形上學究竟是否可能？**但是這個問題不能藉著以懷疑的態度反對一套現存的形上學底某些主張（因為我們目前尚不承認任何一套形上學）來回答，而只能從這樣一門學問之仍然只是**或然的**（problematisch）概念來回答。

在《**純粹理性批判**》中，我對這個問題是以綜合的方式來處理，也就是說，我在純粹理性本身中探究，而且試圖在這個泉源本身中根據原則來決定其成素及其純粹運用底法則。這項工作很困難，而且要求一個果斷的讀者在思想中逐漸進入一個系統中；這個系統除了理性本身之外，尚無任何現成的東西作為依據，而且不依靠任何一項事實，試圖從理性底原初根芽開展出知識來。反之，《**序論**》應當是預習；它應當指出：為使一門學問在可能的情況下成立，我們必須做什麼，更甚於闡述這門學問本身。因此，它必須依靠某個我們已知道可靠的東西，而我們能有信心地從這裡出發，上溯到我們尚不知道的源頭；這些源頭之發現不止將為我們說明我們已知道的事情，而是同時闡明全由這些源頭產生的諸多知識之範圍。因此，《序論》——特別是要為一套未來的形上學作準備的《序論》——底這種按部就班的處理方法將是**分析的**。

275

然而幸運的是，僅管我們無法假定作為學問的形上學**實際存在**，但我們卻能自信地說：某些純粹的先天綜合知識是實際而現有的，此即**純粹數學**和**純粹自然科學**。因為這兩門學問均包含一些命題，這些命題部分單單藉由理性、部分藉由來自經驗的普遍同意，而被承認為確然無疑，但卻一概被視為無待於

經驗 [2]。因此，我們擁有一些至少**無可爭議的**先天綜合知識，並且不可問：它們是否可能（因為它們實際存在），而是只可問：**它們如何可能**，以便能夠從既有知識底可能性之原則也推衍出其餘一切知識底可能性。

2　【譯注】所謂「單單藉由理性，而被承認為確然無疑」的命題，如幾何學中的公理；所謂「藉由來自經驗的普遍同意，而被承認為確然無疑」的命題，如牛頓物理學中的運動定律。

《序論》底一般問題：

來自純粹理性的知識如何可能？

§ 5

我們在前面已經看到分析判斷與綜合判斷之重要區分。分析命題之可能性極容易理解，因為這種可能性僅基於矛盾律。後天綜合命題（亦即取自經驗的命題）之可能性也不需要特別的說明，因為經驗本身不外是知覺底一種連續的組合（綜合）。因此，我們只剩下先天綜合命題，其可能性需要加以探索或研究，因為這種可能性必須以矛盾律以外的其他原則為依據。

但是我們在此可以不先探索這類命題之**可能性**，亦即問：它們是否可能？因為實際上已存在夠多這類的命題，而且它們具有無可爭辯的確實性。而既然我們目前所遵循的方法應當是分析的，我們將從以下的事實出發，此即：這類綜合的、但卻 276

是純粹的理性知識實際存在。但接著我們還得**探討**這種可能性之根據，並且問：這種知識如何可能？以便我們能夠由其可能性底原則來決定其運用底條件、範圍和界限。因此，一切問題之所繫的根本課題，以學院式的精確性來表達，便是：

先天綜合命題如何可能？

我在前面為了通俗性起見，以稍微不同的方式來表達這個問題，也就是將它表達成一個關於由純粹理性而來的知識之問題。這回我能順利地這麼做，而無害於所尋求的解悟，是因為既然此處所關心的只是形上學及其來源，人們將根據先前所作的提示，如我所期望的那樣，始終記得：當我們在此談到來自純粹理性的知識時，所談的決非分析知識，而僅是綜合知識[1]。

如今，形上學之成敗、從而其存在完全取決於這項課題之解決。不管有人將他在形上學中的主張闡述得多麼像一回事，而將結論堆砌起來，直到令人受不了；若他未能先以令人滿意

277

---

〔276〕　1　在知識逐漸進展之際，某些自學問底幼年期就存在、且已成為古典用語的語詞以後會被發現不充分且不適合，而舊語詞之某種更恰當的新用法又會多少陷入混淆之危險，這是不可能避免之事。分析法就它與綜合法相反而言，完全不同於分析命題之總合。它僅意謂：我們從所探究的事物出發，彷彿它是既成的，並且上升到使之成為可能的僅有的條件。在這種方法中，我們往往全然使用綜合命題，數學分析就為此提供了一個例子；而這種方法最好能稱為**回溯的**(regressiv)方法，以別於綜合的或**順推的**(progressiv)方法。還有，「分析論」(Analytik)之名也指邏輯底一個主要部分；而它在此是真理底邏輯，並且與辯證論(Dialektik)相反，根本不考慮它所包含的知識是分析的還是綜合的。

的方式答覆這個問題，我就有權說：這一切都是空洞的、無根
據的哲學，都是虛假的智慧。你憑純粹理性發言，並且自以為
彷彿創造出先天知識。此時你不單是分析現有的概念，而是聲
稱有新的聯結；這些聯結並非以矛盾律為依據，而你卻以為完
全不靠任何經驗就能理解它們。你如何得到這個結果呢？你要
如何為這樣的過分要求辯解呢？訴諸普遍的人類理性之同
意，對你是不容許的；因為這個證人底威望僅依靠公眾底傳聞。
「你指給我看的一切，我都不信，而且厭惡。」（荷拉修斯）[2]

　　但是，這個問題之回答有多大的必要性，它便有多大的困
難。而儘管人們長久以來未曾嘗試回答這個問題的最主要原因
在於：他們從未想到能提出這樣的問題，但第二個原因卻是：
要對這一個問題提出一項令人滿意的答覆，需要比過去最詳盡
的、且乍看之下可望使其作者名垂千古的形上學著作付出更為
持久、更為深入且更為辛勞得多的思索。再者，每一位聰明的
讀者反覆考慮這項課題之要求時，起初必然被其困難所嚇倒，
而認為這項課題是無法解決的，並且如果不是實際上有這類純
粹的先天綜合知識的話，也認為這些知識是完全不可能的。這
便是**大衛·休謨**底實際遭遇——儘管他從未以在這裡所達到和
必須達到的普遍性（如果這項答覆要對全部形上學有決定作用
的話）來設想這個問題。因為這位見解深刻的人說：當我得到
一個概念時，我如何可能超出它，將另一個完全不包含在它之
內的概念與它聯結起來，彷彿這個概念**必然**屬於它？唯有經驗

2　【譯注】荷拉修斯（Quintus Horatius Flaccus, 65-8 B.C.）是羅馬詩
　　人，語出其《書簡集》（*Epistulae*），II, 3, 188。

能提供我們這種聯結(他把困難當成「不可能」,而由這項困難作此推斷),而所有這種假想的必然性,或者換個方式說,所有被視為先天的知識不外是一種長期的習慣,即是因認為某物是真的,就把主觀的必然性視為客觀的。

如果讀者抱怨我為了解決這項課題而帶給他的麻煩和辛勞,他大可嘗試用更簡單的方式自行解決它。屆時他也許會對為他承擔一項如此深入的研究工作的人心懷感激,並且可能反而會對其解決之容易(就這個問題底特性而言,其解決竟然能如此容易)流露出一些驚訝。況且,為了依其完全的普遍性(依數學家對這個詞所理解的意義,亦即「對一切情況均是充分的」)來解決這項課題,並且最後也能以分析的形態(像讀者在這裡所將見到的)來展現它,我已花了數年之久的努力。

因此,所有的形上學家都被鄭重而合法地免除了他們的工作,直到他們對「**先天綜合知識如何可能?**」這個問題提出了令人滿意的答覆為止。因為如果他們要以純粹理性之名義向我們提出某些東西,他們必須出示的信用狀僅在這項答覆當中。但是若欠缺這份信用狀,他們便只能期待被屢遭欺騙的明理人所拒絕,完全不待進一步檢查他們所提出的東西。

反之,如果他們不想把他們的工作當作**學問**,而是當作一種有益的且適合於普遍的人類知性的說服**技巧**(Kunst)來推動,這門行業按理就不能將他們擯除在外。屆時他們就會使用一種理性的信仰[3]之謙虛語言,他們會承認:對於超出一切可

3　【譯注】　康德在此所提到之「理性的信仰」(vernünftiger Glaube)
　　即是他在1786年發表的〈何謂「在思考中定向」?〉("Was heißt:

能經驗底界限之外的東西，他們連**臆測**一下都不可以，遑論有所**認識**，而是只可**假定**某個可能在生活中指導知性和意志、甚且對此目的不可或缺的東西（並非為了思辨的運用，因為他們必須放棄這種運用，而是僅為了實踐的運用）。只有這樣，他們才能稱為有用而智慧的人；他們越是放棄形上學家底稱號，便越能稱為有用而智慧的人。因為形上學家想要作思辨哲學

（續）——————————————————————

Sich im Denken orientieren?"）一文中所提到之「理性底信仰」（Vernunftglaube）。這篇論文旨在探討上帝存在之可能論證。康德在《純粹理性批判》中分別批判西方傳統神學所提出的三種上帝論證（存有論論證、宇宙論論證、目的論論證），並且歸結說：這些上帝論證都是建立在先驗的幻相之上。總而言之，單憑思辨理性，我們既無法肯定、亦無法否定上帝之存在，因為人類底知識僅局限於可能的經驗之對象。因此，康德在這篇論文中指出：人類之理性若要思考超經驗的對象（如上帝之存在），就無法根據知識底客觀根據（即範疇），而只能根據一項主觀原則去下判斷。這項主觀原則即是一種對「理性底需求」（Bedürfniß der Vernunft）的感受。在理性之理論性運用與實踐性運用當中，「理性底需求」均有其功能。在其理論性運用中，由於「理性底需求」之介入，「上帝」的概念不僅在概念上是可能的，而且在理論上也是必要的。康德將這種需求稱為「純粹的理性假設」（reine Vernunft-hypothese）。然而，「理性假設」僅是有條件地必然的，這就是說，唯有當我們想要說明宇宙中的秩序與合目的性時，我們才必須預設上帝之存在。反之，在其實踐性運用中，「理性底需求」卻是無條件地必然的。簡言之，「上帝」概念之無條件的必然性是為了說明我們促進「最高善」——亦即道德與幸福之成比例的結合——的義務。這是對上帝存在的「道德論證」。康德將藉由這種論證而確認的「上帝」概念稱為「理性底信仰」。在1788年出版的《實踐理性批判》中，康德詳細討論了這種「道德論證」，並且將由此而設定的上帝底存在，連同意志底自由與靈魂之不滅，共稱為「純粹實踐理性之設準（Postulate）」。

家；再者，既然事關先天判斷時，貧乏的或然性不足為憑（因為當有人聲稱某個東西先天地被認識時，即等於宣告它是必然的），那麼他們也不容玩弄臆測，而是他們的主張必須是學問，否則就根本什麼都不是。

279

我們可以說：必然先於一切形上學而存在的整個先驗哲學本身不過是此處所提出的問題之全盤解答，但卻是依照有系統的秩序與週詳性來安排；因此，我們至今尚未有先驗哲學。因為凡是有先驗哲學之稱號的學問，其實是形上學底一部分；但是這門學問應當先確定形上學底可能性，且因此必須先於一切形上學而存在 [4]。所以，我們也不必驚訝，為了充分地回答僅僅一個問題，需要有一門完整的、而且無法從其他學問得到任何協助、因而本身就是全新的學問，而這個問題之解決帶有辛勞和困難，甚至帶有一些隱晦性。

我們現在著手按照分析法去解決這個問題時，已假定這種從純粹理性而來的知識實際存在；此時我們只能援引理論知識底兩門**學問**（我們在此僅談到理論知識），即是**純粹數學**和**純粹自然科學**。因為只有這兩門學問能在直觀中將對象呈現給我們，因而比如說，當一種先天知識出現在這兩門學問中時，它們能具體地顯示這種知識之**真實性**或者它之符合於對象，亦即

4　【譯注】根據康德在《純粹理性批判》中的說明，狹義的「形上學」（即「自然底形上學」）包括「先驗哲學」與「純粹理性底自然學（Psysiologie）」兩部分：前者相當於「存有論」（Ontologie），後者則包括「理性自然學」、「理性宇宙論」與「理性神學」（*KrV*, B873ff.）。參閱 H.M. Baumgartner 著、李明輝譯：《康德「純粹理性批判」導讀》（臺北：聯經出版公司，1988），頁140-141。

其實在性。那麼，我們就能從這種知識之實在性通過分析的途徑前進到其可能性之根據。這使此處的工作容易多了；在此，普遍的考察不僅被應用於事實，乃是甚至從事實出發，而不是必須按照綜合的程序完全抽象地從概念被推衍出來。

但是為了從這些實際存在而又有根據的純粹先天知識上升到我們所尋求的一種可能的知識，亦即一門作為學問的形上學，我們需要在我們的主要問題當中也理解引發這門學問且作為其基礎的完全自然地形成的先天知識（儘管其真實性不無可疑），對於這種知識的探討在完全未對其可能性加以批判的考察之前通常已被稱為形上學——一言以蔽之，我們需要理解對於這樣一門學問的自然稟賦。因此，先驗的主要問題分為四個 280 問題，將逐步得到回答：

1. 純粹數學如何可能？
2. 純粹自然科學如何可能？
3. 一般而言的形上學如何可能？
4. 作為學問的形上學如何可能？

我們看出：縱使這些課題之解決主要是要說明《純粹理性批判》之基本內容，它還是具有本身就值得注意的特點，即是：在理性本身中為現有的學問尋求其源頭，以便憑行動本身去探究並衡量理性先天地認識事物的能力。這些學問本身因此而獲益（縱使不是在其內容方面，仍然在其正確使用方面），而且在它們為一個有關其共同根源的更高層的問題有所啟示之際，它們同時提供機緣，以便更恰當地澄清它們自己的本性。

先驗的主要問題 第一編：

純粹數學如何可能？

§ 6

　　這裡是一份經過證明的龐大知識，如今已具有可贊嘆的規模，並且可望在未來無限制地擴展。這份知識具有完全確然的可靠性，亦即絕對的必然性，故不依於經驗根據，因而是理性底一項純粹產物，但又完全是綜合的。「如今，人類理性如何可能完全先天地建立這樣一種知識呢？」既然這種能力不以經驗為基礎，亦無法以之為基礎，難道它不預設某種先天的認知根據，這種根據深藏不露，但只要我們努力去追尋這些作用底最初起源，它就會因這些作用而顯現出來？

§ 7

　　但是我們發現，一切數學知識均有這種特性：它必須先在**直觀**，確切地說，在先天的直觀——亦即不是經驗的、而是純

粹的直觀——**中**呈現其概念，而不靠這種辦法，它便寸步難行。因此，數學知識底判斷始終是**直觀的**；而哲學能滿足於**純由概念**而來的**辨解的**(diskursiv)判斷，而且雖然能藉直觀闡明其確然的學說，但決無法由此推衍出這些學說。有關數學底本性的這項觀察如今已把我們引到其可能性底第一而最高的條件，亦即：數學必須有**某種純粹直觀**作為基礎，在這種直觀中它能具體而先天地呈現其所有的概念，或者如一般所稱的，**建構**它們 [1]。如果我們能找出這種純粹直觀及其可能性，我們就不難說明：在純粹數學中的先天綜合命題如何可能？從而也不難說明：這門學問本身如何可能？因為如同經驗直觀使我們能毫無困難地藉直觀本身所提供的新謂詞，在經驗中綜合地擴展我們為直觀底一個對象所形成的概念，純粹直觀也會做到這點，只是有一項區別：在後一情況下，綜合判斷將是先天地可靠而確然的，但是在前一情況下，綜合判斷卻將是後天而經驗地可靠的。因為前一種直觀僅包含在偶然的經驗直觀中所見到的東西，但是後一種直觀卻包含在純粹直觀中所必然見到的東西，這是由於這種直觀是先天直觀，**先於一切經驗**或個別知覺而與概念緊密地相聯結。

§8

　　然而，經過了這一步，困難似乎不減反增。因為現在的問

1　見《純粹理性批判》，頁713。【譯者按】此係第一版底頁數，第二版底頁數見頁741。

題是：**先天地直觀某物，如何可能**？直觀是一種表象，它直接依待於對象之出現。因此，先天地、**原始地**去直觀，似乎是不可能的；因為這樣一來，直觀之形成必須既不牽涉到先前出現的對象，亦不牽涉到眼前出現的對象，且因此就不成其為直觀了[2]。概念誠然是這樣的東西：我們毋須與對象直接發生關係，就能極輕易地以先天的方式形成若干概念，此即僅包含一般而言的對象底思想的概念，例如「量」、「原因」等概念；但是連這些概念，為了取得意義，都需要某種具體的運用，也就是說，需要應用到某項直觀上，藉由這項直觀，這些概念底一個對象被提供給我們。然而，對象底**直觀**如何能先於對象本身而存在呢？

§9

　　如果我們的直觀必然是這樣的：它**按照事物自身那樣**來呈現它們，那麼根本就不會有先天直觀形成，而是它必定是經驗的。因為在對象自身當中所包含的東西，只有當它出現在我眼前，並且被提供給我時，我才能知道。當然，縱然如此，我們也無法理解：對於一個眼前事物的直觀如何會使我按照這個事物自身那樣來認識它，因為它的特質無法轉移到我的表象力之中。然而，如果承認這種可能性，這類直觀也不會先天地形成，也就是說，它不會在對象被呈現於我以前形成。因為若非對象

2　【譯注】這種直觀當即是康德所謂的「智性直觀」（intellektuelle Anschauung）。但康德認為：這種直觀僅屬於上帝，而非人類所有。

被呈現於我，我的表象與對象底關係之根據就無法設想，除非
這種關係必須以靈感為依據。因此，只有按照一種方式，我的
直觀才有可能先於對象底現實性而存在，並且形成先天知識，
這就是：**我的直觀僅包含感性底形式，這種形式先於一切實際
的印象（我是藉由這些印象而為對象所觸動）而存在於我的主
體當中**。因為我們能先天地知道：感覺底對象只能按照感性底
這種形式被直觀。由此推知：僅涉及感性直觀底這種形式的命
題對於感覺底對象而言，將是可能的且有效的。反之，也可推
知：先天地可能的直觀決無法涉及我們的感覺之對象以外的其
他事物。

283

§ 10

因此，只有藉由感性直觀底形式，我們才能先天地直觀事
物；但是藉由這種形式，我們也僅按照對象能**顯現**給我們（我
們的感覺）的樣子，而非按照它們自身底可能情況來認識它
們。如果我們要承認先天綜合命題之可能性，或者在我們實際
上見到這種命題的情況下要理解其可能性並且事先決定之，這
項假定是絕對必要的。

如今，空間和時間是一種直觀，純粹數學以它們作為其一
切知識和判斷底基礎，而這些知識和判斷同時帶著確然性和必
然性而出現。因為數學必須先在直觀中，而純粹數學必須先在
純粹直觀中呈現其所有概念，也就是說，建構它們。若非如此，
純粹數學就不可能前進一步（因為純粹數學不能分析地運作，
亦即藉概念之分析來運作，而只能綜合地運作）；這就是說，

只要它欠缺純粹直觀(只有在這種直觀中，先天綜合判斷才能得到其材料)，它就不可能前進一步。幾何學以空間底純粹直觀作為基礎。算術甚至藉著在時間中將單位連續累積起來，而形成其數底概念。但特別是純粹力學只能藉時間底表象形成其運動底概念。但是這兩個表象均只是直觀；因為如果我們從對於物體及其變化(運動)的經驗直觀中除去一切經驗之物，亦即除去一切屬於感覺的東西，所剩下的還有空間和時間。因此，空間和時間是純粹直觀，是那些經驗直觀底先天基礎，且因此它們本身決無法被除去。但正因為它們是純粹的先天直觀，這就證明：它們只是我們的感性底形式，這種形式必須先於一切經驗直觀(亦即對於實際對象的知覺)而存在，而對象能依據這種形式先天地被認識——當然只是按照它們顯現於我們的樣子被認識。

§ 11

本編底課題因此便得到了解決。作為先天綜合知識的純粹數學之所以可能，僅是由於：除了感覺底對象之外，它不涉及其他對象，而對於這些對象的經驗直觀有一種純粹的而且是先天的直觀(空間和時間底直觀)作為其基礎；這種直觀之所以能作為其基礎，係由於它不外只是感性底形式，而這種形式先於對象之實際出現而存在，因為它事實上首先使對象成為可能。可是這種先天地直觀的能力無關乎現象底質料，亦即現象中的感覺(因為感覺構成經驗之物)，而僅關乎現象底形式，即空間和時間。如果有人要對「這兩者決非繫屬於事物自身的決定，

284

而只是純然繫屬於事物對感性的關係之決定」這點有絲毫的懷
疑的話，我願意知道：他如何會認為有可能先天地、且因而完
全在認識事物以前（亦即在事物被提供給我們以前）就知道對
於這些事物的直觀一定有什麼特質？但空間和時間在這裡的
情況就是如此。可是一旦這兩者單單被視為我們的感性底形式
條件，而對象僅被視為現象，此事便完全可以理解；因為這樣
一來，現象底形式（亦即純粹直觀）當然能由我們自己（亦即先
天地）呈現出來。

§12

為了對闡釋和證明有所補充，我們只消看看幾何學家常用
的而且是絕對必要的程序。對於兩個已知圖形之完全相等的一
切證明（既然一者在所有方面均能被放在另一者底位置上），最
後均歸結為這兩者之相互重合。這顯然正是一個以直接的直觀
為依據的綜合命題，而這種直觀必須純粹而先天地被提供，否
則這個命題就無法被視為確然地可靠，而是僅具有經驗的可靠
性。這將只是表示：我們覺察到事情一直是這樣的，而且只有
在我們的知覺所及的範圍內，這個命題才有效。完整的空間（它
本身不再是另一個空間底界限）有三度，而且一般而言的空間也
無法多過三度，這是根據以下的命題：在一個點上不能有三條
以上的直線相交成直角。但這個命題決無法由概念去說明，而
是直接以直觀（更確切地說，是純粹先天直觀）為依據，因為它
285 具有確然的可靠性。我們能要求將一條線不定地（in indefinitum）
延長下去，或者使一系列的變化（例如運動所經過的空間）不定

地延續下去，這是以空間和時間底表象為前提；而這種表象只能依於直觀——這即是說，就它自身不受任何限制而言——，因為它決無法從概念推得。因此，數學實際上以純粹先天直觀為基礎，這些直觀使其綜合的且確然有效的命題成為可能。所以，我們對於空間與時間底概念的先驗推證也說明了一門純粹數學底可能性。如果沒有這樣一種推證，又如果我們不假定：一切可能被提供給我們的感覺的東西（在空間中被提供給外感，在時間中被提供給內感），僅按照它們顯現於我們的樣子，而非按照它們自身底情況為我們所直觀，則這種可能性雖能被承認，但決無法被理解。

§ 13

有些人尚無法擺脫一種想法，以為空間和時間是繫屬於事物自身的實際特質。他們能在以下的詭論訓練其洞察力，而當他們設法解決這些詭論而徒勞無功時，至少會暫時擺脫成見而推想：把空間和時間降為我們的感性直觀之純然形式，或許有道理。

如果兩件事物在它們各自能被認識的所有方面（在所有屬於量和質的決定上）均完全相同，則必可推斷：其中一者在所有情況和關係中均能被放在另一者底位置上，而這種替換不會讓人認出絲毫的差別。事實上，幾何學中的平面圖形也是如此。然而，儘管不同的球面圖形具有這種完全的內在一致性，但在外在關係中卻有這樣一種差異，即是：一者決無法被放在另一者底位置上。例如，兩個球面三角形分屬兩個半球，而以

286 大圈上的一條弧線為共同的底線。這兩個三角形在邊與角方面
能完全相等，以致當一者被單獨而完整地描繪時，我們在其中
見不到任何東西不同時存在於對另一者的描繪中；但一者仍無
法被放在另一者底位置上（即被放在另一個半球上）。這可就是
這兩個三角形底一項**內在**差異，而知性決無法指出它是內在
的，它僅通過空間中的外在關係而顯現出來。然而，我想舉出
較常見的例子，而這些例子能取自日常生活。

有什麼東西會比我的手或耳朵在鏡中的影像與它們更相
似，並且在各方面更相同呢？但是我卻無法將在鏡中所看到的
這樣一隻手放在原來的手底位置上；因為如果這是一隻右手，
在鏡中的那隻手便是一隻左手，而右耳底影像是一隻左耳，它
決無法被放在右耳底位置上。這並不是憑知性就能設想的內在
差異；但是感覺卻指出：這些差異是內在的。因為不論左手和
右手多麼相同、多麼相似，它們還是無法被包含在同樣的界限
內（它們無法相吻合）；一隻手底手套無法戴在另一隻手上。如
今要怎麼解決這個問題呢？這些對象並非事物按照它們自身底
情況、並且按照純粹知性將認識它們的方式而形成的表象，而
是感性直觀，亦即現象，其可能性是以某些自身不為人知的事
物對另一事物（即我們的感性）的關係為依據。如今，空間是感
性底外在直觀之形式，而每個空間底內在決定僅通過對整個空
間（該空間是它的一部分）的外在關係（對外感的關係）之決定始
為可能，也就是說，部分僅通過全體始為可能。這種情況決不
發生於作為純然知性底對象的物自身，而是發生於純然的現
象。因此，我們也無法憑藉任何一個概念來說明相似且相同、
但卻不相合的事物（例如彼此反向旋轉的螺旋）之區別，而只能

憑藉與右手和左手的關係來說明，而這種關係直接涉及直觀。

附釋一

　　純粹數學，尤其是純粹幾何學，只有在以下的條件下才有客觀實在性，此即：它僅涉及感覺底對象。但是關於這種對象，可確定其原理為：我們的感性表象決非事物自身之表象，而只是事物顯現於我們的方式之表象。由此推知：幾何學底命題決不單是我們的虛構性幻想底產物之決定，且因此無法可靠地關聯到實際對象；而是它們必然對空間有效，且因而也對一切可能見諸空間中的東西有效。因為空間不外是一切外在現象之形式，而只有在這種形式之下，感覺底對象才能被提供給我們。感性（幾何學以其形式為根據）是外在現象之可能性所依據者；因此，外在現象除了幾何學為它們規定的東西之外，決無法包含其他東西。但如果感覺必須按照對象自身之情況去呈現它們，事情就會完全不同。因為屆時從空間底表象（幾何學家以這個表象及其種種性質作為先天的根據）決無法推知：這一切、連同由此得到的結論在自然中的情況一定就是這樣。人們將會認為幾何學家之空間是純然的虛構，而且不相信它具有客觀有效性；因為他們決無法了解：諸事物如何會必然符合我們自己預先為它們所造的圖像。但如果這個圖像——或者不如說，這種形式的直觀——是我們的感性之基本性質（只有憑藉這種性質，對象才被提供給我們），可是感性不呈現物自身，而僅呈現其現象，我們便很容易理解且同時無可反駁地證明：我們的感性世界底一切外在對象必然極準確地符合幾何學底

命題；因為感性憑藉它加諸外在直觀的形式（空間）——幾何學家探討這種形式——才使那些作為純然現象的對象本身成為可能。在哲學史中總是會有一個值得注意的現象，即是：有一個時代，甚至那些身兼哲學家的數學家 [3]雖不懷疑其幾何學命題之正確性（就這些命題僅涉及空間而言），但卻開始懷疑這個概念及其一切幾何學決定之客觀有效性，以及它們在自然中的應用；他們擔心：自然中的一條線可能是由物理學的點所組成，因而在對象中的真實空間可能是由單純的部分所組成——儘管幾何學家所想的空間決無法由這些東西組成。他們不明白：第一，這個在思想中的空間使物理學的空間（亦即物質本身之擴延）成為可能；第二，這個在思想中的空間決非物自身之特質，而只是我們的感性的表象力之一種形式；第三，空間中的所有對象均是純然的現象，也就是說，不是物自身，而是我們的感性直觀之表象。再者，既然幾何學家所設想的空間正是感性直觀之形式，而我們先天地在我們內心發現這種形式，並且它包含所有外在現象底可能性之根據（就這些現象之形式而言），則這些現象必然極準確地與幾何學家之命題（幾何學家並非從虛構的概念取得這些命題，而是從所有外在現象之主觀基礎，即感性，取得它們）相協調。只有藉這種方式，幾何學家才能保障其命題之無可懷疑的客觀實在性不受到淺薄形上學之任何刁難——儘管對於這種形上學而言，這些命題必然顯得奇怪，因為它並不回溯到其概念之根源。

3　【譯注】此係指萊布尼茲及其學派，參閱 Max Apel: *Kommentar zu Kants Prolegomena* (Leipzig: Felix Meiner, 1923), S. 121.

288

附釋二

一切可提供給我們作為對象的東西，必須在直觀中被提供給我們。但是我們的一切直觀僅憑藉感覺而發生；知性並不直觀任何東西，而只是反省。既然我們現在已證明，感覺決無法在任何方面使我們認識物自身，而只能使我們認識其現象，而現象卻只是感性底表象，「則一切物體、連同它們所置身的空間也得被認為僅是在我們內心中的表象，並且僅存在於我們的思想中。」而這豈不是顯然的觀念論嗎？

觀念論乃是主張：除了思想的存有者之外，沒有別的東西存在；我們以為在直觀中知覺到的其餘事物僅是思想的存有者 289 心中的表象，而事實上並沒有存在於這些表象之外的對象與之相對應。反之，我說：事物是作為存在於我們之外的感覺對象而被提供給我們，然而對於它們自身的可能情況，我們一無所知，而僅認識它們的現象，亦即它們因觸動我們的感覺而在我們心中產生的表象。因此，我當然承認：在我們之外有物體存在，也就是說，有一些事物存在，我們雖然對它們自身的可能情況全無所知，但卻藉由我們從它們對我們的感性之影響而取得的表象認識它們；而我們將這些事物稱為「物體」，因此，這個詞僅表示那個不為我們所知、但絲毫不減其實在性的對象之現象。難道我們能把此義稱為觀念論嗎？這正好是觀念論之反面。

我們能不損及外在事物之實際存在而談到其諸多謂詞，說它們不屬於這些事物自身，而僅屬於其現象，並且在我們的表

象之外並無自身的存在；這是早在**洛克**底時代以前許久，但主要是在其後，已經普遍被接受和承認的事情。溫度、顏色、味道等均屬於這類謂詞。但是基於重要的理由，除了這些性質之外，我還將物體之其餘性質，即人們稱為「原初的」性質者，如擴延、位置和——總而言之——空間及所有繫屬於它的東西（不可穿透性或物質性、形狀等）也視為純然的現象；人們提不出絲毫理由不許我這麼做[4]。正如一個人不願承認顏色是繫屬於對象自身的性質，而是視之為僅繫屬於視覺的限定，並不能因此就稱為一個觀念論者，同樣的，也不能只是因為我發現還有更多、**甚至所有構成一個物體底直觀的性質**均只屬於其現象，我的系統就稱為觀念論的；因為我並不因此就像在真正的觀念論中那樣，取消顯現出來的事物之存在，而只是指出：憑藉感覺，我們決無法按照這個事物自身底情況認識它。

我想要知道：我的主張究竟要如何，才不致包含一種觀念論？毫無疑問，我得要說：空間底表象不僅完全合乎我們的感性與對象間的關係（因為這點我已說過了），而是甚至與對象完全相似——我無法賦予這項主張任何意義，就像是說：對紅色的感覺與在我心中引起這種感覺的朱砂底性質相類似，是不具

290

4　【譯注】洛克將那些與物體完全無法分離的性質（如堅實性、擴延、形狀、可運動性、數目）稱為「初性」（primary qualities），而將那些並非物體本身所具有、而是由初性在我們心中所產生的性質（如顏色、聲音、味道）稱為「次性」（secondary qualities）；參閱 John Locke: *An Essay Concerning Human Understanding*, edited by P.H. Nidditch (Oxford: Oxford University Press, 1979), Book II, Ch. VIII, §§ 9-22, pp. 134-140.

任何意義一樣。

附釋三

　　由此，我們很容易反駁一種不難預見、但卻毫無分量的詰難，此即：「空間與時間之觀念性會使整個感性世界變成純然的幻相。」人們已先破壞了關於感性知識底本性的所有哲學解悟，因為他們把感性僅當作一種含混的表象方式，按照這種表象方式，我們還是能認識事物之本然狀態，只是沒有能力清楚地意識到在我們這種表象中的一切東西[5]。反之，我們已證明：感性並不在於清晰或隱晦之這種邏輯的區別，而在於知識本身底來源之發生學的區別，因為感性知識決不呈現事物之本然狀態，而是僅呈現事物觸動我們的感覺之方式；因此，感性僅提

5　【譯注】對萊布尼茲－吳爾夫學派而言，感性知識與智性知識之區分在於清晰程度之不同：前者隱晦，而後者清晰。這種觀點見於萊布尼茲於1684年發表的拉丁文論文〈關於知識、真理與觀念的省思〉("Meditationes de cognitione, veritate et ideis")；英譯："Meditations on Knowledge, Truth, and Ideas", in: G.W. Leibniz, *Philosophical Papers and Letters*, translated and edited by Leroy E. Loemker (Dordrecht: Kluwer Academic Publishers, 1989, 2nd Edition), pp. 291-295. 康德在其1770年的教授就職論文《論感性世界與智思世界之形式與原則》(*De mundi sensibilis atque intelligibilis forma et principiis*)中將這種區分稱為「邏輯的區分」，並且舉出反例來反駁這種區分：幾何學知識屬於感性知識，卻非常清晰；形上學知識屬於智性知識，卻非常隱晦(*KGS*, Bd. 2, S. 394f., § 7)。在《純粹理性批判》中，他又重述此義(A43f./B60f.)。

供現象、而非物自身給知性去反省。經過這番必要的糾正之後，卻出現一種由不可原諒且近乎故意的曲解所產生的詰難，彷彿我的系統使感性世界中的所有事物都變成純然的幻相。

當現象被提供給我們時，我們仍能隨心所欲地據此去判斷事情。現象依於感覺，這種判斷卻依於知性，而問題僅在於：在對象之決定中是否有真實性。但是，真實與夢幻間的區別並非決定於涉及對象的表象之特質（因為在這兩種情況下，這些表象都是一樣的），而是決定於這些表象依據規則（這些規則在對象底概念中決定諸表象底聯繫）所形成的聯結，以及，這些表象是否能在經驗中並存。再者，如果我們的知識把幻相當作真實，也就是說，提供給我們一個對象的直觀被當作對象底概念，或者甚至被當作對象底存在（知性只能思考它）之概念，其責任決不在於現象。感覺向我們呈現行星底運行，時而順行，時而逆行，在此並無真假可言，因為只要我們甘心將它僅先當作現象，我們就根本尚未對行星底運動之特質下判斷。但是如果知性不好好留意防範將這種主觀的表象方式當成客觀的，就很容易產生一項錯誤的判斷；因此，我們說：這些行星似乎逆行。然而，這種幻相不該由感覺負責，而該由知性負責，只有它有權根據現象去下一項客觀的判斷。

按照這種方式，即使我們完全不思索我們的表象之根源，並且將我們的感性直觀（無論它們包含什麼）在空間與時間中依據一切知識在經驗中的聯繫底規則聯結起來，欺人的幻相或真理也會由於我們之不慎或謹慎而形成。這僅關乎感性表象在知性中的運用，而無關乎這些表象之根源。同樣的，如果我把感覺底一切表象連同其形式（即空間和時間）當作只是現象，而

把空間和時間當作感性底純然形式（這種形式決不在感性之外見諸對象中），而且我僅就可能的經驗使用這些表象，那麼，當我將這些表象僅當作現象時，此中並不包含絲毫導致錯誤的誘因或者一種幻相；因為這些表象仍然能夠依據真理底規則在經驗中正確地聯繫起來。按照這種方式，一切幾何學命題對於空間及一切感覺對象均有效，因而對於一切可能的經驗均有效，不論我們將空間僅視為感性底一種形式，還是某個依附於事物本身的東西——儘管只有在第一個情況下我才能理解：我們如何可能先天地認識關於外在直觀底一切對象的那些命題？否則，在所有僅是可能的經驗方面，一切都依然像我完全未擺脫俗見時的情形一樣。

　　但是如果我膽敢以我的空間和時間底概念越過一切可能的經驗——當我聲稱這兩者是繫屬於事物自身的特質時，這是不可避免之事，因為不論我的感覺是否有不同的構造，是否適合於上述的事物，有什麼會阻止我讓這兩者也對這些事物有效呢？——，就會產生一項重大的錯誤；這項錯誤係基於一個幻相，在此我聲稱對於事物的直觀之一項條件（它僅繫屬於我的主體，並且的確對感覺底一切對象有效，因而對一切僅是可能的經驗有效）具有普遍有效性，因為我使它牽涉到事物自身，而不把它限制在經驗底條件上。

　　因此，我關於空間與時間底觀念性的學說決不致使整個感性世界成為純然的幻相，反而是唯一的辦法，可以確保最重要的知識之一（即數學先天地闡述的知識）應用於實際對象，並且防止這種知識被當作純然的幻相。因為若非這項看法，我們就完全不可能確定：關於空間和時間的直觀（它們並非我們從任

292

何經驗借來的，卻是先天地存在於我們的表象中)是否僅是自己製造的幻覺，根本沒有任何對象與之相對應(至少不是充分地相對應)，且因此幾何學本身是一種純然的幻相？反之，我們之所以能說明幾何學對於感性世界底一切對象具有無可置疑的有效性，正是因為這些對象僅是現象。

其次，我這些原則決不會由於它們使感覺底表象成為現象，就把這些表象變成純然的幻相，而非經驗底真理。它們反倒是防止先驗幻相的唯一辦法，這種幻相一向欺騙形上學，並且誘使它作幼稚的努力，去捕捉肥皂泡；因為人們把現象(它們可只是表象)當成物自身。理性底背反之所有那些奇特的場面均由此而產生，以後我還會談到此事[6]；而這種背反唯有藉由以下的看法才會消解，此即：只要現象在經驗中被使用，它就產生真理；可是一旦它踰越經驗底界限，而成為超越的，它就只產生純然的幻相。

因此，我讓我們藉由感覺呈現給自己的事物有其現實性，並且僅限制我們對於這些事物的感性直觀，使它在所有方面(甚至在對於空間和時間的純粹直觀中)只是呈現這些事物底現象，但決不呈現它們自身的特質。既然如此，這就不是我為自然捏造的普遍幻相，而且我對觀念論底一切過分要求的抗議是如此簡潔而明瞭，以致若不是有不夠格的裁判[7]，這種抗議甚至似乎是多餘的。這些裁判情願為一切與其雖然常見、但卻顛倒的意見不合者冠上一個舊名稱，而且決不對哲學稱謂底精神下

293

6　【譯注】見本書，§§ 50-54.

7　【譯注】這是指〈哥廷根評論〉之作者。

判斷，而僅執著於字面；因此，他們準備以他們自己的幻覺來取代明確的概念，且藉此扭曲並破壞這些概念。因為任何人均不會由於我自己把我這套理論命名為先驗觀念論，就有權將它與笛卡爾底經驗觀念論（儘管這種觀念論只是一項課題，依笛卡爾之見，由於它得不到解決，每個人均可任意否定物質世界之存在，因為這項課題決無法得到令人滿意的答覆）或者**柏克萊**底神祕的且狂熱的觀念論（對於這種觀念論及其他類似的幻覺，我們的批判其實含有真正的解毒劑）混為一談。因為我所謂的觀念論並不涉及事物底存在（但是懷疑事物底存在其實就是通常意義的觀念論）──因為我從未想到要懷疑其存在──，而僅涉及事物底感性表象，空間與時間居於這類表象之首。對於空間和時間，因而一般來說，對於一切**現象**，我僅指出了：它們並非事物（而只是表象方式），亦非隸屬於事物自身的決定。但是，「先驗的」一詞當可防止這項誤解──此詞在我決非意指我們的知識對於事物之關係，而僅意指我們的知識對於**認知能力**之關係。但在這項稱謂進一步引起誤解之前，我寧可撤回它，而願意將這種觀念論稱為「批判的」。但如果將實際的事物變成純然的表象（而非現象），是一種事實上可拒斥的觀念論，那麼我們要用什麼名稱來為那種反過來使純然的表象成為事物的觀念論命名呢？我想，我們可稱之為**夢幻的**觀念論[8]，以別於前一種觀念論（它可稱為**狂熱的**），這兩者應當已為我的觀念論（它過去稱為先驗的，但不如稱為**批判的**）所遏阻。 294

8　【譯注】這是指笛卡爾之觀念論。

先驗的主要問題 第二編：

純粹自然科學如何可能？

§ 14

自然是事物底**存在**——就這種存在按照普遍法則被決定而言。如果自然是指物**自身**底存在，那麼不論以先天的方式還是後天的方式，我們決無法認識它。無法以先天的方式去認識它，因為我們如何會知道有什麼東西屬於物自身呢——既然我們決無法藉分析我們的概念（分析命題）做到這點？因為我不想要知道有什麼東西包含在我對於一個事物的概念中（因為這屬於其邏輯內涵），而是要知道在事物底現實性中有什麼東西附加在這個概念上，以及，事物本身在其存在中、在我的概念之外被什麼東西所決定。我們的知性和它唯一能據以將諸事物底決定在其存在中聯結起來的條件並不為這些事物本身訂定任何規則。這些事物本身並不依我們的知性而轉移，而是我們的知性必須依它們而轉移。因此，它們必須先被提供給我，我才能從它們取得這些決定。但這樣一來，它們就不是先天地被

認識了。

即使以後天的方式，這樣一種關於物自身底本性的知識也是不可能的。因為如果經驗要告訴我事物底存在所依從的**法則**，則就這些法則涉及物自身而言，它們也得在我的經驗之外**必然地**屬於物自身。如今，經驗固然告訴我什麼東西存在，以及，這個東西如何存在，但決不告訴我：它必然如此、而非以其他方式存在。因此，經驗決無法告知物自身底本性。

§ 15

如今，我們實際上還是擁有一門純粹自然科學，它以確然命題所必要的一切必然性先天地闡述自然所遵循的法則。在此，我只消舉出自然論底預備學作為見證，這門預備學在一般自然科學底名目下先於一切物理學（它以經驗原則為根據）。在這門學問中，我們發現應用於現象的數學，也發現（由概念而來的）純然辨解性的（diskursiv）原理，這些原理構成純粹自然知識底哲學部分。然而，在這門預備學中，也有些東西並非完全純粹且無待於經驗來源的，如**運動、不可穿透性**（物質底經驗概念以此為依據）、**慣性**等概念；這些概念使這門預備學無法稱為完全純粹的自然科學。此外，這門預備學僅涉及外感底對象，故它並非嚴格意義下的一般自然科學之例證；因為一般自然科學必須將一般而言的自然歸於普遍法則之下，不論自然涉及外感底對象還是內感底對象（不論是物理學還是心理學底對象）。但是，在這門一般自然學底原理當中，有若干原理實際上具有我們所要求的普遍性，如「**實體常住不變**」、「**一切發生**

之事總是按照恆常的法則事先**被一個原因所決定**」等命題。這些命題實際上是完全先天地存在的普遍自然法則。因此，事實上有一門純粹自然科學，而現在的問題是：**它如何可能？**

§16

「**自然**」一詞還有另一項意義，這項意義決定**對象**，而在前面的意義中，自然僅表示一般而言的事物底存在之決定底**合法則性**。因此，從實質上來看，自然是**經驗底一切對象之總合**。我們在此只管這種意義的自然，因為反正對於決無法成為經驗底對象的事物，如果我們要就其本性認識它，就不得不使用一些概念，這些概念底意義決無法具體地（在可能經驗底任何一個實例中）被給與，因此，我們必須為這些事物底本性形成純然的概念，這些概念底實在性——也就是說，它們是否實際上涉及對象，抑或僅是思想底產物——決無法被決定。凡是無法作為經驗底對象的東西，關於它的知識均是超自然的。我們在此完全不管這類知識，而只管一種自然知識——儘管這種知識是先天地可能的，並且先於一切經驗，其實在性卻能以經驗加以證實。

296

§17

因此，按照這個較狹隘的意義，自然底**形式面**是經驗底一切對象之合法則性，而就自然先天地被認識而言，乃是這些對象之**必然的**合法則性。但是我們剛剛才說明過：如果我們並非

就可能的經驗來看對象，而是視之為物自身，則我們決無法先天地認識對象中的自然法則。但是我們在此也不管物自身（其性質我們不討論），而是只管作為可能經驗底對象的事物，而這些事物底總合其實便是我們在此稱作「自然」的東西。如今我問道：當我們談到先天的自然知識之可能性時，將課題改成「我們是否有可能先天地認識作為經驗底對象的**事物**之必然的合法則性」，或者「我們是否有可能先天地認識**經驗**本身在其所有一般而言的對象方面之必然的合法則性」，是否較為妥當？

仔細看來，無論這個問題是以什麼方式被提出來，就純粹自然知識（這其實是問題之關鍵）而言，其解決完全歸於同樣的結果。因為唯一使關於事物的經驗知識成為可能的主觀法則也適用於作為可能經驗底對象的這些事物（但當然不適用於作為物自身的這些事物，而我們在此也不考慮這類事物）。不論我說：若無「當一個事件被知覺時，它總是與某個早先存在的事物有關係，而按照一項普遍規則跟隨其後」這項法則，一項知覺判斷決無法被視為經驗，還是我表示：凡是經驗告以發生之事一定有一項原因，這兩種說法完全是一回事。

297　　　不過，選擇第一個表示方式較為適當。因為既然我們能真的先天地且先於一切既有的對象而擁有唯一使關於這些對象的經驗成為可能的那些條件（但這些對象決不可能無關乎可能的經驗，自身就依從那些法則）之知識，我們將無法先天地研究事物底本性，除非我們探究唯一使這樣一種作為經驗的知識（僅在形式方面）成為可能的那些條件與普遍的（雖然是主觀的）法則，並且據此決定作為經驗底對象的事物之可能性。因為假使我選擇第二種表達方式，並且尋求使作為經驗底**對象**的自然

成為可能的先天條件，我便很容易陷於誤解，並且自以為能談論作為一個物自身的自然；而在這種情況下，我將被迫在無休止的努力中徒然地亂轉，為我毫無所知的事物尋求法則。

因此，我們在此將只管經驗及其可能性之普遍的且先天地被提供的條件，並且由此將自然規定為一切可能經驗底全部對象。我想，人們將了解：我在這裡並非意指**觀察**現有的自然時所依循的規則，這種規則已預設了經驗。因此，我並非要知道，我們如何能（藉由經驗）從自然學到法則（因為這樣一來，這些法則就不是先天的法則，而且不提供純粹自然科學），而是要知道，經驗底可能性之先天法則如何又是一切普遍的自然法則必須由之衍生出來的源頭。

§18

因此，首先我們必須注意：雖然所有經驗底判斷均是經驗的，亦即在感覺底直接知覺中有其根據，但並非反過來，所有經驗的判斷因此便是經驗底判斷；而是在經驗的事物，以及一般來說，被提供給感性直觀的東西之上，還得加上特殊的概念，這些概念在純粹知性中有其完全先天的根源，一切知覺能先被涵攝於這些概念之下，然後借助於它們而被轉變成經驗。

就經驗的判斷具有客觀有效性而言，它們均是**經驗底判斷；但若它們僅具有主觀有效性**，我便稱之為純然的**知覺判斷**。後者不需要純粹的知性概念，而只需要知覺在一個思想主體中的邏輯聯結。但前者除了感性直觀底表象之外，始終還需要**原初在知性中產生的**特殊**概念**，而正是這些概念使經驗底判 298

斷取得**客觀有效性**。

我們的一切判斷最初均是純然的知覺判斷,它們僅對我們有效,也就是說,僅對我們的主體有效。只有在此之後,我們才賦予它們一個新關係,亦即對於一個對象的關係,而且要求這種判斷也始終對我們有效,並且同樣地對每個人均有效。因為如果一項判斷與一個對象相符,則關於這同一個對象的所有判斷也必然彼此相符;因此,經驗底判斷之客觀有效性不外乎意指其必然的普遍有效性。但是反過來,如果我們找到理由認為一項判斷具有必然的普遍有效性(這決非基於知覺,而是基於純粹的知性概念,而知覺被涵攝於這些概念之下),我們也得視之為客觀的,也就是說,它不僅是表示知覺對於一個主體的關係,而是表示對象底一項特質。因為他人底判斷並無理由一定得與我的判斷相符,除非是由於所有判斷所牽涉到的對象(所有判斷均與它相符,因此也必然彼此相符)底統一性。

§ 19

因此,客觀的有效性與(對於每個人的)必然的普遍有效性是可互換的概念。再者,儘管我們不認識對象自身,但是當我們將一項判斷視為普遍有效的、且因而為必然的時,這正是意指客觀的有效性。由於這項判斷,我藉由現有知覺之普遍有效且必然的聯結認識對象(縱然此外這個對象自身之可能情況仍然不為人所知)。再者,既然感覺底一切對象均是如此,經驗底判斷就不會從關於對象的直接知識取得其客觀有效性(因為這是不可能的),而是僅從經驗的判斷底普遍有效性之條件取

299

得之；我們已說過，這個條件決非基於經驗的──甚至一般地
說，感性的──條件，而是基於一個純粹的知性概念。對象自
身始終不為人所知；但是當這個知性概念將對象為我們的感性
所提供的諸表象之聯結決定為普遍有效的時，這個關係便決定
了對象，而這項判斷便是客觀的。

　　我們要對此加以說明。房間溫暖，糖甜，苦艾令人厭惡 [1]，
這些均只是在主觀方面有效的判斷。我決不要求我一直會有此
感覺，或者其他每個人都會像我一樣有此感覺。它們僅表示兩
種感覺對於同一主體（即我自己）的關係，而且僅在我這次的知
覺狀態下，且因此對於對象也不會有效。我將這種判斷稱為知
覺判斷。經驗底判斷則完全是另一種情況。經驗在某些情況下
告訴我的事情，也必須始終告訴我，並且也告訴每個人，而且
其有效性並不局限於主體或其當時的狀態。因此，我宣告所有
這類的判斷都是客觀有效的。譬如，當我說「空氣有伸縮性」
時，起初這項判斷只是一項知覺判斷，我只是在我的感官裡使
兩種感覺相互關聯。假如我希望它稱作經驗底判斷，我就要求
這種聯結依從一項條件，這項條件使之成為普遍有效的。因

1　我願意承認：這些例子並非表示這樣的知覺判斷，即是如果我們　〔299〕
　　再添加一個知性概念，便會在某個時候成為**經驗底判斷**的那種知
　　覺判斷。因為這些例子僅牽涉到感覺（這種感覺每個人均認為只是
　　主觀的，因此決不可被歸諸對象），且因此也無法成為客觀的。我
　　目前只想為這種判斷──它僅具有主觀有效性，並且其本身不包
　　含任何根據，以擁有必然的普遍有效性，且因而擁有一種對於對
　　象的關係──提供一個例子。藉添加的知性概念而成為經驗底判
　　斷的那些知覺判斷之一例，見於下一個注解中。

此，我希望：我永遠在相同的情況下必定將同樣的知覺聯結起來，而且每個人都必定如此。

300

§ 20

　　因此，我們為了知道，在感覺和知性底這個產物中包含什麼，以及，經驗底判斷本身如何可能，就必須分析一般而言的經驗。其基礎是我所意識到的直觀，亦即僅屬於感官的知覺（Wahrnehmung/perceptio）。但其次，這也需要判斷（它僅歸屬於知性）。如今，這種判斷可以有兩種：在第一種情況下，我僅比較諸知覺，並且在對於我的狀態之一種意識中將它們結合起來，或者在第二種情況下，我在一種一般而言的意識中將它們結合起來。第一種判斷僅是一項知覺判斷，且就此而言，僅具有主觀的有效性；它僅是諸知覺在我們的心靈狀態中的聯結，而無關乎對象。因此，比較諸知覺，並且在一種意識中藉判斷將它們聯結起來，這並非如大家通常所想像的那樣，對於經驗是足夠的。藉由這種方式，並不會產生判斷底普遍有效性和必然性，而只有普遍有效性和必然性才能使判斷具有客觀有效性，並且成為經驗。

　　因此，在知覺能成為經驗之前，還要先有一種完全不同的判斷。現有的直觀必須被涵攝在一個概念之下，這個概念在直觀方面決定一般而言的判斷之形式，在一種一般而言的意識中聯結直觀底經驗意識，且藉此為經驗的判斷取得普遍有效性。這類概念只是一個純粹先天的知性概念，其工作只是為一種直觀決定它能用於判斷的一般方式。如果這樣一種概念是原因底

概念，它便在一般而言的判斷方面決定涵攝在它自己之下的直
觀，例如對於空氣的直觀；也就是說，就擴散而言，空氣底概
念用於一項假言判斷裡前件對於後件的關係中。因此，原因底
概念是一個純粹的知性概念，它與所有可能的知覺完全不同，
且其用處僅是在一般而言的判斷方面決定包含在它自己之中
的表象，從而使一項普遍有效的判斷成為可能。

如今，在一項知覺判斷能成為經驗底判斷之前，首先要
求知覺被涵攝在一個這類的知性概念之下；例如，空氣隸屬   301
於原因底概念，而這個概念將關於空氣之擴散的判斷決定為
假言的[2]。藉由這種方式，這種擴散不僅被視為在我的狀態中，
或者在我的若干狀態中，或者在他人底知覺狀態中屬於我們對
空氣的知覺，而是被視為**必然**屬於這種知覺。而「空氣有伸
縮性」這項判斷便成為普遍有效的，且藉由以下的方式首度
成為經驗底判斷，此即：先有某些判斷將對於空氣的直觀涵
攝在原因和結果底概念之下，且因此不僅決定諸知覺在我的
主體中的相互關係，而是在一般而言的判斷（在此是假言判斷）
之形式方面決定這些知覺，並且以這種方式使經驗的判斷成
為普遍有效的。

2　為了有一個較容易明白的例子，我們舉出以下的例子：當太陽曬　〔301〕
　　石頭時，石頭變得溫暖。這項判斷是一項純然的知覺判斷，而且
　　不包含必然性，不管我和他人曾有多少次知覺到此事；這些知覺
　　只是通常這樣結合起來。但如果我說：太陽**使**石頭**變得溫暖**，則
　　除了知覺之外，還加上原因底概念；這個概念將溫暖底概念和陽
　　光底概念**必然地**聯結在一起，而這項綜合判斷取得必然的普遍有
　　效性，從而取得客觀性，並且從一項知覺轉變為經驗。

　　如果我們分析我們的所有綜合判斷（就它們具有客觀的有效性而言），我們便發現：它們決非僅由直觀所組成，而大家通常認為，這些直觀僅藉由比較而在一項判斷中被聯結起來；而是除非在由直觀抽取出來的概念之外，再加上一個純粹的知性概念，而那些概念被涵攝於其下，並且就這樣在一項客觀有效的判斷中被聯結起來，否則這些綜合判斷將是不可能的。連在純粹數學底判斷中最簡單的公理都不能免去這項條件。「直線是兩點之間最短的線」這項原理底先決條件是：線被涵攝在量底概念之下。這個概念的確不是純然的直觀，而是唯有在知性中有其位置，且其用處是將（對於線的）直觀在其可能形成的判斷方面、就這些判斷底量（即多數性）而加以決定（作為複稱判斷［judicia plurativa］[3]），因為這些判斷意指：在一項現有的直觀中包含許多同質的東西。

§ 21

　　因此，就經驗底可能性以純粹先天的知性概念為依據而言，為了闡述這種可能性，我們得先以一個完整的表來展示屬

〔302〕　3　我寧願這樣稱呼人們在邏輯中稱為特稱（particularia）的判斷，因為「特稱」一詞包含了「這些判斷並非普遍的」之意。但是當我們從（在單稱判斷中的）單一性出發，而向全體性前進時，我仍無法牽扯到全體性；我僅想到無全體性的多數性，而非全體性之排除。如果邏輯的環節要作為純粹知性概念之依據，這是必要的；在邏輯的運用中，我們能一仍舊貫。

於一般而言的判斷的東西，以及知性在這些判斷中的不同環節。因為純粹的知性概念——就直觀自身在判斷底某一個環節方面被決定，因而必然地且普遍有效地被決定而言，這些概念不過是關於一般而言的直觀之概念——將會與這些環節極準確地相平行。藉由這種方式，作為客觀有效的經驗知識的一切經驗底可能性之先天原理也會極準確地被決定。因為這些原理不外是將所有知覺（按照直觀底某些普遍條件）涵攝於那些純粹知性概念之下的命題。

邏輯的判斷表

1
就量而言
全稱的

特稱的

單稱的

2
就質而言
肯定的

否定的

不定的

3
就關係而言
定言的

假言的

選言的

4
就樣態而言
或然的

實然的

確然的

303

先驗的知性概念表

1
就量而言
單一性（尺度）

多數性（大小）

全體性（整體）

2
就質而言
實在性

虛無性

限制性

3
就關係而言
實體

原因

交互性

4
就樣態而言
可能性

存在

必然性

自然科學之純粹自然學的普遍原理表

1

直觀底公理

2

知覺底預知

3

經驗底類比

4

一般而言的經驗思考之設準

§ 21a[4]

304

　　為了用一個概念來概括上述的一切，首先有必要提醒讀者：我們在這裡所談的並非經驗之形成，而是在經驗中所包含的東西。前一問題屬於經驗的心理學；後一問題屬於知識底批判，特別是知性底批判。若無後一問題，前一問題本身甚至在經驗的心理學中也決無法得到適當的發展。

　　經驗由直觀和判斷所組成；直觀屬於感性，判斷則僅是知性底工作。但是知性單由感性直觀所造成的判斷還遠非經驗底判斷。因為在前一種情況下，判斷只是將諸知覺按照它們在感性直觀中被提供的樣子聯結起來；但在後一種情況下，判斷卻要表示一般而言的經驗所包含的東西，而非僅具有主觀有效性的純然知覺所包含的東西。因此，經驗底判斷必須在感性直觀及其在一個判斷中的邏輯聯結（在感性直觀經由比較而成為普遍的之後）之外再加上某個東西，這個東西將綜合判斷決定為必然的，且因此為普遍有效的。而這個東西不能是他物，只能是一個概念，這個概念在判斷底一個形式、而非其他形式方面，將直觀表明為自身已被決定的；也就是說，它是關於直觀底綜合統一的一個概念，這種綜合統一只能藉由判斷之一項既定的邏輯機能來表現。

4　【譯注】原版作§21，與上一節重複，今依此書學院本編者 Benno Erdmann 之建議改為§21a。

§22

總而言之，感覺之所司在於直觀，知性之所司在於思考。但思考即是在一個意識中將諸表象統一起來。這種統一或者只是關聯於主體而形成，並且是偶然而主觀的；或者它絕對地形成，並且是必然的或客觀的。諸表象之統一於一個意識中即是判斷。所以，思考等於是判斷，或者是使表象關聯到一般而言的判斷。因此，判斷或僅是主觀的，或是客觀的。如果諸表象僅在一個主體中關聯到一個意識，而且在這個意識中被統一起來，判斷便僅是主觀的；如果諸表象在一個一般而言的意識中被統一起來，也就是說，在這個意識中必然地被統一起來，判斷便是客觀的。一切判斷底邏輯環節是在一個意識中將諸表象統一起來的諸多可能方式。但如果這些邏輯環節被用作概念，它們便是諸表象在一個意識中的**必然性**統一之概念，因而是客觀有效的判斷之原則。在一個意識中的這種統一或是由於同一性而為分析的，或是由於不同表象之組合或相互添加而為綜合的。經驗是諸現象（知覺）在一個意識中的綜合性聯結──就這種聯結是必然的而言。因此，純粹的知性概念是這樣的概念：一切知覺必須先被涵攝在這些概念之下，然後才能充作經驗底判斷，而在經驗底判斷中，知覺底綜合性統一被表現為必然的且普遍有效的 [5]。

305

---

〔305〕　5　但是，「經驗底判斷應當在知覺底綜合中包含必然性」這個命題如何與我在前面反覆強調的命題「作為後天知識的經驗只能提供

§23

　　判斷，就它們僅被視為現有表象在一個意識中的統一之條件而言，就是規則。這些規則，就它們將這種統一表明為必然的而言，就是先天規則；就它們之上並無任何規則，可讓它們由此被推衍出來而言，就是原理。如今，就一切經驗底可能性而言（如果我們在經驗中僅考慮思考底形式），在那些將現象依其直觀底不同形式歸於純粹知性概念下，而使經驗的判斷具有客觀有效性的條件之上，並無經驗底判斷之任何條件；因此，這些條件便是可能經驗底先天原理。

306

　　如今，可能經驗底原理又是普遍的自然法則，而這些法則能先天地被認識。如此，在我們目前的第二個問題——**純粹自然科學如何可能？**——中的課題就解決了。蓋一門學問底形式所要求的系統性在此可以完整地見到。因為除了所有一般而言的判斷（因而所有一般而言的規則）之上述的形式條件（它們是

（續）

　　偶然的判斷」相合呢？當我說「經驗教我某件事情」時，我所指的一定只是在經驗中的知覺，例如：太陽照過石頭之後總會有溫暖；所以，就此而言，這個經驗底命題一定是偶然的。「這種溫暖之形成必然隨太陽之照射而來」固然包含在經驗底判斷中（由於原因底概念），但我並不是藉由經驗得知這點，而是反過來，由於（原因底）知性概念這樣加在知覺上，經驗才產生。至於知覺如何被加上知性概念，這得查閱《純粹理性批判》中論先驗判斷力的一章，即頁137及其下。（【譯者按】此係第一版底頁數，第二版底頁數自頁176起，即〈論純粹知性概念底圖式論〉一章。）

邏輯所提供的)之外,並無其他的條件是可能的,而這些條件構成一個邏輯系統。但是以此為根據的諸概念包含一切綜合的且必然的判斷之先天條件;正因此故,它們構成一個先驗的系統。最後,將一切現象涵攝在這些概念之下的諸原理構成一個自然學的系統,亦即一個自然系統。這個系統先於一切經驗的自然知識,首度使這種知識成為可能,並且可被稱為真正的普遍而純粹的自然科學。

§24

那些自然學的原理之第一項原理 [6]將一切現象(作為空間與時間中的直觀)涵攝於**量**底概念之下,且就此而言,是數學在經驗中的應用底一項原理。第二項原理 [7]並不直截地將真正的經驗之物(亦即表示直觀中的實在物之感覺)涵攝在量底概

---

〔306〕 6 如果我們在此不參閱《純粹理性批判》關於這些原理的說明(【譯者按】見該書第一版,頁130-235;第二版,頁169-294),我們就不易恰當地理解以下這三節。但是這三節能有其好處,即是使人較容易通覽這些原理之普遍意義,並且注意到其主要環節。
【譯者按】在《純粹理性批判》第一版中,康德將「直觀底公理」表述為:「一切現象就其直觀而言,均是廣度量。」(A162)在第二版中則將它表述為:「一切直觀均是廣度量。」(B202)

7 【譯注】在《純粹理性批判》第一版中,康德將「知覺底預知」表述為:「在一切現象中,感覺及在對象中與它相對應的實在物均有強度量,亦即一級度。」(A166)在第二版中則將它表述為:「在一切現象中,凡為感覺底對象的實在物均有強度量,亦即一級度。」(B207)

念之下，因為儘管感覺將與它相對應的對象置於空間與時間中，但它並不是**包含**空間與時間的直觀。然而，在實在性（感覺底表象）與零（亦即直觀在時間中的完全空無）之間卻有一項區別，這項區別具有一個量。因為在每一特定程度的光和黑暗之間，在每一程度的溫暖和完全的寒冷之間，在每一程度的重和絕對的輕之間，在空間之每一程度的充實和完全空虛的空間之間，我們總是還能設想更小的級度，正如甚至在一個意識和完全的無意識（心理上的黑暗）之間總是還有更小的級度出現。因此，不可能有任何知覺顯示一種絕對的空乏；例如，不可能有任何心理上的黑暗無法被視為一個意識，而這個意識僅為另一個更強烈的意識所壓過，並且在知覺底一切情況中均是如此。因為這個緣故，知性甚至能預知構成經驗表象（現象）底真正性質的感覺，而這是憑藉這項定理：一切經驗表象均有級度，也就是說，一切現象中的實在物均有級度。這是數學（強度底數學［mathesis intensorum］）在自然科學中的第二種應用。

307

§25

在現象底關係方面，並且僅就其存在而言，這項關係之決定並非數學的，而是力學的，而且如果這種決定不依從首度使有關現象的經驗知識成為可能之先天原理，它決無法是客觀有效的，亦即無法適合於經驗[8]。因此，現象必須被涵攝在實體

8　【譯注】這涉及「經驗底類比」。在《純粹理性批判》第一版中，
　　康德將它表述為：「一切現象就其存在而言，均受制於它們在一

底概念之下，而這個概念作為一個關於事物本身的概念，是存在底一切決定之基礎 [9]。或者其次，就現象當中的一種時間上的繼起（亦即一個事件）出現而言，現象必須被涵攝在涉及原因的一個結果底概念之下[10]。或者就同時性當客觀地（亦即，藉由一項經驗底判斷）被認識而言，現象必須被涵攝在交互性（交互作用）底概念之下[11]。因此，先天原理是客觀有效的（儘管是經驗的）判斷之基礎，也就是說，是經驗底可能性之基礎（就經驗當就存在方面在自然中將諸對象聯結起來而言）。這些原理是

（續）────────────────

時間中的相互關係底決定之規則。」（A176）在第二版中則將它表述為：「唯有藉由知覺底必然聯結之表象，經驗才是可能的。」（B218）

9　【譯注】這是指「實體常住性原理」。在《純粹理性批判》第一版中，康德將它表述為：「一切現象均包含常住之物（實體），作為對象本身，而且包含可變之物，作為其純然的決定，亦即包含對象存在的一種方式。」（A182）在第二版中則將它表述為：「在諸現象之一切更迭中，實體常住，而且其量在自然中不增不減。」（B224）

10　【譯注】這是指「依據因果性法則的時間繼起底原理」。在《純粹理性批判》第一版中，康德將它表述為：「一切發生（開始存在）之事均預設它依一項規則而跟隨其後的某物。」（A189）在第二版中則將它表述為：「一切變化均依因果聯結底法則而發生。」（B232）

11　【譯注】這是指「依據相互作用或交互性底法則的同時性原理」。在《純粹理性批判》第一版中，康德將它表述為：「一切實體就它們是同時的而言，均在普遍的交互性（即交互作用）中。」（A211）在第二版中則將它表述為：「一切實體就它們能在空間中被知覺為同時的而言，均在普遍的交互作用中。」（B256）

真正的自然法則，它們可稱為力學的。

最後，經驗底判斷也需要關於協調與聯結的知識：這不是指諸現象在經驗中彼此的協調與聯結，而是指它們在對於一般而言的經驗之關係中的協調與聯結。這種關係或者包含諸現象與知性所認識的形式條件之協調[12]，或者包含它們與感覺和知覺底實質面之關聯[13]，或者將這兩者統合為一個概念[14]；因此，這種關係按照普遍的自然法則包含可能性、現實性和必然性。這便構成自然學的方法論（真理與假設之區別、假設底可靠性之界限）。

308

§26

按照批判方法**由知性本身底本性**得出的第三個原理表本身顯示出一種圓足性，由於這種圓足性，這個表遠遠優於其他一切曾經嘗試過（儘管徒勞無功）或者只是將來可能嘗試以獨斷方式**為事物本身**製作的表；也就是說，這個表完整地包含所有的先天綜合原理，並且根據一項原則──亦即一般而言的判

12　【譯注】這是指「一般而言的經驗思考之設準」中的第一設準：
　　「與經驗底形式條件（就直觀和概念而言）相符者，是**可能的**。」
　　（A218/B265）

13　【譯注】這是指「一般而言的經驗思考之設準」中的第二設準：
　　「與經驗底實質條件（感覺）有關聯者，是**現實的**。」（A218/B266）

14　【譯注】這是指「一般而言的經驗思考之設準」中的第三設準：
　　「一物若其與現實物的關聯依經驗底普遍條件（就直觀和概念而言）被決定者，則是**必然的**（必然存在）。」（A218/B266）

斷能力，它構成經驗在知性方面的本質——而被闡釋，以致我們能確定不再有其他這類的原理（這是一種決非獨斷方法所能取得的滿足）。儘管如此，這還遠非這個表底最大貢獻。

我們必須對發現這種先天知識底可能性、且又將所有這類原理限制在一項條件下——如果這些原理不要被誤解，並且不要在運用上被擴展到知性置入其中的原初意義所當有的範圍之外，這項條件就決不可被忽視——的論據加以注意；這項論據即是：就一般而言的可能經驗受制於先天法則而言，這些原理僅包含這種經驗底條件。故我不說：物**自身**包含一個量，其實在性包含一個級度，其存在包含諸附質（Akzidenzen）在一個實體中的聯結等等。因為無人能證明這點，這是由於如果一方面欠缺對於感性直觀的一切關係，另一方面欠缺感性直觀在可能經驗中的一切聯結，這樣一種純由概念而來的綜合性聯結便是絕對不可能的。因此，在這些原理中的諸概念之基本限制是：一切事物僅**作為經驗底對象**而必然先天地依從上述的條件。

其次，由此又產生這些原理底一個特殊種類的證明方式，此即：上述的原理亦不直截地涉及現象及其關係，而是涉及經驗（現象僅構成其質料，而非其形式）底可能性，亦即涉及客觀而普遍地有效的綜合命題（經驗底判斷之所以別於純然的知覺判斷者正在於此）。其所以致此者，係由於現象僅作為**佔有一部分空間和時間**的直觀而依從量底概念，這個概念按照規則將現象底先天雜多綜合地統一起來。再者，就知覺在直觀以外也包含感覺，而在感覺與零（即感覺之完全消失）之間始終有一個逐漸降低的過渡而言，現象中的實在物必然有一個級度（亦即就感覺本身**不佔有空間和時間之任何部分**

309

而言[15]），但由空虛的時間和空間到這個感覺之過渡只有在時間中才是可能的。因此，儘管感覺作為經驗直觀底質，就它與其他感覺在種類上的區別而言，決無法先天地被認識，但卻能在一般而言的可能經驗中作為知覺底量度而在強度上與其他所有同類的感覺區別開來。由此，就感性直觀（自然藉這種直觀被提供給我們）而言，數學在自然中的應用才成為可能，並且被決定。

　　但是，讀者要特別注意在「經驗底類比」之名目下出現的原理之證明方式。因為這些原理並不像數學在一般而言的自然科學中之應用底原理那樣，涉及直觀之產生，而是涉及直觀底存在在經驗中的聯結。但這種聯結只能是在時間中依據必然的　310法則對於存在的決定，而只有在這些法則之下，這種聯結才是客觀有效的，因而才是經驗。因此，這項證明無關乎**物**自身底聯結中的綜合性統一，而是關乎**知覺**底聯結中的綜合性統一，而且並非就知覺底內容來說，而是就時間底決定及存在在時間

15　溫暖、光等在小空間裡就像在一個大空間裡（在級度上）一樣大。　〔309〕
　　同樣的，內在的表象、痛苦、一般而言的意識不論其延續之短暫
　　或長久，在級度上並不變小。因此，這裡的量在一個點上和在一
　　瞬間，就像在每個不論多大的空間和時間裡一樣大。因此，級度
　　之變大，並非在直觀中，而是就純然的感覺而言，或者也就一項
　　直觀底根據之量度而言；而且級度之被視為量度，只能由於從一
　　到零的關係，亦即由於每一個級度能通過無窮的中間級度而至於
　　消失，或者能在某段時間裡從零通過無窮瞬間的增長直到一項特
　　定的感覺為止。（質底量就是級度。[Quantitas qualitatis est
　　gradus.]）

中的關係(兩者均依據普遍法則)來說。因此,如果在相對時間中的經驗決定要是客觀有效的,因而是經驗,這些普遍法則就包含在一般而言的時間中對於存在的決定之必然性(因此依據知性底一項先天規則)。目前在這部《序論》中,我無法多作說明,只能建議讀者(他們養成一種長期的習慣,把經驗當作知覺之純經驗性的組合,且因此根本未想到:經驗比知覺所達到的範圍遠得多,也就是說,經驗賦予經驗的判斷以普遍有效性,而且為此需要知性底一種純粹統一,這種統一先天地居先存在)千萬注意經驗與知覺底純然聚合間的區別,並且從這個觀點去評斷這種證明方式。

§ 27

在此我們可以從根本上排除**休謨底**懷疑。他合理地斷言:我們決無法靠理性去理解因果性(亦即一個事物底存在對於另一個因它而必然被置定的事物底存在之關係)底可能性[16]。我還要補充道:我們同樣無法理解自存(Subsistenz)底概念,亦即「諸事物底存在以一個主體為基礎,而這個主體本身不能是其他任何事物底謂詞」的必然性;甚至我們無法為這樣一種事物底可能性形成任何概念(儘管我們能在經驗中舉出運用這個概念的例子)。同樣的,正是這種不可理解性也涉及諸事物底交互性,

---

16　【譯注】參閱 David Hume: *Enquiry Concerning Human Understanding*, edited by P.H. Nidditch (Oxford: Clarendon 1975, 3rd edition), Sec. IV&VII.

因為我們根本無法理解，從一個事物底狀態如何能推斷出在它
以外完全不同的事物底狀態，而且反之亦然；我們也無法理
解，諸實體（它們各有其獨立的存在）如何會必然地相互依待。
儘管如此，我決不認為這些概念僅得自經驗，而在它們之中所
呈現的必然性是捏造的，是一種長期習慣用來蒙騙我們的純然
幻相。反倒是，我已充分地顯示：這些概念及由它們而來的先
天原理均先於一切經驗而成立，並且具有無可置疑的客觀的正
確性（當然只是就經驗而言）[17]。

311

§28

　　因此，儘管我對於物自身底這樣一種聯結——即物自身如
何能作為實體而存在，或者作為原因而發生作用，或者與其他
物自身（作為一個實在的整體之部分）交往——不具有絲毫概
念，更無法在作為現象的現象中設想這類性質（因為那些概念
並不包含任何存在於現象中的東西，而是包含唯有知性才須設
想的東西），但我們對於諸表象在我們的知性中（也就是說，在
一般而言的判斷中）的這樣一種聯結卻具有一個這類的概念，
即是：諸表象在一類判斷中以主詞關聯於謂詞的方式相連屬，
在另一類判斷中以根據關聯於結果的方式相連屬，在第三類判
斷中作為共同構成一種完整的可能知識之部分而相連屬。再
者，我們先天地認識到：除非將一個對象底表象在這些環節中

17　【譯注】參閱 *KrV*, A64-292/B89-349.

的某個環節方面視為已決定的，否則我們決不會有任何對於對象有效的知識。如果我們探討的是對象自身，就不可能有任何一項標記使我們能認識到：這個對象在某個上述的環節方面是已決定的，也就是說，屬於實體或原因底概念，或者（在與其他實體的關係中）屬於交互性底概念；因為對於存在底這樣一種聯結之可能性，我們並無概念。但問題也不在於：物自身如何在一般而言的判斷之上述環節方面是已決定的，而是關於事物的經驗知識如何在一般而言的判斷之上述環節方面是已決定的，也就是說，作為經驗底對象的事物如何能夠且應當被涵攝在那些知性概念之下。在此顯然的是：我不僅完全理解將所有現象涵攝在這些概念之下（也就是說，使用這些概念作為經驗底可能性之原理）的可能性，而是甚至完全理解其必要性。

312

§ 29

為了就**休謨底**成問題的概念（他這個「形上學底難題」[crux metaphysicorum]）——即原因底概念——作個試驗，首先我藉邏輯先天地得到一般而言的有條件的判斷之形式，亦即一項現有的知識作為根據，另一項現有的知識作為結果。但是，我們在知覺中可能見到一項關於關係的規則，這項規則表明：在某個現象之後經常跟隨另一個現象（儘管不能倒轉過來）；而這是我使用假言判斷的一個事例，譬如說：一個物體被太陽曬得夠久了，就會變得溫暖。這裡當然還沒有聯結底必然性，因而沒有原因底概念。然而，我進一步說：如果上述的命題（它只是諸知覺底一種主觀聯結）要是一個經驗底命題，它就得被視為

必然的且普遍有效的。但這樣一個命題該是：太陽由於其光而
為溫暖底原因。如今，上述的經驗規則被視為法則，而且並非
被視為僅對現象有效，而是為了一種可能的經驗而對現象有
效，而這種經驗需要普遍地且因而必然地有效的規則。因此，
我十分了解作為一個必然屬於經驗底純然形式的「原因」概
念，以及此概念作為諸知覺在一般而言的意識中的一種綜合性
統一之可能性。但我完全不了解作為原因的一般而言的事物之
可能性，這是由於原因底概念決非表示任何繫屬於事物的條
件，而是僅繫屬於經驗的條件；也就是說，就先前的現象與後
繼的現象能按照假言判斷底規則被結合起來而言，經驗只能是
關於現象及其時間次序的一種客觀有效的知識。

§30

　　因此，如果純粹的知性概念要脫離經驗底對象，而牽涉到
物自身（理體）[18]，那麼連它們都完全不具有任何意義。它們彷

18　【譯注】在康德底著作中，有「事相」(Phänomenon)與「理體」
　　(Noumenon)、「現象」(Erscheinug)與「物自身」(Ding an sich)
　　兩組概念。在大多數情況下(尤其是在本書中)，康德將「事相」
　　與「現象」、「理體」與「物自身」幾乎視為同義詞而互換使用。
　　但在少數情況下，「理體」與「物自身」之間似乎又有微妙的區
　　別。依筆者底理解，此二詞之區別主要不在意涵方面，而是在行
　　文脈絡方面。大體而言，當康德要強調所涉對象與現象之對比時，
　　多半使用「物自身」一詞；當他要強調該對象只能藉由純粹知性
　　去設想(如上帝)時，則多半使用「理體」一詞。

彿只是用來拼寫現象，以便能將現象讀成經驗；而由這些概念
對於感性世界的關係所產生之原理僅供我們的知性作經驗的
運用。超出這個範圍，它們便是不具客觀實在性的任意結合，
我們既無法先天地認識其可能性，也無法藉任何例子證實它們
對於對象的關係，或者只是使這種關係可理解；因為一切例子
只能取自某一可能的經驗，因而那些概念底對象除了在一種可
能的經驗之中，也無法見諸其他任何地方。

　　因此，對於**休謨底**問題的這種全盤的解決（儘管其結果違
反開創者底推測）為純粹的知性概念挽救了其先天的根源，也
為普遍的自然法則挽救了其作為知性底法則的有效性，但卻將
這些概念及法則之運用局限於經驗中，因為它們的可能性僅在
知性對經驗的關係中有其根據。並非這些概念及法則從經驗衍
生出來，而是經驗從它們衍生出來；休謨從未想到這種完全相
反的聯結方式。

　　由此便得出以上所有探究之下列結論：「一切先天綜合原理
均不過是可能經驗底原則」，而且決無法牽涉到物自身，而是只
能牽涉到作為經驗底對象的現象。因此，即使純粹數學和純粹
自然科學也無法涉及純然現象以外的任何東西，而且只呈現或
者使一般而言的經驗可能的東西[19]，或者必然總是能在某種可
能經驗中被呈現的東西（由於它是從這些原則被推衍出來）[20]。

19　【譯注】這是指「純粹知性底原理」（如上述的「自然科學之純粹
　　自然學的普遍原理表」中所列）。

20　【譯注】這是指由「純粹知性底原理」推衍出來之關於運動的先
　　天原理與定理。康德在《自然科學之形上學根基》（*Metaphysische*

313

§31

　　如此，我們終於有了某個確定的東西，而我們能在一切形上學研究中有所依循。這些研究迄今為止是夠大膽了，但始終盲目地進行，而對一切均不加分辨。獨斷的思想家從未想到：其努力之目標本該定得如此近。甚至另一些人也沒想到這點，這些人固執於其假想的健全理性，憑純粹理性底原則和原理（這些原則和原理固然是合法而自然的，但卻僅供經驗之運用）追求解悟，而他們既不知道、也無法知道這些解悟之任何確定界限，因為他們對於這樣一種純粹知性之本性、甚至其可能　314
性，不但從未思索過，也無能力去思索。

　　有些純粹理性底自然主義者（我是指那種相信不靠任何學問就能對形上學底問題作裁決的人）可能會冒稱：憑其健全理性底預言精神，他早已不僅猜測到，而是也知道並且理解了在此大費周章地或者（若他願意的話）以煩瑣的學究式派頭所闡述的道理，此即：「憑我們的所有理性，我們決無法踰越經驗底領域。」然而，當我們逐步追問其理性原則時，他就得承認：在這些原則當中，有許多原則並非得自經驗，故它們無待於經驗且先天地有效。在這種情況下，他究竟要如何並且用什麼理由來限制獨斷論者和他自己呢？獨斷論者將這些原則和原理用到一切可能的經驗之外，正是因為它們無待於這些經驗而被

（續）————————————————
　　　Anfangsgründe der Naturwissenschaft, 1786)中試圖建立這類原理
　　與定理之系統。

認識。甚至他這個健全理性底信徒儘管有其一切自命的、廉價得來的智慧，仍非十分有把握不會在不知不覺間超出經驗底對象，而陷入幻覺底領域中。儘管他用通俗的語言為其無理由的要求作些粉飾，而把一切都只說成是可能性，是理性的猜測或類比，但他通常也深深地陷於其中。

§ 32

自哲學底遠古時代以來，純粹理性底探究者已在感性世界或者構成感性世界的現象（事相）之外，還設想特殊的知性存有者（理體），這些存有者應當構成一個知性世界[21]。再者，既然他們把現象和幻相當成一回事（對於一個尚未開化的時代，這的確可以原諒），他們僅承認知性存有者有現實性。

事實上，當我們依理將感覺底對象視為純然的現象時，我們因此同時承認：這些現象以一個物自身為基礎——儘管我們並不認識這個物自身底情狀，而僅認識其現象，亦即我們的感覺被這個不為人知的某物觸動的方式。因此，正因為知性假定現象，它也承認物自身之存在，而且就此而言，我們能說：作為現象底基礎的這種存有者（亦即純然的知性存有者）之表象不僅是可以容許的，也是不可避免的。

我們的批判性推證也決不排除這類事物（理體），而反倒是將感性論底原理加以限制，使它們不致延伸到一切事物（一切

21　【譯注】此項區分可上溯到柏拉圖；參閱其《理想國》(*Politeia*) 第6及7卷。

都因此而被轉變為純然的現象），而是它們應當僅對於可能經驗底對象有效。因此，知性存有者便以這種方式而被容許，但是要牢記以下這項決不容有任何例外的規則：對於這些純粹的知性存有者，我們決不知道、也無法知道任何確定的事情；因為不論我們的純粹知性概念，還是純粹直觀，均只涉及可能經驗底對象，亦即涉及純然的感性存有者，而且一旦我們脫離這些對象，那些概念就不再餘留絲毫意義了。

§33

事實上，我們的純粹知性概念帶有某種麻煩的東西，誘使人去作一種先驗的運用；因為我將踰越一切可能經驗的那種運用稱為先驗的運用。不但我們的「實體」、「力」、「行為」、「實在性」等概念完全無待於經驗，也決不包含感覺底現象[22]，因此似乎事實上涉及物自身（理體）；而且更為加強這種推測的是：這些概念本身包含其決定底一種必然性，而這種必然性是經驗決無法達到的。原因底概念包含一項規則，按照這項規則，從一個狀態必然會產生另一個狀態。但是經驗只能向我們顯示：在事物底一個狀態之後時常（至多是通常）跟隨另一個狀態；且因此經驗既無法取得嚴格的普遍性，也無法取得必然性云云。

---

22 【譯注】康德這句話有問題，因為他顯然不能說：「力」(Kraft) 與「行為」(Handlung)這兩個概念「完全無待於經驗，也決不包含感覺底現象」。

因此，知性概念所具有的意義與內容似乎比純然的經驗運用為它們所盡的全部使命還要多得多。知性便於不知不覺間在經驗底房舍之旁再加蓋一棟寬闊得多的附屬建築，而完全用思想物來填充它，卻不曾注意到：它藉其通常正確的概念擅自踰越了其運用之界限。

316

§34

因此，《純粹理性批判》第137頁及其下與第235頁及其下[23]所作過的兩項探討是必要的；這兩項探討雖然極其枯燥，卻是重要的，甚至是完全不可或缺的。從其中的第一項探討可知：感覺決不具體地提供純粹知性概念，而僅提供圖式以運用這些概念，而且合乎這種圖式的對象僅見諸經驗中（作為知性由感性底材料做成的產物）。在第二項探討中（《純粹理性批判》，頁235）顯示：儘管我們的純粹知性底概念和原理無待於經驗，甚至它們似乎有更大的運用範圍，但是憑這些概念和原理，我們決無法在經驗底領域之外設想任何東西，因為它們所能做的，不過是就現有的直觀決定判斷底邏輯形式。但由於在感性底領域之外完全無任何直觀，而那些純粹概念完全不具意義（因為它們無法以任何辦法被具體地表現出來），因此所有這種理體連同其總合（一個智思世界[24]）不外是一項課題之表象；這

23　【譯注】此係第一版底頁數，即是指〈論純粹知性概念底圖式論〉和〈論將一般而言的所有對象區分為事相與理體的理由〉兩章。

〔316〕　24　這不是**智性**世界（像我們通常所說的那樣）。因為憑藉知性的**知識**

項課題之對象本身固然是可能的，但是就我們的知性底本性而言，其解決是完全不可能的，因為我們的知性並非直觀底能力，而只是在一項經驗中將現有的直觀聯結起來的能力。因此，經驗必須包含我們的概念之一切對象，但是在經驗之外，一切概念都不會有意義，因為並無任何直觀能作為它們的依據。 317

§ 35

如果構想力偶而陷於狂熱，也就是說，不謹慎地執守在經驗底界限之內，它或許可以原諒；因為它至少由於這樣一種自由的飛躍而活潑且振奮起來，而且節制其大膽總是比扶持其虛弱要更容易。但是本該去思想的知性卻陷於狂熱，是決不可原諒的；因為只有知性能提供一切協助，以便在必要時限制構想力之狂熱。

但知性卻是極無辜而有節地開始陷於狂熱。首先它釐清那些先於一切經驗而為它所有、但卻總得在經驗中應用的基本知識。它逐漸除去這些限制，而既然它完全自由地從自身取得了其原理，還有什麼會阻礙它這麼做呢？而這首先涉及在自然中

(續)————

是**智性的**(intellektuell)，而這種知識也涉及我們的感性世界。但就諸對象**只能藉知性**去呈現，而我們的感性直觀無法涉及它們而言，這些**對象稱為智思的**(intelligibel)。但既然每個對象均得有某種可能的直觀與它相對應，我們就得設想一種知性，它直接去直觀事物。但是對於這樣一種知性，我們並無絲毫概念，因而對於這種知性所當涉及的**知性存有者**亦無絲毫概念。

新虛構的力量，不久之後再涉及自然以外的存有者，一言以蔽
之，涉及一個世界，對其設立我們不會欠缺建材，因為多產的
虛構提供豐富的建材，而且經驗固然不證實，但也決不否定這
種建材。這也是年輕的思想家如此喜愛真正獨斷作風的形上
學，並且經常為它奉獻他們的時間和在其他場合中有用的才能
之緣故。

但是，想要藉著以各種方式提醒如此深藏的問題之難以解
決，悲嘆我們的理性之限制，並且將主張貶抑為純然的猜測，
以節制純粹理性之那些徒勞的嘗試，是完全無濟於事的。因為
如果這些嘗試之**不可能**未得到清楚的說明，而且理性之**自我認
識**未成為真正的學問[25]（在這門學問中，理性底正確運用之範圍
與其無效而徒勞的運用之範圍可說以幾何學的確切性被區別
開來），那些無用的努力決不會完全停止。

318

§ 36

自然本身如何可能？

這個問題是先驗哲學所能達到的最高點，而先驗哲學也必
須被引到這個最高點，作為其界限和完成。這個問題其實包含
兩個問題。

首先是：**實質**意義的自然（亦即，就直觀而言，作為現象
底總合）一般而言如何可能？空間、時間和充塞這兩者的東西

---

25 【譯注】這是指「純粹理性之批判」。

（感覺底對象）一般而言如何可能？答案是：憑藉我們的感性底特質——依這種特質，我們的感性以其獨有的方式為對象所引動，而這些對象自身不為它所知，並且與那些現象完全不同。這項答覆在《純粹理性批判》一書底〈先驗感性論〉中被提出，在本《序論》中卻是藉由第一個主要問題之解決而被提出。

其次是：形式意義的自然，作為規則底總合（如果一切現象要在一項經驗中被設想為聯結在一起，就得依從這些規則），如何可能？答案最後只能是：它只有憑藉我們的知性底特質始為可能——依這種特質，感性底所有那些表象必然關聯到一個意識，並且由於這種特質，我們的思考之獨特方式（即藉規則來思考）始為可能，而憑藉這種方式，經驗（它完全不同於對於對象自身的解悟）始為可能。這項答覆在《純粹理性批判》一書底〈先驗邏輯〉中被提出，在本《序論》中卻是在解決第二個主要問題的過程中被提出。

但是，我們的感性本身底這種獨特性質，或者我們的知性與作為知性及一切思考底根據的必然統覺之獨特性質如何可能？這無法進一步去解決和回答，因為我們總是需要這些能力，才能作任何回答與思考對象。

有許多自然法則，我們能單憑經驗去認識它們；但我們卻無法藉由任何經驗去認識在現象底聯結中的合法則性，即一般而言的自然，因為經驗本身需要這種法則，而這種法則是經驗底可能性之先天依據。

因此，一般而言的經驗底可能性也是自然底普遍法則，而一般而言的經驗底原理本身即是自然底法則。因為我們所認識的自然不外是現象（亦即在我們心中的表象）之總合；且因此，

我們只能從我們心中的表象底聯結之原理——亦即在一個意識中的必然統合(這種統合構成經驗底可能性)之條件——取得現象底聯結之法則。

　　甚至這整節所闡明的主要命題——普遍的自然法則能先天地被認識——自然會導出以下的命題:自然底最高立法必然存在於我們自己的內部,亦即存在於我們的知性中;而且我們不必憑藉經驗而從自然去尋求其普遍法則,而是得反過來,僅從經驗底可能性之條件(這些條件存在於我們的感性和知性中)去尋求自然(就其普遍的合法則性而言)。因為否則我們如何可能先天地認識這些法則呢?——既然這些法則決非分析性知識底規則,而是知識之真正的綜合性擴展。可能經驗底原則與自然底可能性之法則間的這樣一種必然的一致性只能來自兩個原因:或是這些法則藉經驗取自自然,或是反過來,自然係由一般而言的經驗底可能性之法則衍生出來,並且與一般而言的經驗之純然的普遍合法則性完全是一回事。第一個原因自相矛盾,因為普遍的自然法則能夠且必須先天地(亦即無待於一切經驗)被認識,而且被置為知性底一切經驗運用之基礎;因此,只剩下第二個原因[26]。

---

26 只有**克魯修斯**知道一個折中的辦法,即是:一個不會犯錯、也不會欺騙的神靈起初將這些自然法則灌輸給我們。然而,既然經常也有虛假的原理混進來,而這位人士底系統本身便為此提供了不少例證,故在欠缺可靠的標準以分辨真實的來源與不實的來源之情況下,這樣一種原理之運用十分糟糕;因為我們決無法確切地知道,真理之神靈或是謊言之父會灌輸什麼給我們。

【譯者按】克魯修斯在其《通往人類知識底確實性與可靠性之途》

但是我們得將自然底經驗法則和純粹的或普遍的自然法　320
則加以區別：前者始終以特殊的知覺為前提，後者無特殊的知
覺作為根據，僅包含這些知覺在一項經驗中的必然統合之條
件。就後者而言，自然與**可能的**經驗完全是一回事。既然在後
者當中的合法則性以諸現象在一項經驗中的必然聯結為依據
（若無這種聯結，我們便決無法認識感性世界底任何對象），因
而以知性底原始法則為依據，則如果我們就後者說：**知性並非
從自然取得其（先天的）法則，而是為自然制定法則**，這乍聽之
下固然奇怪，但仍然是確實的。

§37

我們想藉一個例子來闡釋這個看起來大膽的命題，這個例
子當顯示：我們在感性直觀底對象中所發現的法則（特別是這
些法則被認為有必然性時）已被我們自己看成是知性置入其中
的法則——儘管這些法則在其他各方面均與我們歸諸經驗的
自然法則相似。

（續）────────────────

　　（*Weg zur Gewißheit und Zuverläßigkeit der menschlichen Erkennt-
　　niß*, Leipzig, 1747）一書中指出：「〔……〕矛盾律本身畢竟是真
　　實的，因為它是一項來自神性理智的定律。其餘的定律〔……〕
　　就它們也是來自神性理智而言，必然同樣是真實的。」（§432）

§38

如果我們考察圓形底諸性質（由於這些性質，這個圖形一下子將其中的空間之眾多隨便什麼規定統一在一項普遍的規則中），我們就不得不賦予這個幾何學的東西一種本性。這就是說，在圓內彼此相交的兩條線，不管如何去畫，總是會合乎規則地相互分割，使得任一條線底截段所構成的矩形與另一條線底截段所構成的矩形相等[27]。如今，我問道：「這項法則存在於圓形中呢？還是存在於知性中呢？」也就是說，這個圖形無待於知性，其本身便包含這項法則底根據呢？還是知性在依據其概念（即諸半徑之相等）建構這個圖形本身時，也將「諸弦按幾何學比例相交」的法則置入這個圖形中呢？如果我們對這項法則底證明加以探究，便立刻發覺：這項法則只能從知性為這個圖形之建構置為基礎的條件（即諸半徑之相等）推衍出來。如果我們擴大這個概念，以便更進一步去追究幾何圖形底諸多性質在共同法則下的統一性，並且將此圓視為一個圓錐曲線（這個圓錐曲線與其他的圓錐曲線因此受制於同樣的基本建構條件），我們便發現：凡是在圓錐曲線（橢圓形、拋物線和雙曲線）

---

27 【譯注】此項定理圖示如下：

$$a \times b = c \times d$$

內相交的弦總是如此相交：由這些弦底截段所構成的矩形雖然不相等，但彼此始終保持相同的比例[28]。如果我們由此更進一步，而進至天文物理學之基本學說，便顯現出一項涵蓋整個物質性自然的物理法則，即交互引力之法則。這項法則之規則為：交互引力與每個引力點底距離之平方成反比，而與這種力量所涵蓋的球面積正好互為消長。這項法則似乎具有必然性，而存在於事物本身之本性中，且因此也經常被闡述為可先天地認識的法則。儘管這項法則之來源是如此簡單（因為這些來源僅以不同半徑底球面積之關係為依據），但是就其協調之多樣性和規律性而言，其結果卻是如此出色，以致不僅諸天體之所有可能的軌道出現在圓錐曲線中，而且在這些軌道彼此之間也出現這樣一種關係，使得我們除了「與距離之平方成反比」這項法則之外，無法想出其他的引力法則適合於一個宇宙系統[29]。

28　【譯注】三種圓錐曲線圖示如下：

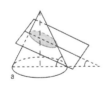 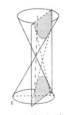

　　　a 橢圓形　　　　　　b 拋物線　　　　　　c 雙曲線

29　【譯注】牛頓(Isaac Newton, 1643-1727)《自然哲學之數學原則》(*Philosophiae Naturalis Principia Mathematica*, London, 1687) 第3卷〈論宇宙底系統〉命題5繫論2：「指向某一行星的重力，與所

　　因此，這就是自然，它是以知性先天地認識（特別是以決定空間的普遍原則去認識）的法則為依據。如今我問道：這些自然法則存在於空間中，而知性僅藉著試圖探究存在於空間中的豐富意義來學習這些法則呢？還是它們存在於知性及它按照綜合性統一（知性底概念均以這種統一為依歸）底條件來決定空間的方式中呢？空間是個如此齊一的、且在一切特殊性質方面又如此不確的東西，以致我們一定不會在其中尋求自然法則底庫藏。反之，將空間決定為圓形、圓錐形和球形的是知性，而這是就知性包含建構這些形狀的統一底根據而言。因此，直觀之純然的普遍形式稱為空間者，誠然是一切可在特殊對象上被決定的直觀之基底，而且這些直觀底可能性和多樣性之條件的確存在於空間中；但是諸對象底統一卻僅由知性來決定，而且是依照存在於它自己的本性中的條件來決定。因此，知性是自然底普遍秩序之根源，因為它將一切現象納於它自己的法則之下，並且藉此首度先天地使經驗（就其形式而言）成形；由於這種經驗，一切只可藉由經驗去認識的東西必然受制於知性底法則。因為我們所關切的並非既無待於我們的感性底條件、亦無待於知性底條件的**物自身**之本性，而是作為可能經驗底對象的自然。在此情況下，由於知性使經驗成為可能，它也使得感性世界或者完全不是經驗底對象，或者就是一個自然界。

322

（續）————————————

　　在位置同該行星底中心的距離之平方成反比。」

§39

附論純粹自然科學
論範疇底系統

一個哲學家所期望的，莫過於能將先前在其具體的運用中零散地顯現於他之諸般概念或原理從一個先天原則推衍出來，並且以這種方式將一切統合成一套知識。原先他只相信：經過某種抽象之後遺留給他、並且似乎藉由相互比較而構成一套特殊種類底知識的東西已蒐集齊全了；但這只是一種**聚合**。現在他知道：能構成這個知識種類的正好只是這麼多，不多也不少。他也了解其分類之必要性；這是一種理解，而如今他首度有了一個**系統**。

從通常的知識找出全無任何特殊經驗作為其根據、但卻出現在一切經驗知識中的概念（這些概念彷彿是聯結經驗知識的純然形式），較諸從一種語言找出一般而言的字詞底實際運用之規則，並且將諸要素匯集成一套文法（事實上，這兩種探討彼此也非常相近），並不需要更大的思慮或更多的解悟。但我們就是無法提出理由來說明，何以每一種語言正好具有這種形式特質，而非其他形式特質；更無法說明，對於這種語言，何以我們能找到不多不少，正好是這麼多這類一般而言的形式規定。 323

亞里斯多德蒐集了十個這類純粹的基本概念，稱之為範疇（Kategorien）[30]。這些基本概念也被稱為表述式（Prädikamente）。

30　1)實體（Substantia）、2)質（Qualitas）、3)量（Quantitas）、4)關係

以後他不得不再加上五個後表述式(Postprädikamente)[31]，但其中一部分已見於前表(即是先、同時、運動)。然而，這種隨興之作能被視為對未來的探究者的一項提示，更甚於一個有規則地被闡明的理念，而且應得到贊同。因此，當哲學更加開發之際，這種隨興之作也被視為完全無用而遭摒棄。

在探討人類知識之純粹的(不含經驗成分的)要素時，我經過長期的思索後，才得以將感性底純粹基本概念(空間和時間)與知性底純粹基本概念確實地加以區別和分離。第七、八、九個範疇便因此從原表被刪除掉。其餘的範疇對我並無絲毫用處，因為其中並無任何原則，可資以充分地測定知性，並且完整而精確地決定知性底一切機能(知性底純粹概念源於這些機能)。

但是為了找出這樣一種原則，我尋求知性底一個活動(它包含其餘一切活動，而且只能由不同的限定或環節來分辨)，以便使諸般表象歸於一般而言的思考底統一之下；於是我發現：知性底這個活動存在於判斷之中。在此，邏輯學家已完成的(雖然仍非全無缺點的)工作擺在我面前，使我得以為知性底純粹機能(但是這些機能對一切對象均無所決定)提出一個完整的

324

(續)————
    (Relatio)、5)主動(Actio)、6)被動(Passio)、7)何時(Quando)、8)何處(Ubi)、9)姿態(Situs)、10)狀態(Habitus)。
    【譯者按】見亞里斯多德：《範疇篇》(*Categoriae*)，第4節；《論題篇》(*Topica*)，第1卷第9節。
31 相反(Oppositum)、先(Prius)、同時(Simul)、運動(Motus)、具有(Habere)。
    【譯者按】見亞里斯多德：《範疇篇》(*Categoriae*)，第10-14節。

表。最後，我將這些判斷機能牽連到一般而言的對象上，或者
不如說，牽連到為判斷決定客觀有效性的條件上，而純粹知性
概念便產生了。對於這些概念，我能毫不懷疑：正好只有這些
概念，而且只有這麼多，不多也不少，才能構成我們僅由知性
而來的關於事物的全部知識。我依理按照它們的舊名稱將它們
稱作**範疇**。在此，只要先驗哲學底系統該完成（我僅是為了這點
才涉及對理性本身的批判），我就還得在**述詞語**（Prädikabilien）
之名目下完整地補充一切由範疇推衍出來的概念——不論是
藉由範疇之相互聯結，還是藉由與現象底純粹形式（空間和時
間）間的聯結，還是藉由與現象之尚未在經驗方面被決定的質
料（一般而言的感覺底對象）間的聯結。

　　但是在這個範疇系統中，使它有別於那個毫無原則地進行
的舊有的隨興之作，並且也使它有資格被視為哲學的唯一要點
在於：由於這個系統，純粹知性概念底意義及其運用底條件能
被準確地決定。因為在此顯示出：這些概念本身不外是邏輯機
能，但是就其為邏輯機能而言，它們並不為一個對象自身形成
絲毫概念，而是需要感性直觀作為基礎；而這樣一來，它們僅
用來在判斷機能方面決定經驗的判斷（這些判斷在所有判斷機
能方面一向是未決定的且無關宏旨的），以這種方式為這些判
斷取得普遍有效性，並且藉這種普遍有效性使一般而言的**經驗
底判斷**成為可能。

　　對於範疇底本性的這樣一種解悟（它也將範疇局限於純然
的經驗運用上），不論是最初提出範疇的人，還是其後的任何
人，都完全沒有想到。但若是沒有這種解悟（它的確是取決於
對範疇的推衍或推證），範疇便全無用處，而且只是一個貧乏

的名單，並沒有關於其運用的說明和規則。設使古人曾想到這類的解悟，則毫無疑問，關於純粹理性知識的全部研究（有許多世紀之久，這種研究在形上學底名目下糟踏了如此多的才智之士）會以完全不同的面貌來到我們面前，並且使人類底知性開化，而非像實際上所發生的情形那樣，使它在幽暗而徒勞的苦思中耗盡，且無法用於真正的學問。

325

如今，這個範疇系統也使一切關於純粹理性底每一對象的探討有系統，並且提供一個可靠的指示或線索，以便說明一切形上學研究若是要得到完整性，必須如何且藉由什麼探討底要項來進行。因為這個系統窮盡知性底所有環節，而其他一切概念都得被歸諸這些環節之下。原理表也這樣產生了，其完整性我們只能藉由範疇表來肯定。甚至我們在畫分據稱超越知性底自然學運用的概念時（《純粹理性批判》，頁344, 415）[32]，這同一線索，由於它總是得由在人類知性中先天地被決定的同樣的固定要項來引導，始終形成一個封閉的圓。這個圓不讓人有餘地去懷疑：一個純粹的知性概念或理性概念之對象，就它可在哲學上按照先天原理來衡量而言，能以這種方式完全被認識。我甚至無法不在一項最抽象的存有學畫分上，即是對「有」與「無」底概念的各種區分上使用這個線索，且據此完成一個有規則且有必然性的表（《純粹理性批判》，頁292[33]）[34]。

32　【譯注】此係第一版底頁數，第二版底頁數為頁402, 443。

33　【譯注】此係第一版底頁數，第二版底頁數為頁348。

34　關於我所提出的範疇表，可以有各種各樣的說明，像是：1)第三個範疇是由第一個和第二個範疇結合而成的一個概念；2)在量與

　　這個系統就像每個以一項普遍原則為依據的真正系統一　326
樣，也顯示其無可估量的用處於以下的事實：它排除一切通常
可能混入那些純粹知性概念當中的異類概念，並且為每種知識
決定其位置。我在**反省概念**底名稱下同樣按照範疇底線索納入
一個表中的那些概念，在存有論中並無優待和合法權利，就混
入純粹知性概念當中──儘管後者是關於聯結的概念，且因而
是關於對象本身的概念，而前者只是純然關於既有概念底比較
的概念，且因此具有一種完全不同的本性和用處。由於我合乎

(續)────────────────

　　質底範疇中，只是從單一性進至全體性，或是從有進至無(為了這
　　個目的，質底範疇必須是：實在性、限制、完全否定)，而無相關
　　項或相反項；反之，關係和樣態底範疇則具有相關項和相反項；
　　3)正如在**邏輯的領域**中，定言判斷是其他一切判斷之基礎，實體
　　底範疇也是一切關於實際事物的概念之基礎；4)正如判斷中的樣
　　態並非特殊的謂詞，樣態底概念也不為事物添加任何決定等等。
　　這類的考慮均極有用處。此外，如果我們將我們能極完整地從每　〔326〕
　　一種好的存有論(例如**包姆加騰**底存有論)得出的所有**述詞語**加以
　　列舉，並且按類將它們安排在範疇之下(此時我們切莫忘記為所有
　　這些概念加上盡可能完全的分析)，就會產生形上學底一個純然分
　　析的部分。這個部分尚不包含任何綜合命題，而且能居於第二部
　　分(綜合的部分)之前，並且不僅將因其確定性和完整性而有用，
　　也將由於其系統性而另外包含某種程度的美。
　　【譯者按】包姆加騰(Alexander Gottlieb Baumgarten, 1714-1762)
　　底《形上學》(*Metaphysica*, Halle 1739)一書是根據萊布尼茲與吳
　　爾夫底理性主義觀點所撰寫的教學簡編。康德在柯尼希貝爾格大
　　學教授形上學課程時曾多次使用此書作為教本，並且認為此書是
　　「所有此類手冊中最有用且最透徹的」(*KGS*, Bd. 1, S. 503)。此
　　書之第一部分即是〈存有論〉("Ontologia")。

法則的畫分(《純粹理性批判》，頁260)[35]，這兩種概念脫離了
這種混淆。但如果我們像馬上就會出現的情況那樣，將先驗的
理性概念底表(這些概念底本性和根源完全不同於那些知性概
念，因此其表也必定具有另一種形式)同那些知性概念分隔開
來，那個單獨的範疇表底用處還會更加清楚地顯現出來。如此
必要的分隔卻從未出現在任何一套形上學系統之中，因此那些
理性概念同知性概念毫無分別地混雜在一起，彷彿它們是兄弟
姐妹，屬於一個家庭。在欠缺一個獨特的範疇系統之情況下，
這種混淆也決無法避免。

35　【譯注】此係第一版底頁數，第二版底頁數為頁316。

先驗的主要問題 第三編：

一般而言的形上學如何可能？

§ 40

　　純粹數學和純粹自然科學**為了它們本身的安全和可靠性起見**，並不需要我們過去為它們二者所完成的這類推證。因為前者依靠它自己的顯明性；而後者雖然是由知性底純粹根源所產生，但卻依靠經驗及其普遍的驗證。因此，純粹自然科學無法完全拒絕和欠缺後一種證明，因為就它作為哲學來看，縱使憑其一切可靠性，決無法與數學等量齊觀。因此，這兩門學問之需要上述的探討，並非為了它們本身，而是為了另一門學問，即形上學。

　　形上學除了涉及自然概念（這些概念總是在經驗中被應用）之外，還涉及純粹理性概念（這些概念決不會在任何一種可能的經驗中被提供），因而涉及一些概念和論斷，這些概念底客

觀實在性（即它們不只是幻覺）和這些論斷之真假無法藉任何經驗去證實或揭露。形上學底這個部分也正是構成其基本目的的部分，其他一切均只是其手段而已；因此，這門學問**為了它本身之故**，需要這樣一種推證。因此，我們目前所面對的第三個問題彷彿牽涉到形上學之核心與特質，亦即理性之自我探究，以及理性在醞釀它自己的概念時被誤以為直接由此產生的關於對象的認識，而不需要靠經驗之仲介來達到這個目的，也根本無法靠經驗達到這個目的[1]。

328　　　這個問題不解決，理性決不會得到滿足。經驗底運用（理性將純粹知性限制於這種運用）並未完成理性本身底全部使命。所有個別的經驗只是其領域底全部範圍之一部分。但是**一切可能的經驗之絕對全體**本身並非經驗，卻是理性底一個必然的問題；單是為了設想這個問題，理性就需要與那些純粹知性概念完全不同的概念。那些純粹知性概念之運用僅是內在的，亦即涉及經驗（就經驗能被提供而言）；而理性概念卻涉及完整性，亦即全部可能的經驗之集體統一性，且因此超出一切現有的經驗，而成為**超越的**。

　　　因此，正如知性需要範疇以成就經驗一樣，理性本身包含理念底根據。所謂「理念」，我是指必然的概念，但其對象卻

1　如果我們能夠說：一旦我們確定，通往一門學問的諸課題係由人類理性之本性向每個人提出的，因此在這方面也始終不可避免會有許多嘗試（儘管是錯誤的），則這門學問至少在所有人類底理念中是現實的，那麼，我們也得說：形上學**在主觀方面**（而且必然地）是現實的，且因此我們有理由問：形上學（**在客觀方面**）是否可能？　〔328〕

不**能**在任何經驗中被提供。理念存在於理性底本性中，正如範疇存在於知性底本性中。如果理念帶有一種能輕易地引誘人的幻相，這種幻相就是不可避免的──儘管其誘惑性的確可以加以防範。

既然一切幻相均在於判斷底主觀根據被當作客觀的，則純粹理性在其超越的(transzendent/überschwenglich)[2] 運用中之自我認識將是防範理性陷於迷惑的唯一辦法──當理性誤解其使命，而使僅關乎它自己的主體和在一切內在運用中對此主體的指導之物以超越的方式牽連到對象自身時，就陷入這類迷惑中。

§41

將**理念**(亦即純粹的理性概念)與範疇(或者說純粹的知性

2　【譯注】康德在此將 überschwenglich 當作 transzendent(超越的)之同義詞。根據查赫胡伯(Johannes Zachhuber)之考證，über-schwenglich 一詞源自中世紀的神秘主義，其後可能經由虔敬派神學家齊墨曼(Johann Liborius Zimmermann, 1702-1734)之著作而影響到康德。根據查赫胡伯之歸納，在康德底用法當中，此詞有三種意涵：1) 用作「極度」之義(übermäßig)；2) 用作 transzendent 之同義詞；3) 用作「狂熱的」(schwärmerisch)或「神秘的」(mysthisch)之義。第一種用法屬於日常語言，並無特別的哲學意涵。第三種用法帶有貶義，涉及康德所批判的「神秘主義」。此處所涉及的是第二種用法，意謂「超越於我們的可能經驗之領域」。關於此詞底概念史發展，參閱 Johannes Zachhuber: "'Überschwenglich'. Ein Begriff der Mystikersprache bei Immanuel Kant", *Archiv für Begriffsgeschichte*, Bd. 42 (2000), S. 139-154.

概念)區別為在種類、來源和運用上完全不同的知識，這對於建立一門理當包含所有這些先天知識底系統的學問，是極重要的一個步驟，以致如果沒有這樣一種區隔，形上學是絕對不可能的，或者至多是一種漫無章法的拙劣嘗試，即對於我們所探討的素材及這些素材之適合於某個目標無所認識，就去拼湊一個空中樓閣。縱使純粹理性之批判所做到的只是首先說明這項區別，它藉此在澄清我們的概念和指導形上學領域中的探究方面所作的貢獻，已多於人們以往為解決純粹理性底超越課題所做過的一切徒勞的努力；人們不曾料想到：他們處在一個與知性底領域完全不同的領域，且因此一古腦兒就列舉出知性概念和理性概念，彷彿它們屬於同一類。

§ 42

所有純粹的知性知識均有這項特點：其概念能在經驗中被提供，而且其原理能為經驗所證實。反之，超越的理性知識不但就其**理念**而言，無法在經驗中被提供，而且其命題既無法在任何時候為經驗所證實，也無法為它所否定。所以，在此可能暗中形成的錯誤只能靠純粹理性本身去揭發。但是這極為困難，因為這同一理性憑其理念，自然會成為辯證的；而且這個不可避免的幻相無法藉任何對於事物的客觀而獨斷的探討去遏制，而是只能藉對於理性本身(作為理念底一個來源)的主觀探討去遏制。

§43

在《純粹理性批判》中，我始終念茲在茲的是：我如何能夠不僅仔細地區別知識之類別，也從共通的來源推衍出屬於每個知識類別的所有概念；這樣，我不僅能因得知這些概念之來源，而確切地決定它們的運用，也享有尚無人料想到、但卻無可估計的好處，即是在列舉、分類和縷述這些概念時能先天地（亦即依據原則）認識其完整性。若非如此，則在形上學中的一切均不過是隨興之作，而我們決不知道：我們在其中所擁有的東西是否足夠？或者是否可能還欠缺某樣東西？在何處欠缺？當然，我們也只有在純粹哲學中才能夠享有這項好處，而這項好處也構成純粹哲學之本質。

既然我在知性底一切判斷之四項邏輯機能中發現了範疇底根源，則我在理性推論[3]底三項機能中尋求理念底根源，是十分自然的事。因為一旦這種純粹理性概念（先驗的理念）已定，若我們一定不願把它們看作天生的（angeboren），它們便只可能見諸理性底同一個活動中。這個活動就它僅涉及形式而言，構成理性推論之邏輯要素；但就它在某項先天形式方面將知性底判斷表明為已確定的而言，便構成純粹理性底先驗概念。

理性推論底形式區分使它必然畫分為定言的、假言的和選

330

3　【譯注】「理性推論」（Vernunftschluß）即通常所謂的「三段論法」（Syllogismus）。康德將理性界定為推論的能力，使用「理性推論」一詞，是為了表示這一層知識論的意義。

言的。因此,以這種區分為依據的理性概念包含:第一、完整
的主體之理念(實體性的東西);第二、完整的條件系列之理
念;第三、在可能的東西底一個完整總合之理念中的所有概念
之決定 [4]。第一個理念是心理學的,第二個理念是宇宙論的,
第三個理念是神學的。再者,既然這三個理念均引起一種辯
證,但卻各以其道,純粹理性底全部辯證之畫分便以此為依
據,即畫分為純粹理性底誤推、背反,以及理想。透過這種推
衍,我們得到完全的保證:純粹理性之所有要求在此得到極完
整的闡明,而不會遺漏任何要求,因為理性能力本身(那些要
求均根源於這種能力)由此得到全面的測定。

331

§44

一般說來,在這項考察中還有一點值得注意,即是:理性
底理念決非像範疇一樣,總是有助於我們在經驗方面運用知
性,而是在這方面為完全多餘的,甚至可能相反於且有礙於關
於自然的理性知識之格律,但是在尚待決定的另一方面卻是必

---

〔330〕   4   在選言判斷中,我們把**所有可能性**視為就某個概念而畫分的。一
般而言的事物底普遍決定之存有論原則(在所有可能的相反謂詞
中,每個事物均具有其中一者)也是一切選言判斷底原則;這項原
則以所有可能性底總合為基礎,在這個總合中,每個一般而言的
事物均被視為可決定的。這可用來簡要地闡釋上述的命題,即是:
在選言的理性推論中的理性活動在形式上與形成所有實在性底總
合之理念(它本身包含所有相互對立的謂詞中的正面一方)的理性
活動是一回事。

要的。靈魂是否是個單純的實體，就我們對其現象的解釋而言，可能是無關緊要的；因為我們無法藉任何經驗使一個單純的存有者底概念在感性上(亦即具體地)可理解。所以，這個概念就對於現象底原因所期待的一切解悟而言，是完全空洞的，而且無法用作內在經驗或外在經驗所提供的東西之解釋原則。關於宇宙底起始或其永恆性(無盡的過去[a parte ante])的宇宙論理念同樣無助於我們據此以解釋在宇宙本身中的任何一個事件。最後，根據自然哲學底一項正確格律，我們必須放棄將自然底安排視為出於一個最高存有者底意志的一切解釋，因為這不再是自然哲學，而是等於承認我們已到達解釋底終點。因此，這些理念之用途完全不同於那些範疇之用途，那些範疇和建立於其上的諸原理使經驗本身首度成為可能。然而，如果我們的目標只是針對能在經驗中被提供的純然的自然知識，則我們辛苦地為知性所作的分析論也將是多餘的。因為即使沒有這一切細緻的推證，理性在數學及自然科學中也極穩當而妥善地從事其工作。因此，我們對於知性的批判與純粹理性底理念聯合起來，以達到一個超乎知性底經驗運用的目標。可是我們在前面已說過：在這方面，知性底經驗運用是完全不可能的，也沒有對象和意義。但是在屬於理性底本性的東西和屬於知性底本性的東西之間仍得有一致性，而且理性底本性得有助於知性底本性之圓滿性，而不能攪亂知性底本性。

　　這個問題之解答如下：純粹理性在其理念中並不以在經驗領域之外的特殊對象為目標，而是僅要求知性底運用在經驗底脈絡中的完整性。但這種完整性只能是原理之完整性，而非直觀和對象之完整性。儘管如此，為了要明確地設想前一種完整 332

性，純粹理性將這種完整性想成一個對象底知識——這個對象底知識就那些規則而言，是完全確定的，但其對象只是一個理念，為的是要使知性底知識盡可能接近該理念所指示的完整性。

§45

純粹理性底辯證論之初步解說

我們在前面第33、34節中已指出：範疇全無感性決定之混雜的那種純粹性會引誘理性使其運用完全超出經驗，而延伸到物自身——儘管由於範疇本身無法發現任何直觀，能為它們取得具體的意義與涵義，故它們作為純邏輯的機能，固然表述一般而言的事物，但卻無法獨自為任何一個事物提供一個確定的概念。而這類浮誇的對象是我們稱作「理體」或「純粹的知性存有者」（稱作「思想存有者」更好）的對象，譬如**實體**，但卻被設想為**不具有在時間中的持久性**，或是一個**原因**，但卻**不在時間中**產生作用等等。於是我們將只是用來使經驗底合法則性具有可能性的謂詞加諸這些對象，但卻從它們當中除去直觀底所有條件（唯有在這些條件之下，經驗才是可能的）。這樣一來，那些概念又失去了一切意義。

但是我們不虞知性會不因外來法則之驅使，自動地完全故意踰越其界限，而進入純然的思想存有者之領域。但是理性無法完全滿足於知性規則之經驗運用（這種運用畢竟是有條件的），當它要求完成這個條件系列時，知性就被趕出自己的圈子，以便一則在一個延伸得如此遠的系列（決無任何經驗能把

握住這個系列）中呈現經驗底對象，再則甚至（為了完成這個系 333
列）完全在經驗之外尋求**理體**；而理性能將這個系列連接在理
體上，且因此，一旦最後超脫了經驗底條件，還是能使其支撐
完足。這便是先驗的理念；儘管就我們的理性底天性之真正
的、但卻隱藏的目的而言，這些理念並非為了逾分的概念，而
只是為了無限制地擴展經驗底運用，但卻透過一種不可避免的
幻相引誘知性去作一種**超越的**運用。這種運用雖是欺人的，但
卻無法憑任何停留在經驗底界限內的決心，而只能憑學問上的
教導勉強去遏制。

§ 46

I. 心理學的理念（《純粹理性批判》，頁341及其後）[5]

　　長久以來，人們早已察覺到：在所有的實體中，我們不知
真正的主體，亦即抽除所有附質（作為謂詞）之後剩下的東西，
因而不知**實體性的東西**本身，並且經常抱怨我們的解悟底這些
限制[6]。但在此我們務必要記得：我們不可指摘人類知性不認
識事物中的實體性的東西，亦即無法獨自決定之，反倒可以指

5　【譯注】此係第一版底頁數，第二版底頁數自頁399起，即〈論純
　　粹理性底誤推〉一章。

6　【譯注】參閱 John Locke: *An Essay Concerning Human Understand-
　　ing*, edited by P.H. Nidditch (Oxford: Oxford University Press,
　　1979), Book II, Ch. XXIII, §§ 1-6, pp. 288-291.

摘它要求這個作為一個純然理念的東西，像個現成的對象一樣
確定地被認識。純粹理性要求我們該為一個事物底每個謂詞尋
求屬於此謂詞的主詞，再為這個主詞（它必然又只是謂詞）尋求
其主詞，以至於無窮（或者至於我們所能達到之處）。但由此可
知：我們不可把我們所能達到的任何東西當作一個最後的主
詞，而且即使整個自然界揭露於我們的知性之前，這個實體性
的東西本身也決無法為我們的知性（不論它多麼深入）所思
考。因為我們的知性底特殊本性在於辨解地（亦即藉概念，因
而也完全藉謂詞）思考一切事物，故這些謂詞之絕對主詞必然
永遠找不到。因此，我們藉以認識物體的一切實在性質純屬附
334　質，連不可穿透性也是如此——我們始終只能將不可穿透性設
想為一個力量底作用，而找不到其主詞。

　　如今，我們在對於我們自己的意識（思想性的主體）中似乎
有這個實體性的東西，而且是在一種直接的直觀中。因為內感
底所有謂詞均關聯到作為主體的自我，而這個自我無法進一步
被設想為任何一個其他的主體之謂詞。因此在這裡，在作為謂
詞的現有概念對於一個主體的關係中之完整性似乎不僅是理
念，而是對象，亦即在經驗中被提供出來的**絕對主體**本身。然
而，這個期望落空了。因為就我們無法透過任何謂詞進一步認
識這個自我而言，這個自我決不是一個概念 7，而僅表示內感

〔334〕　　7　如果統覺底表象（自我）是一個概念，我們藉它設想某物，則它也
能被用作其他事物底謂詞，或者本身包含這類的謂詞。如今，它
不過是對於一種存在的感覺，而無絲毫的概念，而且只是一切思
想所關聯（附質底關係）的東西之表象。

底對象。因此，它自身固然不會是另一個事物底謂詞，但也不會是一個絕對主體底一個確定概念，而是像在其他所有情況中一樣，只是內在現象對於其不為人所知的主體之關係。但由於一種極自然的誤解，這個理念（它極適合用來作為規制原則，以完全根除我們的心靈底內在現象之一切唯物論解釋）[8] 卻引發一種極為似是而非的論證，要從關於我們的思想性存有者中的實體性的東西之這種假想的知識去推斷其本性（就對於其本性的認識完全落在經驗底總合之外而言）。

§ 47

可是，儘管思想性的自我（心靈）是思想底最後主體，本身無法進一步被表述為另一個事物底謂詞，因而稱為實體，但如果其常住性（這使實體底概念在經驗中有成效）無法得到證明，這個概念依舊是完全空洞而毫無結果的。

但是，這種常住性決無法從一個作為物自身的實體底概念得到證明，而是只有為了經驗之故，才能得到證明。這在經驗底第一個類比中已得到充分的證實了（《純粹理性批判》，頁182）[9]。如果有人不願接受這項證明，他只消自己去試試，看他是否有辦法從一個主體（它本身不作為另一個事物底謂詞而存在）底概念去證明：該主體底存在絕對是常住的，而且不但它自身無法生滅，也無法由於任何一項自然原因而生滅。這類

335

8　【譯注】原版在此有一個表示注解的星號，但卻不見注解之內容。

9　【譯注】此係第一版底頁數，第二版底頁數為頁224、225。

先天綜合命題本身決無法得到證明,而是始終只能關聯著作為一項可能經驗底對象的事物而得到證明。

§48

因此,如果我們想要從作為實體的心靈底概念推斷其常住性,這只能為了可能的經驗而適用於心靈,而無法在一切可能的經驗之外適用於作為一個物自身的心靈。如今,我們的一切可能的經驗之主觀條件是生命,因此,所能推得的只是生命中的心靈之常住性。因為人之死亡即是一切經驗之終結,這涉及作為經驗底一個對象的心靈——除非相反的情況[10]得到證實,而這正是問題之所在。因此,心靈之常住性只能在人底生命中(人們一定不會要求我們證明這點),而無法在死後(這是我們所真正關心的)得到證明,而這是基於以下的普遍理由:就實體底概念可被視為與常住性底概念必然相連結而言,這只能依據可能的經驗之一項原理,且因而也僅為了可能的經驗而如此[11]。

10　【譯注】「相反的情況」是指「人之死亡並非一切經驗之終結」。

11　事實上,極值得注意的是:形上學家總是極輕率地略過實體常住性原理,而不曾嘗試去證明它;這無疑是由於一旦他們著手探討「實體」概念時,便發現自己完全無法提出任何論據。通常的知性極清楚地覺察到:若無這項預設,在一項經驗中的諸知覺底統一便是不可能的。它以一項設準來彌補這個缺陷;因為它決無法從經驗本身推衍出這項原理來,一則是由於經驗無法在諸物質(實體)底所有變化和分解中追蹤它們,直到看出材料始終不減少,再則是由於這項原則包含**必然性**,而必然性始終是一項先天原則之

〔336〕

§49

在我們之外的某個現實物不僅與我們的外在知覺相對應，也必然與之相對應——這也決無法作為諸物自身之聯結而得到證明，但卻能為了經驗而得到證明。這將等於說，我們的確能證明：某個東西以經驗的方式、因而作為現象而存在於我們之外的空間中。因為除了屬於一項可能的經驗之對象之外，我們不管其他的對象，這正是因為其他的對象無法在經驗中被提供給我們，且因此對我們而言形同無物。在空間中被直觀的東西在經驗上存在於我之外。再者，既然空間連同它所包含的一切現象均屬於表象，而這些表象按照經驗法則所形成的聯結證明這些表象之客觀真實性，正如內感底諸現象之聯結證明我的心靈（作為內感底一個對象）之現實性，則我不但憑藉外在經驗意識到作為空間中的外在現象的物體之現實性，也憑藉內在經驗意識到我的心靈在時間中的存在。我也僅將我的這個心靈當作

（續）————————————————————

　　標記。如今，形上學家大膽地將這項原理應用在作為一個**實體**的心靈底概念上，並且推斷人死後心靈之必然延續（特別是因為從意識之不可分割性推得這個實體之單純性，而這種單純性保障心靈不致因分解而毀滅）。如果他們發現了這項原理之真正來源（但此事所需要的探討比他們過去願意著手的探討更加深入得多），就會見到：這項實體常住性法則僅是為了經驗而存在，且因此只能適用於可在經驗中被認識且與其他事物相結合的事物，但決無法甚至脫離一切可能的經驗而適用於這些事物，因而也無法適用於死後的心靈。

內感底一個對象，藉由構成一個內在狀態的諸現象去認識它，但對於其存有者自身(它是這些現象底基礎)，我無所知。因此，337　**笛卡爾式的**觀念論僅將外在經驗與夢幻區別開來，並且將作為前者底一項真實性判準的合法則性與後者底無規則性及假相區別開來。這種觀念論在外在經驗與夢幻中均預設空間和時間，作為對象底存在之條件，而且只問：外感底對象(我們在醒時將這些對象置於空間中)是否實際上見諸空間中，正如內感底對象(心靈)實際上存在於時間中一樣？也就是問：經驗是否具有所以別於想像的可靠判準？在此，懷疑不難消除，而且我們在日常生活中也總是藉以下的辦法來消除這項懷疑，此即：我們根據經驗底普遍法則來探討空間與時間中的諸現象之聯結，而如果外在事物底表象與這種聯結完全一致，我們就不能懷疑這些事物構成真正的經驗。因此，既然諸現象僅按照它們在經驗中的聯結被視為現象，實質的觀念論便很容易被消除，而且物體在我們之外(在空間中)存在，正如我自己按照內感底表象(在時間中)存在，是一項可靠的經驗；因為「**在我們之外**」這個概念僅意指在空間中的存在。但既然「**我存在**」這個命題中的「**我**」不單是意指(在時間中的)內在直觀底對象，而是意指意識底主體，正如物體不僅意指(在空間中的)外在直觀，而是也意指作為這個現象底基礎的物**自身**，那麼，「物體(作為外感底現象)是否**在我的思想之外**作為物體而存在」這個問題我們能毫無猶豫地在自然中給予否定的答案[12]。但是在「我自己是否**作為內感**

─────────────────

12　【譯注】在這句話中，「在自然中」一詞顯得相當突兀，可依里爾(A. Riel)之建議，將此詞移至「在我的思想之外」之後，而將

底現象（依經驗心理學而言的心靈）在我的表象力之外存在於時間中」這個問題當中，其情況與此毫無不同，因為對於這個問題，我們同樣得給與否定的答案。按照這種方式，一切事情若論其真正的意義，均是確定無疑的。形式的觀念論（我通常稱之為先驗的觀念論）實際上取消了實質的或**笛卡爾式的**觀念論。因為如果空間不外是我的感性底一個形式，則它作為在我心中的表象，與我自己同樣有現實性，而剩下的問題便只有空間中的諸現象在經驗上的真實性了。但如果不是這樣，而是空間和其中的現象均是存在於我們之外的東西，那麼，在我們的知覺之外，經驗底一切判準決無法證明在我們之外的這些對象底現實性。

§ 50

338

II. 宇宙論的理念（《純粹理性批判》，頁405及其後）[13]

　　純粹理性在其先驗運用中的這項產物是純粹理性最值得注意的現象。在所有現象中，這個現象也產生最強烈的作用，將哲學從其獨斷的瞌睡中喚醒，並且推動它去從事理性底批判

（續）──────

　　全句重組如下：「物體（作為外感底現象）是否在我的思想之外在自然中作為物體而存在」這個問題我們能毫無猶豫地給與否定的答案。見 Alois Riehl: "Korrekturen zu Kant", *Kant-Studien*, Bd. 5 (1901), S. 269.

13　【譯注】此係第一版底頁數，第二版底頁數自頁432起，即〈純粹理性底背反〉一章。

這項艱難的工作。

　　我將這個理念稱為宇宙論的，因為它始終僅在感性世界中擷取其對象，除了以感覺底對象為對象的世界之外，也不需要其他的世界，因而就此而言，它是內屬的(einheimisch)，而非超越的；故在這個範圍內，它仍不是一個理念。反之，將心靈設想為一個單純的實體，便等於是設想一個決無法被呈現給感覺的對象(單純的東西)。儘管如此，宇宙論的理念仍然將有條件者與其條件之聯結(這種聯結可能是數學的或是力學的)大加擴展，致使經驗決無法趕得上這種聯結；因此，就這項產物而言，它始終是個理念，其對象決無法在任何一項經驗中相應地被提供出來。

§51

　　首先，一個範疇系統之用處在此極明白而清楚地顯示出來，以致即使其用處沒有更多的證據，單是這項證據便充分證明範疇在純粹理性之系統中是不可或缺的。這類先驗[14]理念只有四個，就像範疇底類別一樣多；但是在範疇底每個類別中，這些理念僅涉及一個既存的有條件者底條件系列之絕對完整性。根據這些宇宙論的理念，純粹理性也只有四種辯證的論斷。既然這些論斷是辯證的，它們本身便因此證明：按照純粹理性之同樣虛假的原理，每一論斷均有一個相矛盾的論斷與它

14　【譯注】原作 transcendenten，今依 Georg Kullmann 之校勘改為 transcendentalen。

相對立。這種牴牾連最細緻的分辨之形上學技巧也無法防範，
反而迫使哲學家回溯到純粹理性本身之最初根源。這些背反決 339
非任意捏造的，而是根植於人類理性之本性中，因而是不可避
免且決不會終止的。它們包含以下四組正論和反論：

1

正論

宇宙在時間和空間方面有個
起始（界限）。

反論

宇宙在時間和空間方面是
無限的。

2

正論

宇宙中一切事物之組成均出自
單純物。

反論

無任何單純物存在，而是一切均是
複合的。

3

正論

宇宙中有些原因是出於
自由。

反論

沒有自由存在，而是一切均是
自然。

4

正論

在宇宙中的原因系列裡有某個
必然的存有者。

反論

在宇宙中的原因系列裡並無任何東西
是必然的，而是在這個系列裡，
一切均是偶然的。

§ 52

　　這是人類理性最奇特的現象，我們在人類理性底其他任何一種運用中均無法舉出其實例來。如果我們像通常的情況那樣，將感性世界底現象設想為物自身，又如果我們假定這些現象底聯結之原理是普遍適用於物自身，而不僅是適用於經驗的原理（這也是通常的情況，如果沒有我們的批判，這甚至是不可避免的），就會出現一種料想不到的牴牾。這種牴牾決無法以通常的獨斷方式去解決，因為不論是正論還是反論，都能以同樣顯而易見且不可反駁的證明加以證實——因為我能擔保所有這些證明底正確性——，而理性因此發覺自己陷於自我分裂。懷疑論者為這種狀況歡呼，但批判的哲學家卻必然為之陷於沉思與不安。

340

§ 52b

　　我們在形上學中能以各種方式隨處敷衍，而不虞被發覺有不實之處。因為只要我們不自相矛盾（在雖然完全虛構、但卻是綜合的命題中，這是極為可能的），那麼，在所有這類的情況——我們所聯結的概念是純然的理念，而這些理念決無法（就其全幅內容而言）在經驗中被提供出來——下，經驗決無法反駁我們。因為我們要如何靠經驗來決定：宇宙從無始以來就存在，還是有個起始？物質可以無限分割，還是由單純的部分所組成？這類概念無法在任何經驗（甚至最大的可能的經驗）

中被提供出來，因此肯定命題或否定命題之錯誤都無法藉這個
試金石去發現。

理性不經意地揭露其祕密的辯證論（理性將它假冒為原則
論）之唯一可能的情況是：理性根據一個普遍被承認的原理提
出一項論斷，而從另一個同樣被確認的原理以最正確的推論方
式恰好推出相反的論斷。這種情況在此實際存在，而且在理性
之四個自然理念方面均存在。從這四個理念一方面產生四項論
斷，另一方面產生同樣多的相反論斷，每項論斷均以正確的一
貫性從普遍被承認的原理產生。這些論斷因此揭露了純粹理性
在運用這些原理時的辯證性幻相，否則這個幻相必然永遠隱藏
起來。

因此，這是一個果斷的試驗，它必然為我們揭露隱藏在理
性底前提中的一項錯誤[15]。兩個相互矛盾的命題不會都是假 341
的，除非作為兩者底根據的概念本身是矛盾的；例如，「一個
四方的圓形是圓的」和「一個四方的圓形不是圓的」這兩個命
題均是假的。因為就前一命題而言，「上述的圓形是圓的」是
假的，因為它是四方的；但是「它不是圓的，也就是說，是方
形的」也是假的，因為它是個圓形。因為一個概念底不可能性

---

15 因此，我希望持批判態度的讀者將其主要的關切放在這種背反
上，因為自然本身似乎安排了這種背反，以使理性在其大膽的僭
越中產生疑惑，並且迫使它自我檢查。我為正論和反論所提出的
每項證明我都願意負責，且因此證實理性所無法避免的背反之確
切性。如果讀者由於這個奇特的現象而回頭檢查在此作為根據的
前提，他們就會感到有必要和我一起更深入地探討純粹理性底所
有知識之最初根據。

之邏輯特徵就在這一點，即是：在這個概念底前提下，兩個相互矛盾的命題將同時是假的；因之，由於在這兩者之間我們無法設想第三者，故透過這個概念我們**完全無所**設想。

§ 52c

如今，我將前兩種背反稱為數學的，因為它們關注同質的東西之累積或分割，而這兩種背反有這樣一種矛盾的概念作為根據。我從這點來說明：在這兩種背反中的正論和反論何以均是假的？

當我談到空間和時間中的對象時，我並非談到物自身（因為我對物自身無所知），而只是談到現象中的事物，亦即談到作為對於對象的一種特殊認知方式的經驗，而這種方式是人類所獨有的。如今，對於我在空間或時間中所設想的東西，我必然無法說：即使離開我這個思想，它自身仍存在於空間和時間中。蓋如此一來，我便會自相矛盾，因為空間和時間、連同其中的現象均不是在我的表象之外獨立存在的東西，而是其本身只是表象方式；而且說一種純然的表象也在我的表象之外存在，顯然是矛盾的。因此，感覺底對象僅存在於經驗中；反之，甚至離開經驗或先於經驗而賦予這些對象以一種特有的、獨立的存在，這無異於設想：即使離開經驗或先於經驗，經驗也實際存在。

如今，若我問宇宙在空間和時間上有多大，則對於我的所有概念而言，說宇宙之量度是無限的，就像說它是有限的一樣，均是不可能之事。因為這兩者均無法包含在經驗中，因為

無論對於一個**無限的**空間或無限流逝的時間，還是對於一個空的空間或一個居先的空的時間加諸宇宙之**限制**，我們均不可能有經驗；這些均只是理念。因此，宇宙這種以某種方式被決定的量度必須脫離一切經驗，而存在於其自身當中。但是這與感性世界底概念相矛盾。感性世界只是現象之總合，其存在和聯結僅發生於表象（即經驗）中；因為感性世界並非物自身，其本身不外是表象方式。由此可推知：既然一個獨立存在的感性世界底概念是自相矛盾的，則關於其量度的問題之答案也將永遠是虛假的——不論我們試圖提出肯定的還是否定的答案。

同樣的情形也適用於第二種背反，這種背反涉及現象之分割。因為現象是純然的表象，而各部分僅存在於現象底表象中，因而存在於分割中，亦即存在於一項可能的經驗（這些部分在其中被提供）中，而且分割僅達到可能的經驗所及之處。假定一個現象（例如物體底現象）在一切經驗之前，自身就包含任何可能的經驗所能達到的一切部分，這等於是為一個只能存在於經驗中的純然現象也賦予一種先於經驗的獨特存在，或者等於是說：純然的表象在見諸表象能力中之前便已存在，而這是自相矛盾的；因此，對於這個被誤解的課題之一切解答也是自相矛盾的——不論我們在此主張物體自身是由無限多的部分還是有限數目的單純部分所組成。

§ 53

343

在第一類背反（數學的背反）當中，前提之虛假在於：相矛盾的東西（即作為物自身的現象）被設想為可以在一個概念中

相容。但就第二類背反（力學的背反）而言，前提之虛假在於：可以相容的東西被設想為矛盾的。在第一種情況下，兩個相互對立的論斷均是假的；而在第二種情況下，完全由於誤解而被對立起來的兩個論斷能夠均是真的。

蓋數學的聯結必然預設（在量底概念中）被聯結的東西之同質性，力學的聯結決不要求這點。當問題在於擴延的東西之量度時，所有的部分彼此之間以及它們與全體之間必須是同質的。反之，在原因和結果之聯結中固然也能見到同質性，但這並不是必要的。因為因果性底概念（憑藉這個概念，某個東西使另一個與它完全不同的東西被設定）至少不要求同質性。

如果感性世界底對象被當成物自身，而前面提到的自然法則被當成物自身底法則，矛盾便不可避免。同樣的，如果自由底主體像其餘的對象一樣，被設想為純然的現象，矛盾也無法避免；因為同樣的事情將會在同一意義下就同一對象同時被肯定與否定。但如果自然底必然性僅牽涉到現象，而自由僅牽涉到物自身，那麼即使我們假定或承認兩種因果性，也不會產生矛盾——不論要使第二種因果性可理解，是如何困難或不可能。

在現象中，每個結果都是一個事件或者在時間中發生之事；根據普遍的自然法則，在這個結果之前必有其原因底因果性之一項決定（該原因底一個狀態），而這個結果按照一項不變的法則跟隨其後。但是，使原因有因果性的這項決定必然也是某件起現或**發生之事**。這個原因必然**已開始活動**，否則我們就無法在它與結果之間設想任何時間上的繼起。這個結果就會像

原因底因果性一樣，一直已經存在。故在現象當中，使原因**產生作用的決定**必然也已形成，且因而就像其結果一樣，是一個事件，而這個事件又必然有其原因，以此類推；因此，自然底必然性是致動因據以被決定的條件。在另一方面，如果自由本是現象底某些原因之一項特質，則就作為事件的現象而言，自由必然是一種**自動**(von selbst/sponte)引發現象的能力，也就是說，原因本身底因果性毋須開始，且因此不需要其他決定其開始的根據。但是這樣一來，**原因**在其因果性方面必然不受制於其狀態底時間決定，亦即，決**不是現象**；也就是說，它必須被視為一個物自身，但**結果**僅被視為**現象**[16]。如果我們能無矛盾地設想知性存有者對於現象的這樣一種影響，那麼自然底必然性固然會隸屬於感性世界中的原因和結果之一切聯結，但在另

16　自由底理念僅發生在**智性的東西**(作為原因)與**現象**(作為結果)之　〔344〕
　　關係中。因此，雖然物質藉以填充其空間的持續活動係出於內在
　　原則，但我們卻無法就這種活動將自由賦予物質。同樣地，我們
　　也無法發現自由底任何概念適合於純粹的知性存有者，例如上帝
　　——就其行動是內的而言。因為上帝底行動雖然無待於外在的
　　決定原因，但卻在其永恆的理性(亦即神性的**本性**)中被決定。唯
　　有當一個行動要使**某件事開始**時，也就是說，當結果要見諸時間
　　底系列中，因而見諸感性世界中(例如宇宙之起始)時，才會發生
　　這個問題：原因本身之因果性是否也必須開始？還是原因能引發
　　一個結果，而其因果性本身毋須開始？這個因果性底概念在第一
　　種情況下是自然底必然性之概念，在第二個情況下則是自由底概
　　念。讀者由此將看出：由於我將自由解釋為自動引發一個事件的
　　能力，我正好碰到了一個作為形上學底問題的概念。

一方面,自由能被加諸本身不是現象(雖然是其基礎)的那種原因。因此,自然和自由能無矛盾地被賦予正好同一個事物,但卻是在不同的關係中──一方面作為現象,另一方面則作為一個物自身。

我們自己有一種能力,它不僅與其主觀方面的決定根據(這些根據是其行動底自然原因)相聯結,且就此而言,是一個本身屬於現象的存有者底能力,而是也牽涉到僅作為理念的客觀根據(就這些根據能決定這種能力而言);後一種聯結就用「**應當**」來表示。這種能力稱為**理性**,而就我們僅依這種在客觀方面可決定的理性來看一個存有者(人類)而言,它無法被看成一個感性存有者,而是上述的特質是一個物自身之特質,我們決無法理解其可能性,亦即無法理解:根本尚未發生的「**應當**」如何決定這個物自身之活動,並且能夠是以感性世界中的現象為結果的行動之原因?然而,在感性世界中的結果方面,理性底因果性即是自由──就本身即是理念的**客觀根據**被視為對這些結果有決定作用而言。因為這樣一來,理性底行動便不依待於主觀根據,從而也不依待於時間條件,且因此也不依待於用來決定時間條件的自然法則,因為理性底根據普遍地依據原則為行動提供規則,而不受時間或地點底情況之影響。

我在這裡所提出的,只算是幫助理解的例子,而不必然屬於我們的問題。我們的問題無關乎我們在現實世界中所見到的特質,必須完全由概念去解決。

如今,我能毫無矛盾地說:有理性者之一切行為,就它們是現象(見諸某一經驗中)而言,均受制於自然底必然性;但僅

345

就有理性的主體及其完全按理性而行動的能力而言，同樣的這些行為是自由的。因為自然底必然性所要求的是什麼呢？不過就是感性世界底每一事件可依不變的法則而被決定的這種特性，因而是對於現象中的原因之關係——在這種關係中，作為基礎的物自身及其因果性依然不為人所知。但是我說：不論有理性者是基於理性、因而憑藉自由而為感性世界中的結果之原因，還是他並非基於理性根據而決定這些結果，**自然法則均保持不變**。因為若是第一種情況，則行為按照格律而發生，而這些格律在現象中的結果將始終合乎不變的法則。若是第二種情況，而行為不按照理性底原則而發生，行為便依從感性底經驗法則。在這兩種情況下，諸結果均按照不變的法則相互關聯。對於自然底必然性，我們所要求的只有這麼多，所知道的也只有這麼多。但在第一種情況下，理性是這些自然法則之原因，且因此是自由的。在第二種情況下，結果完全按照感性底自然法則而進行，因為理性對這些法則並無影響；但理性本身並不因此就為感性所決定（這是不可能的），且因而在這種情況下也是自由的。是以，自由並不妨礙現象底自然法則，正如自然法則無損於理性底實踐運用之自由（這種運用與作為決定根據的物自身有關聯）。

因此，藉著這種辦法，實踐的自由——亦即，理性按照客觀決定的原因而具有因果性的那種自由——得以保住，而在作為現象的同樣這些結果方面，對自然底必然性絲毫無損。正是這點也有助於闡明我們過去對於先驗的自由，以及它與自然底必然性之協調（在同一主體中，但不在同一關係中來看）所必須說的那些話。因為在先驗的自由方面，一個存有者出於客觀原

346

因的行為之每個開端，就這些決定根據而言，總是個最初的開端——儘管同一行為在現象底系列中只是個**從屬的開端**，原因底一個狀態必然先於它而存在，這個狀態決定它，而本身也為另一個還要更前面的原因所決定；因此，我們能在有理性者之中，或者一般地說，在存有者(只要其因果性是在其物自身底身分中被決定)之中設想一種自動引發一系列狀態的能力，而不會與自然法則產生矛盾。因為行動對於客觀的理性根據之關係並不是一個時間關係；在此，決定因果性的東西並非在時間上先於行為，因為這種決定原因並非表示對象對於感覺的關係，亦即不表示對象對於現象中的原因之關係，而是表示作為物自身的決定原因，這些原因不受制於時間條件。因此，就理性底因果性而言，行為能被視為一個最初的開端，但就現象底系列而言，它卻能同時被視為一個僅是從屬的開端，而且能無矛盾地在前一方面被視為自由的，而在後一方面(在這方面，它只是現象)被視為依從於自然底必然性。

就**第四種**背反而言，我們以消除第三種背反中理性之自我牴牾的類似方式來消除它。因為只要我們將**現象中的原因**與**現象底原因**(就此原因能被視為**物自身**而言)區別開來，這兩個命題就一定能同時成立，也就是說：一方面，對於感性世界，根本不會有任何原因(按照類似的因果性法則)出現，其存在是絕對必然的；另一方面，這個世界卻與一個作為其原因(但卻是另一種原因，而且依據另一種法則)的必然的存有者相連。這兩個命題之不相容完全是基於誤解，即是將僅適用於現象的事物擴展到物自身，並且在一個概念中根本混淆了這兩者。

§54

理性在將其原則應用於感性世界時，發現自己捲入了背反之中，我們如今提出並解決了這全部的背反。甚至單是前者（單是提出這些背反），對於人類理性底知識已是一項重大的功勞了——即使這種牴牾之解決藉此仍不會使在此必須與一種自然的幻相奮鬥的讀者（他過去一直把這種幻相當真，最近才發覺它是一種幻相）完全滿意。因為有一個結果的確是不可避免的，即是：只要我們把感性世界底對象當作物自身，而不當作它們之所實然，即當作純然的現象，要擺脫理性底這種自我牴牾，便是完全不可能之事；讀者因此不得不再度對我們所有的先天知識作推證，並且檢查我為這些知識所作過的推證，以便對此加以決定。我現在所要求的只有這麼多；因為只要讀者在這項工作中對純粹理性底本性思考得夠深入，他便會熟悉唯一可能使理性底牴牾得以化解的那些概念。若非如此，我甚至無法期待從最用心的讀者那裡得到完全的贊同。 348

§55

III. 神學的理念（《純粹理性批判》，頁571及其後）[17]

第三個先驗理念為理性最重要的運用提供材料，但如果這種運用僅僅思辨地去進行，便是逾分的[18]（超越的），而且正因此故，是辯證的。這個理念即是純粹理性之理想。理性在此並非像在心理學的理念與宇宙論的理念那裡一樣，從經驗出發，並且由於根據之上升而被誘使盡可能去追求這些根據底系列之絕對完整性，而是完全脫離經驗，並且僅由構成一般而言的事物底絕對完整性的東西之概念（從而憑藉一個最圓滿的原始存有者底理念）下降，以決定其他一切事物之可能性，乃至於現實性。既然如此，一個儘管不是在經驗底系列中、但卻是為了使經驗底聯結、秩序和統一性可理解而被設想的存有者之純然的預設（亦即理念），比在前面的情況中更容易與知性概念區別開來。因此，辯證的幻相在此處能輕易地指出來。這種幻相之產生，係由於我們將我們的思考底主觀條件當作事物本身底客觀條件，並且將為了滿足我們的理性而設的一項必要假設當作一個教條。因此，對於先驗神學之僭妄，我就不必再多說了，因為《純粹理性批判》在這方面所說的，不但明白易解，而且具有關鍵性。

(續)————————————

驗的理念〉一章。

18　【譯注】「逾分的」一詞底德文是 überschwenglich。在康德底用法中，此詞可與「超越的」(transzendent)一詞互換。關於此詞底涵義，可參閱 Johannes Zachhuber: " 'Überschwenglich'. Ein Begriff der Mystikersprache bei Immanuel Kant", *Archiv für Begriffsgeschichte*, Bd. 42 (2000), S. 139-154.

§56

對先驗理念的一般解說

　　藉由經驗而被提供給我們的對象在許多方面是我們所無法理解的。再者，當這些對象被帶到某個高度(但始終合乎自然法則)之際，自然法則便把我們引到許多問題上，這些問題決無法得到解決，例如：物質何以相互吸引？然而，如果我們完全離開自然，或者在自然底聯結之進程中逾越所有可能的經驗，因而深入純然的理念中，我們便不能說：我們無法理解對象，而且事物底本性向我們提出無法解決的課題。因為屆時我們所關切的，決非自然，或者一般地說，決非現有的對象，而只是完全在我們的理性中起源的概念，以及純然的思想存有者。就這些存有者而言，由它們的概念所產生的一切課題必然能夠得到解決，因為理性對於它自己的程序當然能夠且必須提出完全的說明[19]。既然心理學的、宇宙論的和神學的理念完全

349

19　因此，**普拉特納**先生在其《箴言錄》第728及729節深刻地說道：〔349〕「如果理性是一項判準，就不可能有任何概念是人類理性所無法理解的。──唯有在現實的領域當中才有不可理解性。在這裡，不可理解性是由所獲得的觀念之不充分而來。」──因此，如果我說：在自然中有許多東西是我們所無法理解的（例如繁殖能力），但是當我們上升到更高處，且甚至超出自然時，我們又可以理解一切了，這聽起來只是弔詭，但並不奇怪。因為屆時我們完全離開了我們能得到的**對象**，而且僅專意於理念，而在這裡，我們能清楚地理解理性藉理念為知性在經驗中的運用所規定的法則，因為這種法則是理性自己的產物。

是純粹的理性概念，而它們無法在任何經驗中被提供出來，所以，理性就這些理念向我們提出的問題並非由於對象，而是僅由於理性之格律，為了理性之自我滿足而被交付給我們，而且必須都能得到充分的答覆。之所以如此，也是由於我們指出：這些理念是使我們的知性底運用達到全面一致性、完整性和綜合統一性的原理，並且就此而言，僅適用於經驗（但卻是**在其整體中**）。然而，儘管經驗之絕對整體是不可能的，但唯有依一般而言的原則而形成的知識底整體之理念才能為這種知識取得一個特殊種類的統一性，亦即一個系統底統一性。若無這種統一性，我們的知識便只是片斷，而且無法為最高目的（這個目的始終只是一切目的之系統）而被使用。但我在這裡所指的，不止是實踐的目的，而是兼指理性底思辨運用之最高目的。

350

因此，先驗的理念表示理性之獨特功用，即是作為知性底運用之系統性統一底一項原則。這種統一只是用來使經驗在它自己的領域中盡可能接近完整，也就是說，不用任何無法屬於經驗的東西去限制經驗之進展。但是如果我們把這種屬於認知方式的統一看成彷彿繫屬於知識底對象，又如果我們將這種其實僅是**規制的**（regulative）統一當作**構造的**（konstitutiv），並且相信我們能靠這些理念將我們的知識擴展到遠遠超出一切可能的經驗，亦即以超越的方式擴展，這便是在判定我們的理性及

（續）————————————

　　【譯者按】普拉特納（Ernst Platner, 1744-1818）是德國哲學家兼醫學家，曾任萊比錫大學教授，著有《哲學箴言錄：附論哲學史》（*Philosophische Aphorismen nebst einigen Anleitungen zur philoso-phischen Geschichte*, 2 Bände, Leipzig, 1776/1782）。

其原理底獨特功用時的一種純然誤解，也是一方面攪亂理性之經驗運用、另一方面使理性自我分裂的一種辯證。

結語　論純粹理性之定界

§57

　　我們在前面提出了極清楚的證明之後，如果我們對於任何一個對象，除了屬於其可能經驗的東西之外，還期望認識更多，或者甚至對於任何一個我們以為並不是可能經驗底對象的事物僅要求一點點知識，以按照它自身的特性來決定它，這將是荒謬之舉。因為既然時間、空間和一切知性概念，尤其是藉經驗直觀或**知覺**在感性世界中得來的概念，除了單單使經驗成為可能之外，並無其他的用處，也無法有其他的用處，我們要用什麼辦法作這項決定呢？再者，如果我們甚至從純粹的知性概念中除去這項條件，這些概念便完全不決定任何對象，而且根本不具有任何意義。

　　但是在另一方面，如果我們完全不願承認物自身，或者要將我們的經驗冒稱為認識事物的唯一可能的方式，也就是說，將我們在空間與時間中的直觀冒稱為唯一可能的直觀，而將我們的辨解性知性冒稱為一切可能的知性之型範，因而希望經驗底可能性之原則被當作物自身之普遍條件，這將是更加荒謬之舉。

　　因此，若非有一種審慎的批判守住我們的理性甚至在其經

351

驗運用方面的界限，並且為其僭越設定界限，我們的原則本身
（它們將理性底運用完全局限於可能的經驗中）便會成為**超越**
的，並且將我們的理性之界限冒稱為事物本身底可能性之界限
——**休謨底**《**對話錄**》可充作此事底例證[20]。懷疑論原初是由
形上學及其無法紀的辯證所產生。起初它固然只是為了理性之
經驗運用而將所有逾越這種運用的東西說成是無意義且騙人
的；但是當人們逐漸察覺到這些先天原則正是他們在經驗中所
使用的原則，而這些原則於不知不覺間彷彿同樣合理地通向經
驗底範圍之外時，他們連經驗底原理都開始懷疑了。而這或許
還不算危急，因為健全的知性在此一定會維護其權利。然而，
在學問當中卻產生一種特殊的混亂，而學問無法決定我們可以
信任理性到什麼程度，以及何以只到這個程度，而非更多。但

20　【譯注】這是指休謨底《自然宗教對話錄》（*Dialogues Concerning
Natural Religion*）。此書是在休謨去世後於1779年出版。兩年後，
由許萊特爾(K.G. Schreiter)翻譯、由普拉特納(Ernst Platner)撰寫前
言的德文譯本在萊比錫出版，其全名為 *Gespräche über natürliche
Religion von David Hume. Nach der zwoten Englischen Ausgabe.
Nebst einem Gespräch über den Atheismus von Ernst Platner*。康德
本人擁有此一譯本。但在此一譯本出版以前，康德於1780年夏季
已讀過哈曼(Johann Georg Hamann, 1730-1788)未出版的譯稿。關
於康德與休謨此書之關係，參閱 Dieter-Jürgen Löwisch: "Kants
Kritik der reinen Vernunft und David Humes Dialogues concerning
Natural Religion", *Kant-Studien*, 56. Jg. (1966), S. 170-207或是其
博士論文 *Immanuel Kant und David Hume's "Dialogues Concerning
Natural Religion". Ein Versuch zur Aufhellung der Bedeutung von
Humes Spätschrift für die Philosophie Immanuel Kants, im besonderen
für die "Kritik der reinen Vernunft"*, Diss. Bonn 1963.

我們只有根據原理，正式地為我們的理性之運用決定界限，才能消除這種混亂，並且完全防止它將來再發生。

的確，我們無法在所有可能的經驗之外，為物自身之可能情狀提供任何確定的概念。但面對著對物自身的追問，我們並無自由完全不去追問它們。因為經驗決不會使理性完全滿足；它在回答這些問題時，一再使我們回到原處，並且使我們在問題之完全澄清上得不到滿足，就像每個人都能從純粹理性之辯證（正因此故，這種辯證有其良好的主觀根據）中充分地看到的情況一樣。如果我們對於我們的心靈底本性已得到關於主體的清楚意識，且已同時相信：這個主體底現象無法**以唯物論**來解釋，誰可能忍得住不去追問心靈本來是什麼，且在經驗概念不足以回答這個問題時，不單單為了這個緣故而去假定一個理性概念，即一個單純的非物質性的存有者之概念（儘管我們決無法證實其客觀實在性）？既然無論我們如何開始，每個按照經驗原理而得到的回答總是引起一個新的問題，而這個問題同樣需要回答，且因此清楚地證實一切自然的解釋方式不足以滿足理性，那麼，在關於宇宙之久暫與大小、自由或自然底必然性的一切宇宙論問題中，誰能滿足於純然的經驗知識呢？最後，在我們僅按照經驗原則而可能設想並假定的一切東西之全面的偶然性和依待性當中，誰看不出我們不可能停留在這些原理上，而且儘管有「不得沉迷於超越理念」的禁令，不感覺到自己仍然被迫在他能藉經驗證成的一切概念之外，還要在一個存有者底概念中尋求平靜和滿足呢？──這個存有者底理念自身在可能性方面固然無法被理解，但也無法被否定，因為它涉及一個純然的知性存有者；但是若沒有這個理念，理性必然永

352

遠不會滿足。

（在擴延物當中的）界限（Grenzen）始終預設一個空間，這個空間見諸某個特定的位置之外，而且包含它；限制（Schranken）則不需要這類的東西，而是純然的否定，這種否定影響到一個量度（只要這個量度不具有絕對的完整性）。但我們的理性彷彿在其週遭看到一個關於物自身底知識的空間——儘管它對於物自身決無法擁有確定的概念，而且僅被局限於現象。

只要理性底知識是同質的，我們就無法設想它有任何確定的界限。在數學與自然科學當中，人類的理性固然知道其限制，但卻不知道其界限；也就是說，它固然知道有某個在它之外的東西是它決無法達到的，但卻不知道它本身會在某處完成其內在的進程。在數學當中擴展解悟，以及不斷有新發現的可能性，是無止境的；正如藉由持續的經驗，並且藉由以理性來統一經驗，而發現新的自然特質、新的力量與法則，也是無止境的。但限制在此仍然不可撓，因為數學僅涉及**現象**，而且無法成為感性直觀底對象的東西（如形上學與道德學底概念）完全在數學底範圍之外，而數學決無法通往這些東西；但數學也決不需要這些東西。因此，數學不會逐漸進至或接近這些學問，彷彿有一個相切點或相切線。自然科學決不會為我們發現事物之內核，亦即不是現象、但卻能充作說明現象的最高依據之物；而自然科學也不需要此物來作自然的說明；甚至，縱使這類的東西從其他方面被提供給自然科學（例如非物質性的存有者之影響），自然科學也應當拒絕接受它，並且決不將它引進其說明底進程中，而是將其說明始終僅建基於作為感性底對象而屬於經驗，並且能根據經驗法則而與我們的實際知覺聯繫

起來的東西之上。

　　然而，在純粹理性之辯證性企圖（這些企圖並非任意或故意著手的，而是由理性本身之本性所驅使的）中，形上學卻將我們引到界限上；而先驗的理念——正由於我們無法迴避它們，而它們卻決無法實現——之用處不僅在於為我們實際指出純粹理性底運用之界限，而是也為我們指出決定這些界限的方式。而這也是我們的理性底這種自然稟賦之目的與用處。我們的理性生出了形上學，作為它最寵愛的孩子，而其產生如同宇宙中其他一切〔事物之〕產生一樣，無法歸諸偶然的機緣，而是得歸諸一種為了偉大的目的而被智慧地組織起來之原始根芽。因為形上學或許更甚於任何其他的學問，在基本特徵方面被自然本身置於我們的內部，而且決無法被視為一項任意選擇之產物，或是在經驗（形上學與之完全隔離）底進程中的偶然擴展。

　　理性藉由其全部概念及知性底法則——它們對於理性在經驗方面的運用，因而在感性世界之內是充分的——仍無法在此得到自我滿足；因為經由無止境的重複詰問，理性喪失了完全解答這些詰問的一切期望。以這種完全解答為目標的先驗理念便是理性底這類問題。而今理性清楚地看出：感性世界無法包含這種完全解答，因而所有那些僅用來理解感性世界的概念——空間與時間，以及我們在「純粹知性概念」之名目下所列舉的所有概念——亦然。感性世界不外是一連串依普遍法則而聯結的現象。因此，它本身並無自性；它根本不是物自身，且因而必然關聯於包含這些現象底根據的東西，即關聯於無法僅被當作現象、而是被當作物自身而認識的存有者。在對這些存有者的認識當中，理性只能期望：在從有條件者到其條件的進

354

程中，它對於完整性的要求有朝一日會得到滿足。

　　在上文(§33、34)我們已指出理性在關於純然思想物的一切知識方面的限制；但現在既然先驗的理念使我們必然要前進到這些思想物，且因此彷彿將我們引至(經驗之)充實的空間與空虛的空間(我們對它一無所知，即理體)相交之處，則我們也能決定純粹理性之界限。因為甚至在所有的界限之中都有肯定的東西(例如，面是物體空間之界限，而它本身卻是一個空間；線是一個空間，而這個空間是面底界限；點是線底界限，但畢竟是空間中的一個位置)；反之，限制僅包含否定。在我們發現了上述兩節中所指出的限制之外還有東西(儘管我們不會知道它本身是什麼)存在之後，這些限制依然是不夠的。因為現在的問題是：對於我們所認識的東西與我們所不認識、而且也決不會認識的東西之間的這種聯結，我們的理性採取什麼態度呢？這是已知的東西與一個全然未知的東西(它甚至永遠不會為人所知)之間的一種實際聯結，而且即使這個未知的東西在這種情況下不會絲毫變得更為人所知 (事實上這也無法期望)，這種聯結底概念卻必然能被決定而且被弄清楚。

　　因此，我們應當設想一個非物質性的存有者、一個知性世界與所有存有者底最高存有者(純然的理體)，一則因為只有在這些作為物自身的存有者當中，理性才得到完成與滿足，而藉由將諸現象從其同質的根據推衍出來，理性決無法期望得到這種完成與滿足，再則也因為諸現象實際上關聯於與它們不同(因而與它們完全不同質)的東西——由於諸現象始終預設一個物自身，並因此而指涉它(不論我們是否進一步認識它)。

　　但如今，既然我們決無法就它們自身可能的情狀(亦即，

355

確定地)來認識這些知性存有者(Verstandeswesen)，卻仍然必須就它們對於感性世界的關係來假定它們，並且藉由理性將它們與感性世界聯結起來，則我們至少能藉由那種表示它們對於感性世界的關係之概念來設想這種聯結。因為如果我們只是藉由純粹的知性概念來設想知性存有者，則我們實際上並未由此設想任何確定之物，且因此我們的概念並無意義；如果我們藉由從感性世界中所擷取的特性來設想它，它就不再是知性存有者，而會被視為事相之一，並且屬於感性世界。我們不妨舉一個關於最高存有者底概念的實例。

理神論的(deistisch)概念是一個完全純粹的理性概念，但是它僅表述一個包含所有實在性的事物，而無法決定任何一種實在性；因為要做到這點，我們就得從感性世界中擷取實例，而在這種情況下，我所涉及的始終只是一個感覺對象，而非某個完全不同質的東西(它決無法成為一個感覺對象)。因為譬如說，我將知性加諸此物吧！但是除了像我的知性那樣的知性——亦即，它必須藉由感覺才能得到直觀，而且致力於將諸直觀納入意識底統一之規則下——之外，我決無法擁有其他知性底概念。但是這樣一來，我的概念之成素就始終存在於現象之中；而正因為現象有所不足，我不得不超越現象，而得到一個決不依待於現象、也不將現象當作其決定之條件而與之交織在一起的存有者之概念。但如果我為了得到一種純粹的知性，而將知性與感性分開，那麼剩下來的不過只是沒有直觀的思維形式；單憑這種形式，我無法認識任何確定的東西，因而也無法認識任何對象。最後，我必須設想另一種對對象加以直觀的知性；但是對於這種知性，我並不具有絲毫的概念，因為

人類的知性是辨解的(diskursiv)，而且只能憑藉普遍的概念去
認知。即使我將一種意志加諸最高的存有者，我也會遭遇到同
樣的情形。因為我之所以擁有這個概念，僅是由於我從我的內
在經驗中將它抽取出來；但這種內在經驗底基礎卻是我的滿足
之依待於對象(我們需要其存在)，因而是感性——這與最高存
有者底純粹概念完全相牴牾。

　　休謨對理神論的批駁是軟弱無力的，而且所涉及的只不過
是理神論主張之論據，而決非其命題本身[21]。但是他對有神論
——據稱這是藉由進一步決定我們對於最高存有者的概念(它
在理神論那裡僅是先驗的)而形成的——的批駁卻是非常有力
的，而且在我們建立了這個概念之後，這些批駁在某些情況下
(事實上，是在一切通常的情況下)是無可反駁的。休謨始終堅

21　【譯注】在休謨底《自然宗教對話錄》中有三名主角：狄米亞
　　(Demea)代表正統的教會觀點，克里安提斯(Cleanthes)代表理神
　　論的觀點，斐羅(Philo)則代表懷疑論的觀點。克里安提斯為理神
　　論提出一種「設計論證」(argument from design)。這種論證是對
　　上帝底存在的一種後天論證，亦即康德在《純粹理性批判》中所
　　駁斥的「自然神學論證」(physiko-theologischer Gottesbeweis)。這
　　種論證是根據類比原則由自然秩序之規律與美來推斷一個宇宙創
　　造者(即上帝)之存在。斐羅則大力批判這種「設計論證」(見該書
　　第2-8篇)。狄米亞又為上帝底存在提出一種先天論證，其過程如
　　下：宇宙間一切事物之存在均有其原因，而整個宇宙之原因必須
　　是一個必然的存在者，此即上帝；上帝既然是一個作為必然的存
　　在者，我們便不可能假定他不存在，否則便是自相矛盾。這種論
　　證其實即是康德在《純粹理性批判》中所駁斥的「存有論論證」
　　(ontologischer Gottesbeweis)。克里安提斯與斐羅都反對這種論證
　　(見該書第9篇)。

持：單憑一個原始存有者底概念——我們只能將存有論的謂詞（永恆、遍在、全能）加諸它——，我們實際上決無法設想任何確定之物，而是必須加上可以具體地提供一個概念的那些性質。光說它是原因，是不夠的；而是要說：它的因果性具有什麼特質（比如說，藉由理智與意志）。休謨對於這個問題本身（即對有神論）的攻擊就是從這裡開始；他先前僅襲擊了理神論底論據，而這種襲擊卻不會造成特別的危險。其危險的論證都是針對擬人論（Anthropomorphismus）而發。他認為：擬人論與有神論分不開，而且使它自相矛盾。但如果我們去除了擬人論，有神論也隨之而垮掉，而剩下來的不過是一種理神論——從理神論，我們無法做出任何事情，它對我們沒有任何用處，而且決無法充當宗教與道德之基礎。如果擬人論的確無法避免的話，則無論關於一個最高存有者底存在的證明為何，而且所有的證明都得到同意，我們決無法決定這個存有者底概念，而不會使自己陷於矛盾之中。

　　如果我們將「避免讓純粹理性下任何先驗的判斷」這項禁令與表面看來與它相牴牾的「超越至位於內在（經驗）運用底範圍之外的概念」之命令聯繫起來，我們就領悟到：這兩者能夠並存，但只是恰好在理性被容許的一切運用之**界限**內。因為此一界限不但屬於經驗底領域，也屬於思維物底領域；而且我們同時會因此而明白：那些如此奇特的理念如何僅用來為人類的理性定界，也就是說，一方面不要無限制地擴展經驗知識，以致除了這個宇宙之外，決無任何其他的東西留下來讓我們去認識，但在另一方面，也不要逾越經驗底界限，而想對在此界限之外作為物自身的事物下判斷。

357

但如果我們將我們的判斷僅局限於宇宙對於一個存有者
——其概念本身超乎我們在宇宙之內所能擁有的一切知識之外
——可能具有的關係，我們就停在這個界限上。因為在這種情
況下，我們並未將任何我們藉以設想經驗對象的特性**本身**加諸
最高存有者，並且藉此避免了**獨斷的**擬人論；但我們還是將這
些特性歸諸這個最高存有者對於宇宙的關係，並且可以有一種
象徵的擬人論——事實上，這種擬人論僅涉及語言，而非涉及
對象本身。

如果我說：我不得不將宇宙看成**彷彿**是一個最高的理智與
意志之作品，則我實際上所說的不過就是：感性世界（或者說，
構成現象底總合之基礎的一切事物）對於未知的事物之關係，
如同一個鐘錶、一艘船、一支軍隊對於技匠、建築師、司令的
關係一樣。因此，藉由這種關係，我們固然不認識此物之本來
面目，但卻認識它呈現於我的樣子，也就是說，就它關聯於我
置身其中的宇宙而認識它。

§ 58

這樣一種知識是**根據類比**而來的知識；它決非如我們通常
對於「類比」一詞的理解那樣，意指兩個事物間之一種不完全
的類似性，而是意指截然不相似的事物間之兩種關係底一種完
全的類似性[22]。藉由這種類比而留下來的是一種**對我們而言**已

358

---

22 人類行為底法權關係與運動力底機械關係間的類比便是如此：我
決無法對另一個人做一件事，而不賦予他在同樣的條件下對我做

充分確定的「最高存有者」底概念——儘管我們已取消了一切
能夠絕對地且**本然地**(an sich selbst)**決定**這個概念的東西——；
因為我們是關聯著宇宙、且因而關聯著我們自己來決定這個概
念，此外我們別無所需。**休謨**攻擊那些想要從他們自己及宇宙
擷取材料，以期絕對地決定這個概念的人，而這種攻擊與我們
無關；他也不能指摘我們說：當我們從「最高存有者」底概念
剝除了客觀的擬人論之後，就一無所剩了。

因為只要我們一開始(如同**休謨**在其《對話》中以斐羅這
個人物來反對克里安提斯那樣)就同意將原始存有者底**理神論**
概念當作一項必要的假設，而在這個概念中，我們藉由實體、
原因等純屬存有論的謂詞來設想原始存有者——**我們必得這
麼做**，因為理性在感性世界中純然為諸條件所驅迫，而這些條
件始終又是有條件的，若非如此，理性決不會得到滿足；再者，
我們也有理由可以這麼做，而不致陷於擬人論(擬人論是將來
自感性世界的謂詞轉移到一個與這個世界完全不同的存有者

(續)————————————————

同樣事情之權利；正如沒有任何物體能以其運動力作用於另一個
物體，而不會因此致使這另一個物體以同樣的程度對它施以反作
用。在這種情況下，法權與運動力是完全不相似的東西，但在它 〔358〕
們的關係中卻有完全的類似性。因此，藉由這樣一種類比，我能
為我絕對無所知的事物提供一個「關係」概念。例如，對子女幸
福的促進($=a$)之於父母之愛($=b$)，一如人類底福祉($=c$)之於在上
帝當中我們無所知、而以愛名之的東西($=x$)；這並非好像這個東
西與人類底任何愛好間有絲毫的類似性，而是因為我們能將這個
東西對於宇宙的關係設定為類乎宇宙中的事物彼此間的關係。但
在這種情況下，「關係」概念僅是一個範疇，即是與感性無關的
「原因」概念。

之上，而那些謂詞純為範疇，而這些範疇固然不提供任何確定
的概念，但正因如此，也不提供任何局限於感性底條件之內的
概念）──，那麼就不會有任何東西阻礙我們將一種**來自理性**
而關乎這個宇宙的**因果性**繫屬於這樣一個存有者，且因此跨越
到有神論，而不致被迫將這種理性加諸這個存有者本身，作為
一種附屬於它的特性。因為就**第一種情況**[23]而言，若要驅使理

359　性對於感性世界中一切可能的經驗之運用普遍地達到最高程
度的自我協調，其唯一可能的辦法是甚至再假定一種理性，作
為宇宙中的一切聯結之原因；這樣一種原則對於理性必然是完
全有利的，而在理性運用於自然時，決不會對它有所損害。但
在第二種情況下[24]，理性並未因此被當作特性而轉移到原始存
有者自身之上，而只是被轉移**到**原始存有者對於感性世界的**關
係**之上，且因此擬人論完全得以避免。因為在此所考察的僅是
在宇宙中隨處見到的理性形式之**原因**，而且理性固然被加諸最
高存有者（就它包含宇宙底這種理性形式之根據而言），但僅是
根據類比──也就是說，此詞僅表示我們所不知的最高原因對
於宇宙之關係，以期在最高的程度上合乎理性地決定其中的一
切。而藉此可防止我們利用理性底特性去設想上帝，而非藉由
這種特性去設想宇宙──其必要性係為了針對宇宙，根據一項
原則而對理性作最大可能的運用。因此，我們承認：對我們而
言，最高存有者之本然狀態是全然無可究詰的，且甚至無法**以
確定的方式**去設想。再者，這阻止我們將我們對於作為一種致

23　【譯注】指「我們必得這麼做」的情況。

24　【譯注】指「我們也有理由可以這麼做」的情況。

動因的理性（藉由意志）所具有之概念作任何先驗的運用，以期藉由那些始終只是從人性中擷取的特性去決定神性的本性，而且迷失於粗糙或狂熱的概念之中；而另一方面也阻止我們根據我們轉移到上帝身上的「人性」概念，以超自然的解釋方式去淹沒我們對宇宙的考察，而且使之偏離其真正的本分──依其本分，這種考察應當是藉由理性對於純然的自然之研究，而非狂妄地從一種最高的理性推衍出自然底現象。適合於我們的脆弱概念之說法將是：我們將宇宙設想為它在其存在及內在分命方面**彷彿**是起源於一個最高理性──藉此方式，我們一則認識屬於它（宇宙）本身的特質，而不自命要決定其原因自身之特質，再則在另一方面將這種特質（宇宙中的理性形式）之根據置於最高原因對於宇宙的**關係**之中，而不認為宇宙對此而言是自足的[25]。 360

　　以這種方式，表面上看來有礙於有神論的那些困難消失了，而這是藉由我們將**休謨**底原理「不要獨斷地驅使理性底運用越過一切可能的經驗之領域」與**他**完全忽略的另一項原則「不要將可能的經驗之領域視為在我們的理性底眼中自我設限的東西」相結合。在此，理性底批判標示出在**休謨**所反對的獨斷論

25　我會說：最高原因底因果性之於宇宙，正如人類理性之於其藝術　〔360〕
　　品。在此，我依然不知最高原因本身之本性；我只是將其為我所
　　知的結果（宇宙底秩序）及其對理性的符合與人類理性之為我所知
　　的結果相比較，且因而將最高原因稱為一種理性，而不因此將我
　　在人類身上以此詞所意指的同樣東西或是我所知的其他東西歸諸
　　這個最高原因，作為其特性。

與他所要採納的懷疑論之間的真正中道；而這種中道並非如其他的中道——人們建議彷彿機械地（從一邊取一些，從另一邊又取一些）為自己決定這些中道，而且無人由此得到更多的教益——一樣，而是人們能根據原則精確地決定的一種中道[26]。

<h2 style="text-align:center">§ 59</h2>

在這個解說底開頭，我利用了**界限**（Grenze）之比喻，來確定理性在其適當運用方面的限制。感性世界僅包含現象，而現象卻不是物自身；因此，知性必須假定後者（理體），正是因為它將經驗底對象認知為純然的現象。這兩者一起被包含於我們的理性當中，而問題是：理性如何就這兩個領域為知性設限呢？經驗——它包含一切屬於感性世界之物——不為自己設限；它始終只是從每個有條件者達到另一個有條件者。該為經驗設限的東西必然完全在它之外，而這就是純粹的知性存有者之領域。但只要事涉對於這些知性存有者底本性的**規定**，這個領域對我們而言便是一個虛空的空間；而且就此而言，如果事涉以獨斷的方式規定的概念，我們便無法踰越可能的經驗之領域。但既然一個界限本身是積極之物，而此物既屬於在它之內的東西，亦屬於在一個既定的總合之外的空間，則這的確是一

361

26　【譯注】這段話顯然是要回應〈哥廷根評論〉中的一段批評：「〔……〕對我們而言，作者似乎並未選擇在無節制的懷疑論與獨斷論之間的中道，亦即縱非完全滿意、但卻放心地回歸最自然的思考方式之真正中道。」（見本書，頁186）

種現實的積極的知識──理性唯有擴展到這個界限，才能分享
這種知識；但是理性不試圖逾越這個界限，因為它在那裡發現
自己面對一個虛空的空間──理性在其中固然能為事物設想
形式，但卻無法設想事物本身。但是藉由理性一向所不知的東
西為經驗領域**設限**，的確是一種在這個觀點之下仍然為理性保
留下來的知識；這樣一來，理性便不封限於感性世界之內，也
不馳遊於其外，而是以適合於一種關於界限的知識之方式，僅
自局限於在此界限以外的東西與包含於其內的東西之關係上。

　　自然神學便是這樣一個位居人類理性底界限上的概念，因
為人類理性被迫遠眺至一個最高存有者底理念(而且在實踐方
面甚至達到一個智思世界底理念)，而這並非為了對這個純然
的知性存有者、因而在感性世界之外有所規定，而只是為了根
據最大可能的(不但是理論的，也是實踐的)統一性之原則去引
導它自己在感性世界之內的運用，並且為此目的而利用感性世
界對於一個自主的理性(作為這一切聯結底原因)之關係；但決
非僅是藉此**虛構**一個存有者，而是──既然在感性世界之外必
然可發現唯有純粹知性設想的某物──僅以這樣的方式去**規
定**此物(儘管當然只是按照類比)。

　　以這樣的方式，我們上述的命題──這是整個批判之結論
──依然成立，此即：「理性藉由其全部先天原則所告訴我們
的，決不絲毫多過可能的經驗之對象；而對於這些對象，它所
告訴我們的，也不多過我們在經驗中所能認識的。」然而這項
限制無礙於理性將我們引至經驗底客觀**界限**上，亦即引至對於
某個本身並非經驗底對象、但卻必然是所有經驗底最高根據之
物的**關係**上──但關於此物本身，理性並未告訴我們什麼，而

362 只是就它自己以最高目的為依歸的全面運用，在可能的經驗之領域中告訴我們一些事情。但這也是我們在此能以理性的方式甚至僅是期望的所有好處，而且我們有理由對此感到滿足。

§ 60

於是我們便按照形上學**在人類理性底自然稟賦中**的實際狀況，更確切地說，在構成其探討底根本目的的事物方面，就形上學底主觀可能性對它作了詳細的闡述。然而我們卻發現：若無對理性的訓練（這只有藉由學術的批判才有可能）來約束我們的理性，並對它設限，則對於我們的理性底這樣一種稟賦之此種**純自然的**運用會使它陷入踰越的**辯證性**推理之中，而這些辯證性推理部分只是表面的，部分甚至是相互衝突的；再者，對於自然知識之促進而言，這種詭辯的形上學是多餘的，甚或是對它不利的。既然如此，總是還有一項值得探究的課題，即是去找出我們的本性中對於超越概念的這種稟賦可能指向之**自然目的**，因為一切在自然之中的事物原初都必定是著眼於某個有利的目標。

事實上，這樣一種探討是棘手的；我甚至承認：如同對於所有涉及自然底首要目的之事物一樣，我對此所能說的只是臆想而已。即使在這種情況下，我也可能被允許這麼做，只是由於問題並非涉及形上學判斷之客觀有效性，而是涉及對於這些判斷的自然稟賦，且因此是在形上學底系統之外，而在人類學之中。

當我總括一切先驗的理念——其總合是自然的純粹理性

之真正課題，而這項課題迫使純粹理性離開純然的自然考察，
而踰越一切可能的經驗，並且在這種努力之中使名為形上學的
東西（不論是知識還是詭辯）實現──之際，我自認為發現：這
些自然稟賦之目標在於使我們的概念擺脫經驗之桎梏與純然
的自然考察之限制，從而使它至少見到一個領域在眼前開啟，
而這個領域僅包含純粹知性底對象（這些對象非感性所能企
及）；而這並不是為了以思辨的方式探討這些對象（因為我們找
不到任何可以立足之地），而是為了探討實踐原則──它們若 363
是見不到這樣一個為其必然的期待與期望所保留之空間，就無
法擴展到普遍性，而理性在道德方面絕對需要普遍性[27]。

於此我發現：無論我藉由**心理學的**理念，對於人類心靈之
純粹的且超乎一切經驗概念的本性理解得多麼少，這個理念至
少夠清楚地顯示經驗概念之不足，而且藉此使我離開唯物論
（作為一種不適於說明自然、而且在實踐方面還使理性窄化的
心理學概念）。同樣地，藉由顯示一切可能的自然知識不足以
在其合法的探詢中滿足理性，**宇宙論的**理念有助於使我們拒絕
自然主義（它想將自然說成自足的）。最後，由於感性世界中的
一切自然必然性總是預設事物對於其他事物之依待，而無條件
的必然性必須僅在一個與感性世界不同的原因之統一性中去
尋求，但若這個原因又僅是自然，其因果性決無法使人理解作

27　【譯注】「而是為了探討實踐原則……絕對需要普遍性」這句話之
　　原文句法不完整，顯然有缺誤。各版本之編者對此作了不同的修訂。
　　譯者採取 Georg Kullmann 之建議，將 damit praktische Prinzipien 改
　　為 mit praktischen Prinzipien，因為其修改之幅度最小。

為其結果的偶然之物底存在，則這種自然底必然性始終是有條件的。既然如此，理性便藉由**神學的**理念擺脫命定論（無論是在無第一原則的自然本身之關聯中，還是在這個原則本身之因果性中的一種盲目的自然必然性），並且導向一個「出於自由的原因」之概念，因而導向一個「最高智性體」（die oberste intelligenz）之概念。因此，先驗的理念即使無助於從正面教導我們，卻有助於消除**唯物論**、**自然主義**與**命定論**之狂妄的且將理性底領域窄化的主張，並藉此在思辨底領域之外為道德的理念爭取一席之地；而且依我看來，這便在某種程度上說明了上述的自然稟賦。

　　一門純然思辨的學問可能具有的實踐上的好處係在這門學問底界限之外，故只能被視為一個附注，並且像所有的附注一樣，不屬於這門學問，作為其一部分。但這層關係至少還是在哲學底界限之內，尤其是在那種取源於純粹理性底泉源的哲學底界限之內——在這裡，理性在形上學中的思辨運用必定要與它在道德學中的實踐運用統一起來。因此，純粹理性在一種被視為自然稟賦的形上學中無法避免的辯證，應當不僅被解作一種有待解決的幻相，而是（如果我們做得到的話）也根據其目的被解作**自然機制**（Naturanstalt）——儘管這項分外的工作按理不可期待於依本義而言的形上學。

　　對於在《純粹理性批判》中從第642頁討論到第668頁[28]的問題之解答必須被視為第二個、但與形上學底內容更具親緣性

364

28　【譯注】這是該書第一版之頁碼，即是指〈先驗辯證論之附錄：論純粹理性底理念之規制性運用〉一節。

的附注。因為我在那裡闡述了若干理性原則，它們先天地決定
自然秩序，或者不如說，決定理當藉由經驗去尋求自然秩序底
法則之知性。這些理性原則對於經驗而言，似乎是構造的與立
法的，而它們卻起源於純然的理性——理性不可像知性一樣，
被視為可能的經驗之原則。這種協調是否基於以下的事實：如
同自然本身並非繫屬於現象或是其來源（感性），而是僅見諸感
性對於知性的關係之中一樣，知性為了（在一個系統中）得到一
種整體的可能經驗，只能關聯著理性而擁有它的這種運用之全
面統一性，因而經驗也間接受制於理性之立法？對於這個問
題，那些也想於理性在其形上學中的運用之外，甚至在將一般
而言的自然史系統化的普遍原則之中探尋理性底本性的人，可
能會繼續考慮；因為我在該書本身中固然指出了這項課題之重
要，但卻未試圖解決它[29]。

　　於是，對於我自己提出的主要問題——一般而言的形上學　365
如何可能？——，我藉由從形上學底運用在實際上（至少在結
果之中）業已存在之處出發，上升到其可能性之根據，而完成
了分析性的解答。

29　貫穿《純粹理性批判》的是我持久不變的決心，即不忽略任何能　〔364〕
　　使關於純粹理性底本性的探究臻於完整的東西（不論它隱藏得多
　　麼深）。此後，每個人要將其探討推進到多遠，就視其意願而定了
　　（只要我們向他指出還有什麼探討可以去做）；因為我們有理由以
　　此期待於一種人，即他以通盤考量這整個領域為己任，以期此後
　　讓他人去從事未來的擴建與隨意的分配。這兩個附注亦屬於此類
　　——由於它們的枯燥，它們很難迎合業餘愛好者，且因此只可為
　　行家而提出。

本《序論》底普遍問題「作為學問的形上學如何可能？」之解答

　　作為理性底自然稟賦的形上學是實際存在的，但是單就它自身而言，它也是（如對於第三項主要問題的分析性解答所證明）辯證的與欺騙的。因此，想要從這種形上學取得原理，並且在原理之運用中追隨固然是自然的、但卻依然是虛假的幻相，這決無法產生學問，而是只能產生虛幻的辯證術——在此，一個學派能勝過另一個學派，但是沒有一個學派能在任何時候贏得一種合法的且持久的贊同。

　　而今為了使作為學問的形上學能要求解悟與信服，而不僅是欺騙性的說服，對理性本身的一種批判就得闡述先天概念之全部庫存、根據不同的來源（感性、知性、理性）對這些概念所作之畫分，還有這些概念之完整表列，以及對所有這些概念連同由此所能推論出的一切東西之分析；而接著特別藉由對這些概念的推證闡述先天綜合知識之可能性，並闡述其運用之原理，最後也闡述這種運用之界限——而這一切都是在一個完整

的系統中進行。因此，批判，而且也唯有批判才包含經過充分檢查與考驗的整個方案，甚至一切實施手段，使作為學問的形上學得以成立；藉由其他的途徑與手段，這種形上學是不可能的。因此，這裡的問題並不是：這項工作是否可能？而只是：這要如何進行，並且打動有識之士，使他們從過去顛倒而徒勞無功的探討轉向一種確實可靠的探討？以及這樣一種聯合如何能以最恰當的方式被導向一個共同的目的？

366　　　可以確定的是：誰一旦體驗到批判之滋味，就會終身厭惡一切獨斷的廢話。他先前在情急之下滿足於這種廢話，因為他的理性需要某樣東西來維持，而無法找到更好的東西。批判之於通常的學院形上學，正如**化學**之於**煉金術**，或是如**天文學**之於預言的**占星術**。我保證：任何人即使僅在本書中徹底思考並且領會了批判底原理之後，決不會再回到那種陳舊的與詭辯的假學問；反倒是他會以某種喜悅的心情期望一種形上學——這種形上學如今的確為其能力所及，也不再需要預備性的發現，而且能首度為理性帶來持久的滿足。因為這是在所有可能的學問中惟有形上學能信賴的一項優勢，此即：既然它不容有進一步的改變，也無法藉由新的發現而有所增長，則它能夠被完成，並且進入穩定的狀態。因為在這裡，理性底知識並非源自諸對象及對它們的直觀（藉由直觀，理性無法被教以更多的東西），而是源自其自身；而且當理性完整地且針對一切誤解確定地闡明了其能力底基本法則之後，就沒有留下任何東西，可以讓純粹理性先天地去認識，甚至只是有理由去追問它。即使我們撇開所有的好處（以後我還會談到這點）不談，對於一種如此確定且完整的知識之可靠期望便帶有一種特殊的吸引力。

　　一切虛假的技藝、一切虛浮的智慧均有其年限；因為它們終將毀滅自己，而其最高的發展也就是其沒落之時刻。就形上學而言，這個時刻業已來臨，這證諸它在一切有知識的民族當中所陷入的情況（儘管有通常賴以探討各種學問的熱情）。大學中的舊研究機構還保有形上學底影子。唯一的一家學術院仍不時藉由懸賞來推動這方面的各種嘗試 [1]；但是形上學不再被人歸入嚴格的學問之列，而且我們自己就可以判斷：當我們要將譬如一個有才智的人稱為一位偉大的形上學家時，他會如何接受這種善意的、但幾乎不為任何人所羨慕的恭維。

　　但儘管所有獨斷的形上學崩塌之時無疑已來臨了，但若要能說：形上學在另一方面藉由一種對理性之徹底而周全的批判而重生之時已出現了，則還為時過早。從一種愛好到與它相反的愛好之所有過渡都會經過冷漠底狀態，而這個時刻對一位作者來說，是最危險的時刻，但是在我看來，對這門學問來說，卻是最有利的時刻。因為當先前的結合完全瓦解而致黨派思想消失之際，心靈便處於最佳的狀態，而逐漸傾聽按照其他方案去結合的建議。

　　當我說：我期望本書或許會鼓舞在批判領域中的探究，並且為哲學底普遍精神（這種精神在思辨的部分似乎欠缺滋養）

367

1　【譯注】這是指位於柏林的普魯士學術院。參閱 Cornelia Busch-
　　mann: "Die philosophischen Preisfragen und Preisschriften der Ber-
　　liner Akademie der Wissenschaften im 18. Jahrhundert", in: Wolf-
　　gang Förster (Hg.), *Aufklärung in Berlin* (Berlin: Akademie-Verlag,
　　1989), S. 165-228.

提供一種嶄新的且極可期望的維生物之時，我事先就能想像：
每個對我在《批判》中為他指引的艱苦之路感到不滿與厭煩的
人都會問我，我憑什麼抱此期望。我回答說：**憑不可抗拒的必
然性法則**。

我們不可期望人類底精神終將完全放棄形上學的探討，正
如我們不可期望我們為了不要老是吸入不純淨的空氣，而寧願
終將完全停止呼吸。因此，在世界上永遠都會有形上學，並且
不僅如此，每個人（特別是好思考的人）都會有形上學，而在欠
缺一種公共的準繩時，每個人都會以他自己的方式為自己裁製
形上學。迄今已稱為形上學的東西並無法滿足任何精審之士；
但完全放棄形上學也是不可能的。因此，我們終究得**嘗試**一種
對於純粹理性本身的批判，或者若是這種批判已存在的話，**探
討**它並對它進行普遍的檢驗，因為捨此之外別無他法去滿足這
種迫切的需求（它超過了純然的求知欲）。

自從我懂得批判以來，我在通讀完一部具有形上學內容的
著作——藉由對形上學概念的規定、多樣性與秩序，以及一種
淺白易懂的表述，它不但興發、也陶冶了我——之餘，我不禁
368　會問：**這位作者真的將形上學推進了一步嗎**？我請求那些飽學
之士——他們的著作在其他方面對我有用處，而且始終有助於
陶冶心靈能力——原諒，因為我承認：無論在他們的嘗試當
中，還是在我更無分量的嘗試（但我的自尊心卻偏袒這些嘗試）
當中，我都無法發現這門學問因此而有絲毫的推進。而這固然
不是出於完全自然的原因，因為這門學問尚未存在，而且也無
法一塊塊地拼湊起來，而是其根芽必然早已完全孕育於批判之
中。然而為了防止一切誤解，我們可得回想前面所說：以分析

的方式討論我們的概念固然對知性的確大有好處，但這卻無法
絲毫推進這門學問（形上學），因為上述對於概念的分析僅是首
先用以建構學問的材料。因此，我們儘可將「實體」與「附質」
底概念分析並規定得極為巧妙；就其作為對於任何未來的運用
之準備而言，這是絕佳之事。但我決無法證明：在所有存在的
事物當中，實體常住，而唯有附質更迭；故上述的一切分析並
未絲毫推進這門學問。而無論是這項定律，還是充足理由律，
遑論任何一項更複雜的定律（例如，一項屬於心靈學或宇宙論
的定律），形上學迄今均無法先天有效地加以證明，而且根本
無法先天有效地證明任何綜合命題。因此，上述的一切分析均
無所成就，無所創獲，亦無所促進，而這門學問在歷經了如此
多的紛擾之後，依然停留於它在**亞里斯多德**時代的狀態——儘
管只要我們先發現通往綜合知識的導線，為此所作的安排無疑
會比過去好得多。

　　如果有人自認為因此而被冒犯的話，則只要他願意舉出一
個屬於形上學、而他情願以獨斷的方式先天地證明的綜合命
題，他就能輕易地使這項指控落空；因為只要他這麼做，我就
會承認他實際上推進了這門學問——即使這個命題在其他場
合已由通常的經驗得到充分的證實。這項要求是最溫和、最合
理不過的，而且如果做不到這點（這是確實無疑的），則最公正
的說法莫過於說：迄今為止，作為學問的形上學根本尚未存在。　369

　　如果這項挑戰被接受的話，我無法容許的只有兩件事：第
一是**或然性**與臆測之把戲，這對於形上學與幾何學都同樣不適
合；第二是憑藉所謂「**健全的人類知性**」這根魔杖來作決斷，
而這根魔杖並非適用於每個人，而是隨個人的特質而轉移。

　　因為**就第一點而言**，我們所能見到的荒謬之事莫過於想在一門形上學（一門出自純粹理性的哲學）中將其判斷建立在或然性與臆測之上。凡是據稱先天地被認識的東西，均因同樣的理由而被說成確然無疑的，且因此必須也如此被證明。我們同樣會想將一門幾何學或算術建立在臆測之上；因為就算術底概率計算（calculus probabilium）而言，它所包含的並非或然的判斷，而是關於在同類的既定條件下某些情況底可能性之程度的完全確切的判斷，而在所有可能的情況之總合中，這些判斷必定毫無差錯地合乎規則──儘管對每個個別的偶然事件來說，這項規則並非充分確定的。唯有在經驗的自然科學中，臆測（借助於歸納與類比）才能被容忍，但至少我所假定的事物之可能性必須是完全確定的。

　　若是論及概念與原理──並非就它們在經驗方面應當有效而言，而是就它們在經驗底條件之外也要被說成有效力而言──，則**訴諸健全的人類知性**可能會使事情變得更糟。因為**健全的知性**是什麼呢？它就是**通常的知性**（就它正確地下判斷而言）。而通常的知性是什麼呢？它是認知與具體地運用規則的能力，而有別於**思辨的知性**──它是抽象地認知規則的能力。故通常的知性幾乎無法了解「一切發生之事係藉由其原因而被決定」這項規則，而且決無法如此普遍地理解它。因此，它要求一個來自經驗的例證，而且當它聽說：這無非意謂「每當它
370　見到一片窗戶玻璃被打破或是一件家用器具消失時，它所想到的東西」之際，它就理解這項原理，而且也承認它。因此，除非通常的知性能見到其規則（儘管這些規則實際上是它先天地所具有的）在經驗中得到證實，否則它沒有其他的運用；是故，

先天地且無待於經驗地理解這些規則，是思辨的知性之事，而且完全在通常的知性底視野之外。但是形上學確實僅與後一種知識有關；而且訴諸那個在此完全無所判斷的證人——除非我們身陷困境，而且在我們的思辨中得不到建議與協助，否則我們一定會鄙視他——，的確是健全的知性之一項惡兆。

　　通常的人類知性底這些假朋友（他們偶而推崇它，但平常卻鄙視它）通常慣用的一項託辭是說：最後總得有若干命題是直接確切的，而且我們不但不需要為它們提供證明，也根本不需要為它們提供說明，因為否則我們在探求自己的判斷之理由時決不會有止境。但是為了證明這種權限，他們所能（除了矛盾律之外，但矛盾律不足以證實綜合判斷之真實性）舉出的無可置疑之物——他們可直接將之歸諸通常的人類知性——斷不外乎數學命題，例如：「二乘二等於四」、「兩點之間只有一條直線」等；但這些命題與形上學命題之間卻有天壤之別。因為在數學中，我能憑藉我的思想自行製作（建構）一切我藉由一個概念設想為可能的東西；我將一個「二」漸次加到另一個「二」之上，而自行製作「四」這個數，或是在思想中從一點到另一點畫各種各樣的線，而且只能畫一條在其所有部分（不論相等還是不相等）均類似的線。但是憑我的全部思考力，我也無法從一個事物底概念得出另一物——其存在必然與前一物相聯結——底概念，而是必須求教於經驗。再者，儘管我的知性先天地（但始終僅關聯於可能的經驗）提供這樣一種聯結（因果性）底概念，但我卻無法像對數學底概念一樣，在直觀中先天地闡明這個概念，且因此先天地說明其可能性，而是如果這個概念應當是先天有效的（誠如在形上學中所要求的），則它連同其應

371

用底原理始終需要一種對其可能性的證成與推證（Deduktion），因為否則我們就不知道：它在多大的程度上有效？以及它是否只能在經驗中，還是也在經驗之外被使用？因此，在作為純粹理性底一門思辨學問的形上學之中，我們決無法訴諸通常的人類知性；但如果我們被迫離開形上學，而且放棄一切純粹思辨知識（它始終必須是一種知識），因而也放棄形上學本身及其教益（在某些事務上），並且唯有一種理性的信仰被認為對我們而言是可能的，也足以滿足我們的需求（或許甚至比知識本身更有益），則我們或許可以這麼做。因為這樣一來，事情底態勢便完全改觀了。形上學必須是學問，不僅就整體而言，也就其所有部分而言；否則它什麼都不是。因為就它為純粹理性之思辨而言，除了在普遍的解悟之中，它無處立足。但是在形上學之外，或然性與健全的人類知性或許有其有利的與合法的運用，但卻是按照完全獨特的原理──這些原理底重要性總是繫乎對於實踐事物的關係。

　　就是這點使我相信自己有權去要求一門作為學問的形上學之可能性。

附篇

論為使形上學實際成為學問而能做的事

　　既然我們迄今所採行的一切途徑均未能達到這項目的，而且若非先對純粹理性進行批判，也決無法達到這樣一項目的，則要求對於如今擺在眼前的有關這方面的嘗試進行一種詳細而謹慎的檢查，似乎並非不合理，除非我們認為：寧可全然放棄對形上學的一切要求，是更為恰當的——在這種情況下，只要我們打定主意，這就沒什麼可以反對了。如果我們對事物底 372 進程按照它實際進行的方式、而非按照它應當進行的方式去看待，就會有兩種判斷：一種是**先於探討而作的判斷**，而在我們的情況下，當讀者從他的形上學對純粹理性底批判（它首先當探討形上學底可能性）下一判斷時，其判斷即屬此類；另一種是**在探討之後而作的判斷**，而讀者能暫時撇開從批判性探討所得出的結論（它們可能嚴重違背他過去所接受的形上學），並且首先檢查這些結論可能據以被推衍出來的理由。如果通常的形上學所闡述者是確切無疑的（就像幾何學那樣），那麼第一種判

斷方式就適用；因為如果某些原理之結論與確切的真理相牴牾，這些原理便是錯誤的，而且無待進一步的探討就可摒棄。但如果情況不是如此的話，亦即形上學擁有一批確切無疑的（綜合）命題，而且或許甚至其中許多原理與它們之中最好的原理似乎同樣有道理，但在其結論中卻是自相牴牾，而在形上學中根本找不到真正的形上學（綜合）命題底真實性之可靠判準，那麼事前的判斷方式就無法成立，而是對批判底原理的探討必須先於一切關於它們有無價值的判斷。

在探討《批判》之前就對它作評斷的樣例

這類的判斷見於《哥廷根學報》附刊第3號，1782年1月19日，頁40及其後。

如果一位對其作品底對象極為了解、並且在撰寫該作品時努力貫徹自己的思考之作者落入一位評論者之手中，而這位評論者本身有足夠的洞察力可看出真正決定這部著作有無價值的要素，不拘泥於字面，而是深究問題，而且僅 [1]疏理並檢查作者據以出發的原則，則評斷之嚴屬固然可能會使作者不快，讀者對此卻無所謂，因為他在此有所獲；而作者本身可能會感到滿意，因為他獲得機會去修訂或闡明其及早得到行家檢查的論文，並且以這樣的方式——如果他認為自己根本沒錯的話——及時清除以後可能會對其著作不利的絆腳石。

373

1　【譯注】原作「不僅」(nicht blos)，此處依 Paul Natorp 與 Karl Vorländer 之建議修改。

　　我與我的評論者處於完全不同的情況中。他似乎根本不了解在我所從事（無論成敗）的探討中真正的問題之所在。無論是對於透徹思考一部長篇著作之不耐，還是由於一門他認為早已得到全面澄清的學問面臨改革而產生之惡劣心情，抑或——我不願作此猜測——一種實際上有局限的理解力要為此負責，使他從未能在思想上超越其學院形上學；簡言之，他猛然瀏覽一長串的命題——我們若不知這些命題之前提，就根本無法思考任何東西——，偶而發出他的指摘，而讀者不知道其理由，一如他不了解這種指摘所要針對的命題，且因此，他既無法為讀者提供訊息，也無法在行家底判斷中對我造成絲毫損害。因此，若非這種評斷給我機會去作若干闡釋，而這些闡釋能使本書底讀者在若干情況下免於誤解，我完全不會理會它。

　　但是評論者為了抓住一個觀點，使他可以毋需費心從事任何特別的探討，就根據這項觀點以一種對作者不利的方式極其輕易地介紹全書，他以下面的說法開始並結束其評論：「本書是一套超越的 [2]（或者按照他的解讀，高級的）[3] 觀念論之系

2　【譯注】〈哥廷根評論〉中此詞原作 transcendentellen，但康德在此引作 transcendenten。

3　決非**高級**！高塔及那些與之類似的形上學中之偉大人物——兩者通常都很招風——都與我無關。我的位置是肥沃的經驗**低地**，而且「先驗的」（transcendental）一詞——其意義我曾多方提示，卻從未被評論者所把握（他如此倉促地看過一切）——並非意謂某個超出一切經驗的東西，而是意謂雖然先於經驗（先天的）、但卻只是旨在使經驗知識成為可能的東西。如果這些概念踰越經驗，其運用便稱為超越的（transcendent），而這有別於內在的（亦即，局

統。」

374　　　一看到這幾行文字，我立刻知道這裡會出現什麼樣的評論。這約略像是一個對幾何學從無所見所聞的人發現一部**歐幾里德**底著作，而被要求對它下判斷；他在翻閱時偶然見到許多圖形之後，或許會說：「此書是關於繪畫之一種有系統的指示；作者使用一種特殊的語言，以提出晦澀難解的規定，而這些規定最終所能達成的，不過是每個人憑一種良好的自然目測就能完成之事」云云。

　　　然而讓我們看看，貫穿我的整部著作的究竟是怎樣的一種觀念論（儘管它絕對還不是這個系統之靈魂）。

　　　從伊里亞學派 [4] 起，直到**柏克萊**主教，所有真正的觀念論者之定律均包含於以下的程式中：「凡是藉由感覺與經驗而得到的知識均無非是純然的幻相，而且唯有在純粹的知性與理性之觀念中才是真理。」

　　　反之，一貫地支配且決定我的觀念論之原理卻是：「凡是僅出於純粹知性或純粹理性之關於事物的知識均無非是純然的幻相，而且唯有在經驗中才是真理。」

　　　但這正是那種依本義而言的觀念論之對立面；我何至於為

（續）
〔374〕　　　限於經驗的）運用。在這部著作中，對所有這類的誤解已有充分的防範；然而，評論者卻在誤解中討便宜。

　　4　【譯注】「伊里亞學派」(die eleatische Schule)是蘇格拉底以前的古希臘哲學學派，由瑟諾芬尼斯(Xenophanes, ca. 580 B.C.-?)創立於南義大利的伊里亞(Elea)，後由巴門尼第斯(Parmenides, ca. 540 B.C.- ?)、芝諾(Zeno, ca. 490-430 B.C.)與美利梭斯(Melissos von Samos，生於公元前五世紀，年代不詳)所繼承。

了一種完全相反的意圖而使用這種說法，而評論者又何至於隨處見到這種觀念論呢？

這項困難之解決有賴於我們能極輕易地從本書底脈絡中領會（如果我們願意的話）的道理。空間與時間，連同它們所包含的一切，均非事物或其特質自身，而僅屬於其現象；至此，我與上述的觀念論者具有相同的信念。然而，這些觀念論者，尤其是**柏克萊**，卻將空間視為一個純然的經驗表象，而這個表象正如其中的諸現象一樣，連同空間底所有規定，僅藉由經驗或知覺而為我們所知；反之，我首先指出：空間（時間也是一樣，而柏克萊沒注意到它），連同其所有先天的規定，均能為我們所認識，不但是它，而且時間也先於一切知覺或經驗，作為我們的感性之純粹形式而內具於我們之中，並且使感性底一切直觀、因而也使一切現象成為可能。由此可推知：既然真理是基於普遍而必然的法則，作為其判準，則在**柏克萊**那裡，經驗就無法擁有真理底判準，因為並無任何東西先天地（被他）當作經驗底對象之基礎；由此可進而推知：經驗不過是純然的幻相而已。反之，在我們這裡，空間與時間（與純粹的知性概念相結合）先天地為一切可能的經驗規定其法則──這也為在經驗中區別真理與幻相提供了可靠的判準[5]。

375

5　依本義而言的觀念論始終有一種狂熱的意圖，而且也不會有其他的意圖；而我的觀念論則僅是為了理解我們對於經驗對象的先天知識之可能性──這是迄今尚未被解決、甚至從未被提出的問題。而這樣一來，整個狂熱的觀念論──它總是（一如我們也已從**柏拉圖**那裡見到的那樣）從我們的先天知識（甚至幾何學底知識）推論出

〔375〕

因此，我所謂的（其實是批判的）觀念論是極為獨特的一種，也就是說，它顛覆了通常的觀念論，並且藉由它，一切先天的知識，甚至幾何學底知識，首度取得了客觀實在性，而若非我已證明了空間與時間底觀念性，就連最熱切的實在論者也根本無法主張這種客觀實在性。在這樣的事態下，為了防範一切誤解，我希望能以別的方式指稱我這個概念；但是完全改變這個概念並不妥當。因此，容我以後如上文所述，稱之為形式的、或更好稱之為批判的觀念論，以便將它與**柏克萊**底獨斷的觀念論及**笛卡爾**底懷疑的觀念論區別開來[6]。

在對於此書的評論當中，我並未發現任何其他值得注意的
376　東西。此一評論底作者完全是從大體上來下判斷，這是一種明智地選擇的手法，因為人們在此不會洩露他們自己的知識或無

（續）

感覺底直觀以外的另一種（即智性的）直觀，因為我們根本不會想到：感覺也會先天地直觀──就倒塌了。

6　【譯注】康德在《純粹理性批判》第二版（1787年）中補充了一節，題為「對觀念論的駁斥」（B274-279）。在這一節中，他將柏克萊與笛卡爾底觀念論統稱為「實質的觀念論」（materialer Idealismus），並且說明道：「觀念論（我是指**實質的**觀念論）是這種理論：它宣稱在我們之外的空間中之對象底存在若非僅是可疑而**無法證實的**，就是**虛假而不可能的**。**前者是笛卡爾底或然的**觀念論，它宣稱唯有一項經驗的斷言是無可置疑的，此即『**我在**』；**後者是柏克萊底獨斷的**觀念論，它宣稱空間連同它所依待的一切作為不可分離的條件之事物均是本身為不可能的東西，且因此空間中的事物也是純然的想像。」他自己則提出一項「定理」：「我自己的存在之在經驗上被決定的純然意識證明在我之外在空間中的對象底存在。」這可視為其「形式的（或批判的）觀念論」之基本論點。

知；單單一項關於細節的詳盡判斷，若是它如理地觸及了主要
問題，或許就暴露了我的錯誤，或許也暴露了評論者對這類探
討的領會程度。這也不是惡意地想出的詭計──為的是及早打
消讀者（他們已習慣於僅根據報紙底報導對書籍形成一個概念）
閱讀此書本身的樂趣；一口氣接連背出一連串的命題，而這些
命題脫離了與其論據和闡釋的關聯（尤其這些命題對於所有的
學院形上學是如此的對立），必然聽起來是荒謬的；煩擾讀者
底耐性，直到他們感到厭惡；然後，在我們使自己熟悉了「持
久的幻相就是真理」這個饒富意味的命題之後，又以嚴厲而
父親似的教訓總結說：究竟為何要違逆通常採用的語言呢？
觀念論的區別究竟是為何而有？又從何而來呢？這是一項判
斷，它將我這部書底所有特點──既然它過去據稱是形上學的
異端──最後歸諸一種純然的語言創新，並且清楚地證明：我
這位自以為是的法官對本書甚至毫無理解，而且對自己也無正
確的理解 7。

---

7 在多半情況下，評論者都與他自己的影子作戰。當我將經驗底真 〔376〕
理與夢對立起來時，他根本沒想到：這裡所談的只是**吳爾夫**學派
有名的「客觀認定的夢」；這種夢純屬形式的，而這根本不牽涉
到睡與醒之區別，而且這種區別也無法見諸一門先驗哲學中。此
外，他將我對範疇的推證與知性原理表稱為「以觀念論的方式表
達之眾所周知的邏輯與存有論底原理」。讀者只消就這方面查閱
本書，就會相信：根本不會有一個更糟糕且甚至在歷史方面更不
正確的判斷了。

【譯者按】「客觀認定的夢」（somnium obiective sumtum）：見
Christian Wolff: *Philosophia prima sive Ontologia* (Frankfurt u.
Leipzig, 1728), § 493; *Psychologia empirica* (Frankfurt & Leipzig,

　　然而，評論者談話的口吻卻像是一個必定意識到一些重要而傑出的解悟、卻仍將它們祕而不宣的人；因為我並不知道最近在形上學方面有任何東西能使人有資格使用這樣一種口吻。但是他對世人隱瞞其發現，在這一點上他做得極不公正；因為毫無疑問，對於其他一些人（像我一樣）來說，儘管長久以來在這門學科中已有不少美妙的著作，但他們卻無法發現這門學問因此而有絲毫的進展。我們的確發現還是有人將定義磨尖、為無力的證明裝上新拐杖、為形上學底百衲衣加上新補丁或是改變其剪裁，但這並非世人所期望的。世人厭倦了形上學的主張；我們想要的是這門學問底可能性、能在形上學中推衍出確切性的來源，以及據以將純粹理性底辯證幻相與真理加以區別的可靠判準。在這方面，評論者必然擁有秘訣，否則他決不會以如此高亢的口吻發言。

　　但是我突然懷疑：這門學問底這樣一種需求或許從未進入他的腦海中；因為不然的話，他就會將其評斷對準這一點，而且在一件如此重要的事務上，即使是一項失敗的嘗試也會贏得他的尊敬。若是如此，我們又成為好朋友了。只要他的感覺還好，他儘可深入地思考他的形上學，而不會有人阻止他這麼做；只是對於形上學以外的東西，即形上學在理性當中的根源，他無法判斷。但是為了證明我的懷疑並非沒有根據，我指出：他沒有一句話提及先天綜合知識之可能性，而這才是根本

（續）─────────────

1738, 2. Aufl.), §§ 120-137; *Vernünfftige Gedancken von Gott, der Welt und der Seele des Menschen, auch allen Dingen überhaupt.* (*Deutsche Metaphysik*) (Frankfurt/M, 1751, 9. Aufl.), §§ 799-805.

的課題，形上學底命運完全有賴於它的解決，而且我的《批判》（正如本書《序論》一樣）全然以它為依歸。他所碰到而且也糾纏不放的觀念論只是被當作解決上述課題的唯一手段而納入系統中（儘管它也根據其他的理由而得到證實）；而且在此他本來必須顯示：若非上述的課題不具有我賦予它（亦如本書《序論》中一樣）的那種重要性，就是這項課題決無法藉由我對於現象的概念去解決，甚或以其他方式得到更好的解決；但是我在評論中見不到一句話涉及這點。因此，評論者對我的著作無所理解，而且或許也對形上學本身底精神與本質無所理解，除非不如說──我寧可作此假定──評論者惱怒於突破重重阻礙之困難，而其倉卒行事為擺在他眼前的作品投下一層不利的陰影，並且使他無法辨識這部作品底基本特點。

　　一份學報無論如何精心而審慎地挑選其撰稿人，若要能在形上學底領域如同在其他領域中一樣維護其通常應有的聲譽，還有許多事要做。其他的學問與知識確有其標準。數學底標準在其自身，歷史與神學底標準在於俗世的或神聖的典籍，自然科學與藥學底標準在於數學與經驗，法學底標準在於法典，而甚至品味之事底標準在於古人底榜樣。然而若要評斷稱為形上學的東西，就應當先找到標準（我已經作過一次嘗試，去決定這個標準及其運用[8]）。而在弄清這個標準之前，如果我們還是必須評斷這類的著作，該怎麼辦呢？如果這些著作具有獨斷的性質，我們就可以為所欲為；而只要任何人在此對他人

378

8　【譯注】這是指《純粹理性批判》。

充當大師，不久就會有人以其人之道還治其身。但如果這些著
作具有批判的性質，並且不是針對其他的著作，而是針對理性
本身，以致評斷底標準不會已為人所接受，而是有待先去尋
求，則反對與指摘雖不被禁止，但在此卻必須以和睦為本，因
為需求是共同的，而且由於欠缺必要的解悟，作出司法裁決的
姿態是不被容許的。

　　但是為了要同時將我上述的辯護與從事哲學思考的共同
體之興趣聯繫起來，我提議作一項嘗試，這項嘗試對於一切形
上學探討必須如何對準其共同目的之方式具有決定性。這項嘗
試不外乎是數學家通常為了在一場競賽中確定其方法底優越
性而可能作過的嘗試，這就是說，要求我的評論者用他的方
式，但卻適切地藉由先天的根據去證明他所主張之任何一項真
正的形上學定理，亦即綜合的且先天地憑概念去認知的原理，
甚或最不可或缺的原理中的一項，例如實體常住性原理或是
「宇宙中的事件必然為其原因所決定」的原理。如果他做不到
這點（而沉默形同招認），就得承認：既然形上學若欠缺這類命
題之確然的確實性，就根本什麼都不是，則萬事莫急於先在純
粹理性之一項批判中確定這種確實性之可能或不可能；因此，
他有責任承認我在批判中的原理是正確的，否則就要證明其無
效。但既然我已預見：即使到今天，他都還如此放心地信賴其
原理底確實性，而在事關一項嚴格的檢驗時，他在形上學底整
個範圍內他能大膽地提出來的原則連一項都找不到，則我願意
予他以我們唯有在一項競賽中所能期望之最有利的條件，即免
除其舉證責任（onus probandi），而由我來承擔它。

　　蓋在本書及我的《批判》頁426-461中，他發現八個命題，

它們總是兩兩相互牴牾，但每個命題卻必然屬於形上學，而形上學若非必須接受它，就必須駁斥它（儘管其中沒有一個命題在當時不為某位哲學家所接受）。如今他有自由從這八個命題中隨意挑出一個命題，並且不用證明（我讓他省卻證明）就接受它；但是僅挑出一個命題（因為浪費時間對於他，像對於我一樣，是同樣無益的），然後攻擊我對於相反命題的證明。而如果我仍然能挽救這項證明，並且以這樣的方式顯示：根據每套獨斷形上學必然都承認的原理，他所採納的命題之對立面恰好能同樣清楚地得到證明，則由此就確定：在形上學中有一種遺傳性的缺陷，它無法被說明，更無法被消除，除非我們上升到形上學底出生地，即純粹理性本身；而這麼一來，我的《批判》必須被接受，否則就必須代之以一種更好的批判，因而至少去研究它——這是我目前唯一要求的事。反之，如果我無法挽救我的證明，則在我的對手那邊，一個來自獨斷原理的先天綜合命題就確定了下來，而我對通常的形上學之指摘因此是不公正的，並且我自願承認他對我的《批判》之責難是合理的（儘管結果決不會如此）。但在我看來，為此有必要**放棄匿名**，因為我看不出否則要如何防範以下的情況：不知名且不請自來的對手並非以一項課題，而是以多項課題來榮耀或糾纏我。

380

建議先探討《批判》再作評斷

對於有學問的讀者，我甚至為了他們的沉默而心存感激，在一段長時間內他們以這種沉默來榮耀我的《批判》。因為這畢竟證明了一種在評斷上的延擱，且因而多少證明了以下的推

測：在一部離開了所有常走的道路、而走上一條我們無法立刻熟悉的新道路之著作當中，或許可能還存在某個東西，能使人類知識底一個重要的、但目前已枯萎的分支 [9]得到新生命與生產力；因此，這也證明了一種審慎，即不以倉卒的評斷來摧折並毀滅仍然細嫩的接枝。直到現在我才在《哥塔學報》中發現一個由於這類理由而延遲評斷的樣例[10]；由其對於屬於我的著作底基本原則的一章所作之可理解且無歪曲的表述（毋須考慮我在此有嫌疑的稱讚），每位讀者會自行看出其深刻性。

而今既然我們不可能憑一個匆促的概觀對一座巨大的建築物立刻作整體的評斷，則我建議從它的基礎開始逐段檢查它，且在此將本《序論》用來作為一個總綱，而後這部著作本身間或能與它相比較。如果這項要求不過是以我對於虛榮心通常賦予自己的所有作品之重要性的想像為基礎，它便是過分的，而且理當遭到嫌惡的拒絕。但如今整個思辨哲學之事業正處於完全滅絕之關頭——儘管人類理性以永不消逝的偏好眷戀於這些事業，而只因為這種偏好不斷地落空，它現在試圖（儘管徒然）轉為冷漠。

在我們這個思考的時代，想必有許多卓然有功的人士，只要顯現出若干能達到目的之希望，就會利用每個有利的機會，參贊越來越啟蒙的理性之共同興趣。數學、自然科學、法律、

9　【譯注】指形上學。

10　【譯注】這是指艾瓦爾德（Schack Hermann Ewald, 1745-1822）在《哥塔學報》（*Gothaische gelehrte Zeitung*, 68. Stück, Gotha, 1782, S. 560-563）以匿名對《純粹理性批判》所作的評論。

藝術，甚至道德等，尚未完全充斥心靈；在心靈中總是還留有一個空間，這個空間是為單是純粹而思辨的理性而畫分開來，而且它的虛空迫使我們在搞怪或無聊之事、甚或狂熱當中狀似尋求活動與娛樂，但其實卻只是尋求消遣，以便掩蓋理性之惱人的呼喚——理性依其分命，要求某個單獨滿足它、而非僅為了其他目標或為了愛好之興趣而使它忙碌的東西。因此，我有理由推測：對於每個曾經試圖如此擴展其概念的人來說，一種僅探討獨立的理性之這種範圍的考察——正因為在這個範圍內，所有其他的知識、乃至目的必須匯合，並且統合為一個整體——具有極大的吸引力，而且我的確可以說，它比任何其他的理論知識（我們不會輕易地用它們來交換上述的知識）具有更大的吸引力。

但為此我建議以本《序論》、而非這部著作本身[11]作為探討之藍圖與導引，因為就內容、次序與方法，以及用在每個命題上的審慎（為的是要在我提出這個命題之前嚴格地衡量並檢查它）而言，我固然甚至迄今仍十分滿意這部著作（因為要不但對整體，而是有時甚至僅對單一命題在其來源方面完全滿意，就耗費了許多年），但是對於我在〈成素論〉底若干章節（例如關於知性概念底推證或純粹理性底誤推的章節）中的論述[12]，我並不完全滿意，因為在這些章節中，某種程度的周詳性妨礙了明晰性，而我們能不以這些章節中所說，而是以本《序論》在此針對這些章節所說，作為檢查之依據。

11　【譯注】指《純粹理性批判》。

12　【譯注】見 *KrV*, A84-130/B116-169; A341-405/B399-432.

人們稱讚德國人說：在需要持之以恆與持續的勤勞之場合，他們能比其他的民族推進得更遠。如果這個看法是有根據的，那麼在此便顯現出一個機會，能完成一項事業——其幸運的結局幾乎毋庸懷疑，而且所有從事思想的人都同樣關切它，但迄今它尚未成功——，並且證實上述有利的看法；尤其是既然這項事業所涉及的學問是一種極為特殊的學問，它能夠一下子就臻於其全然的完整性，並且達到**常住不變的**狀態，即它無法再有絲毫的進展，而且無法由於以後的發現而有所增益，甚至僅是改變亦不可得（我不將由於偶而擴大的明晰性或在任何方面附加的用處而有之裝飾列入考慮）：這是任何其他的學問都沒有、也不會有的好處，因為沒有任何其他的學問涉及一種如此完全孤立、無待於其他認知能力，並且與它們涇渭分明的認知能力。目前這個時刻似乎對我這項指望也並非無利，因為目前在德國，人們幾乎不知道，除了所謂「有用的學問」之外，還能從事於什麼，故而這的確不是純然的遊戲，而同時是藉以達到一項持久目的的事業。

382

學者之努力如何能在這樣一項目的之下統合起來，我得讓別人為此想辦法。然而，我無意指望任何人僅僅依循我的命題，亦無意甚至僅以這樣的期望自許，而是在此可能以合乎實際的方式出現攻擊、重述、限制，甚或出現證實、補充與擴展。只要問題是從根本加以探討，現在就不再會不因此出現一套學說系統（即使不是我的學說系統）——這能成為留給子孫的一項遺產，而子孫有理由為此而感激。

只要我們先正確把握批判底原理，則我們能根據批判而期待怎麼樣的一種形上學？再者，這種形上學如何決不會由於我

們拔除其假羽毛，而顯得可憐且淪落為一個小角色，而是能在另一方面看似被布置得富麗堂皇？這些問題無法在此說明，因為這會扯得太遠；然而，這樣一種改革會帶來的其他重大好處卻是一目了然的。通常的形上學尋求純粹知性底基本概念，以便藉由分析而使它們明晰，並且藉由解說而使它們確定，由此它的確得到了好處。藉此，通常的形上學成為一種對於理性的陶冶，而不論理性以後願意轉向何處。然而，這也是它所做的全部好事。因為它又藉由以下的方式將它的這份功勞一筆勾銷，此即：它以大膽的主張來助長自負，以巧言遁詞與粉飾來助長詭辯，並且輕易地以少許的學院智慧來克服最困難的任務，而藉此助長膚淺——它越是選擇一方面有所取於學問底語言，另一方面有所取於通俗性，而使所有人分得所有的東西，但其實根本什麼都沒分到，這種膚淺就越是誘人。反之，藉由批判，我們的判斷取得能可靠地將知識與假知識區別開來的準繩，而且由於批判在形上學中得到其充分的發揮，它建立一種思考方式，這種思考方式隨後將其有益的影響延伸到理性底其他一切運用，並且首度引發真正的哲學精神。但是批判為神學所提供的服務——由於它使神學無待於獨斷思辨之判斷，並且正因如此而使神學完全免於受到這樣的對手之一切攻擊——也的確不容小覷。因為儘管通常的形上學允諾給予神學多方協助，但其後卻無法履行這項承諾，而且更由於它求助於思辨的教義學（Dogmatik），它除了武裝敵人來反對自己之外，便一事無成了。在一個已啟蒙的時代，狂熱（Schwärmerei）不會出現，除非它隱藏在一套學院形上學背後，在其庇護之下，它才敢於彷彿憑理性大放厥詞；而批判哲學將狂熱從其最後的避難所趕

383

出去。在這一切之外，對一位形上學教師而言，重要的只能是
有朝一日能得到普遍的認可而說：他所講述的終究也是**學問**，
而且為共同體帶來實際的好處。

附 錄

哥廷根評論

《哥廷根學報》(*Göttingische Anzeigen von ge-lehrten Sachen*)，王室學術院監印。附冊第1冊，1782年，哥廷根，迪特里希(Johann Christian Die-terich)印行，第3期，1782年1月19日，頁40-48 [1]。

《純粹理性批判》，伊曼努埃・康德著，1781年，856頁，八開本。本書——它縱非總是教導其讀者底知性，卻總是鍛鍊它，且往往將注意力緊繃到疲殆，偶而以幸運的圖像喚起注意力，或是以有利於公眾的意外結論酬賞它——是一套高級的

1　【譯注】這篇書評係不具名發表，其原作者為加爾維(Christian Garve, 1742-1798)，後經《哥廷根學報》底編輯費德爾(Johann Georg Heinrich Feder, 1740-1821)之刪節與修改，而以目前的形式發表。加爾維出生於布雷斯勞(Breslau)，曾擔任萊比錫大學哲學教授，是18世紀德國「通俗哲學」(Populärphilosophie)底代表人物之一。

（或者如作者所稱，超越的²⁾）觀念論之系統；這種觀念論以同樣的方式涵括精神與物質，將宇宙與我們自己轉變為表象，並且藉由以下的方式使所有的對象均由現象產生，此即：知性將諸現象聯結為**一個**經驗系列，而理性必然地（儘管枉然地）試圖將它們擴展且統合為**一個**整體而完全的宇宙系統。作者底系統大致以下列的基本命題為依據。我們的所有知識都是起源於我們自己之某些限定（Modifikationen），這些限定我們稱為感覺。這些限定存在於何處？它們來自何處？基本上我們對此完全無所知。如果有一個現實的事物，為諸表象之所寓，而有獨立於我們之外的現實事物產生這些表象，則我們對於一者或另一者之屬性同樣毫無所知。儘管如此，我們還是假定對象；我們談到我們自己，我們談到作為現實事物的物體，我們相信自己認識這兩者，我們對它們下判斷。其原因不外乎在於：諸多現象彼此有共同之處。由此方式，這些現象相互統合起來，而且有別於我們稱為「**我們自己**」的東西。於是我們將外感底直觀視為在我們之外的事物與事件，因為它們全都在某一空間中相伴而起，並且在某一時間中相繼而起。我們在某地某時所設想的東西，對我們而言，就是現實的。空間與時間本身並非在我們之外的現實之物，亦非關係，亦非抽象而得的概念，而是我們的表象能力之主觀法則，是感覺底形式，是感性直觀底主觀條件。康德系統底一個基柱係以這些關於作為我自己底純然限定的感覺（**柏克萊**也將其觀念論主要建立於此）、關於空間與時

2　【譯注】評論者在此使用 transcendentell 一詞，但康德在《序論》底〈附錄〉中將它改為 transcendent。

間之概念為依據。

知性從感性現象──它們僅由於「空間與時間與之相結合」這項主觀條件而有別於其他的表象──造成對象。知性製造對象。因為首先是知性將心靈之諸多相繼的小變化統合為整體的完整感覺；繼而知性將這些整體在時間中相互結合起來，致使它們作為原因與結果而前後相繼，由此每個整體在無限的時間中取得其特定的位置，而它們全體共同取得現實事物之穩定與堅固；最後，知性藉由另外附加的聯結，將同時存在的對象（作為彼此交互作用的對象）與相繼的對象（作為僅是單方面有依存關係的對象）區別開來，而且以這種方式──亦即，它將秩序、先後次第底規則性與交互的影響帶入感覺底直觀之中──創造就本義而言的自然，並且依它自己的法則來決定自然底法則。知性底這些法則比它們應用於其上的現象更為久遠；因此有先天的知性概念。我們略過作者更進一步釐清知性底全部工作的嘗試，此即將此項工作化約為四項主要功能，以及依待於它們的四個主要概念，即質、量、關係、樣態──這些概念又包含更單純的概念，而且據稱在與時間與空間底表象相結合的情況下，為經驗知識提供原理。它們便是眾所周知的邏輯原理與存有論原理，而根據作者底觀念論限制來表達。作者順便說明萊布尼茲如何得到其單子論（Monadologie），並且以評語來反駁它 [3]，而這些評語即使

3　【譯注】康德對萊布尼茲單子論的評論見於《純粹理性批判》一書中〈論反省概念之曖昧〉（"Von der Amphibolie der Reflexions-begriffe"）一節（*KrV*, A261/B316ff.）。

脫離了作者底超越[4]觀念論，也多半能保存下來。從作者對知性底工作的一切說明所得出之主要結論據稱是：對純粹知性的正確運用在於將其概念應用於感性現象，並且藉由兩者之結合而形成**經驗**；再者，要從概念推論我們決無法經驗到的對象之存在與性質，便是對純粹知性的一種誤用，也是一項決不會成功的工作。（對作者而言，經驗相反於純然的想像和夢幻，是與知性概念相結合的感性直觀。但是我們承認：我們不理解人類知性通常極其輕易地對現實的事物與想像的、純屬可能的事物所作之區別如何能**僅**藉由知性概念之應用，而不在感覺本身當中假定現實事物之一項特徵，就得到充分的證立；因為就連幻景與幻想在作夢者與清醒者身上，都能顯現為空間與時間中的外在現象，而且一般而言彼此以最有秩序的方式相結合，有時似乎比現實的事件更有秩序。）

但為了處理表象，除了知性之外，還要加上一種新的力量，即**理性**。理性涉及全部的知性概念，一如知性涉及現象。正如知性包含規則，而個別的事相依這些規則被納入一套連貫的經驗之諸系列中，理性則尋求最高原則，而這些系列能由這些原則統一為一個完整的宇宙全體。如同知性從感覺製造一連串的對象，而這些對象像時間與空間之各部分一樣，彼此相依待，但其中的最後環節還是回溯到更早或更遠的環節，理性則想要延長這個串系，直到其最初或最遠的環節；它尋求諸事物之開端與界限。理性之第一法則是：在某個有條件之物存在之

4　【譯注】評論者在此使用的依然是 transcendentell 一詞。

處，條件之系列必須完整地被給與，或是上升至某個無條件之物。根據這項法則，理性以兩種方式超越經驗。首先，它想要延長我們所經驗的事物之系列，使之遠遠超出經驗本身所及之處，因為它想要達到系列之完成。繼而它也想要將我們引向我們從未經驗到其類似物的事物，即引向無條件之物、絕對必然之物、無限制之物。但如果理性之所有原理被擴展，以顯示現實的事物及其特質，它們均會通往幻相或矛盾，因為這些原理應當僅充作知性之規則，以期在探究自然時**無止境地前進**。作者將這項普遍判斷應用於思辨的心理學、宇宙論與神學之所有主要探討上；至於他如何在各處決定並設法證成這項判斷，將會由於下文所述，不完全地、但卻多少變得可以理解。在心靈學中，當僅屬於作為思想的思想之規定被視為思想性存有者之性質時，錯誤推論便產生了。「**我思**」(Ich denke)這個命題是整個推理的心理學[5]之唯一來源，並不包含任何關於**我**、關於存有者本身的謂詞。它僅陳述思想之某一規定，即由意識而來的思想關聯。因此，從這個命題決無法對據稱由「我」所表述的存有者之實在性質有所推論。由「『**我**』底概念是許多命題之主詞，而且決無法成為任何一個命題之謂詞」推論出「**我**，即思考的存有者，是一個實體」，但是最後一詞僅是要表示外在直觀當中的常住者。由「在我的思想中找不到部分之外的部分」推論出心靈之單純性。但是在據稱被視為現實的，亦即作為外在直觀底一個對象的東西當中，單純性不會發生，因為此

5　【譯注】評論者在此所謂的「推理的心理學」(rässonierende Psychologie)即是通常所說的「理性心理學」(rationale Psychologie)。

其條件是：此物是在空間中，充滿一個空間。由意識之同一性推論出心靈之人格性。但是難道一系列的實體不會彼此傳送其意識與思想，一如它們彼此傳達其運動嗎？（這是休謨也使用過、而且在他之前早已有人使用過的反對理由[6]。）最後，由對於我們自己的意識與對於外在事物的直觀之區別錯誤地推論出外在事物之觀念性（Idealität），因為內在感覺並不提供我們關於我們自己的絕對謂詞，一如外在感覺不提供我們關於物體的絕對謂詞。因此，通常的——或者如作者所稱，經驗的——觀念論便失去效力，而這並非由於物體之存在得到了證明，而是由於對我們自己的存在之信念據稱相對於對物體底存在之信念所具有的優先性消失了。

　　只要我們將宇宙視為一種客觀的實在性，並且想要將它當作一個完全的整體來把握，宇宙論中的矛盾便無法避免。宇宙過去的綿延、其擴延及其可分性之無限性是知性所無法理解的，而且冒犯知性，因為知性找不到它所尋求的休止點。而理性找不到在任何地方停住的充分理由。如果我們正確地了解作者，則他在這裡所發現的統一，即理性底真正法則，應當在於：理性固然指示知性無止境地尋求原因之原因、部分之部分，以

6　【譯注】這涉及英國經驗論者所討論的「人格同一性」（personal identity）問題。休謨底說法見其 *A Treatise of Human Nature*, edited by L.A. Selby-Bigge (Oxford: Oxford University Press, 1978, 2nd edition), Book I, Part iv, Sec. 6, pp. 251-263. 洛克（John Locke）也有類似的說法，見其 *An Essay concerning Human Understanding*, edited by P.H. Nidditch (Oxford: Oxford University Press, 1979), Book II, Ch. XXVII, §§ 9-29, pp. 335-348.

期達成諸事物底系統之完整性，但同時又警告知性不要將它藉由經驗找到的任何原因、任何部分假定為最後的與最初的。這是趨近（Approximation）底法則，它同時包括「無法達成」與「不斷接近」二義。

　　自然神學底批判之結果與先前的結果十分類似。似乎對現實性有所陳述的命題被轉變為僅為知性規定某種程序的規則。作者在這裡所添加的唯一新義是：在思辨讓天秤底兩個稱盤同樣重，或者不如說，同樣空的情況下，他求助於實踐的興趣（Interesse）[7]，並且讓道德理念拍板定槌。思辨之所得如下：關於一個有限的實在物之一切思想類似於關於一個有限的空間之思想。如果沒有一個無限的普遍空間，就不可能有一個有限的空間；同樣地，如果沒有一個普遍的無限的實在物作為個別事物底規定（亦即限制）之根據，就不可能有任何特定的有限的實在物。但是這兩者僅對於我們的概念為真實的，是我們的知性之一項法則──就一個表象預設另一個表象而言。

　　其他所有據稱有進一步闡發的證明，作者在經過檢查之後，認為都是錯誤的或是不充分的。至於作者在廢除了其思辨的理由之後，他最後要如何藉由道德概念為通常的思考方式提出理由，我們寧可完全略過不談，因為我們很難接受這點。的確有一種方式，將關於「真」的概念與最普遍的思想法則同關於正當行為之最普遍的概念與原理聯繫起來，而這些概念與原理在我們的本性中有根據，並且能防範或挽回思辨之放肆。但

7　【譯注】康德對理性之「實踐的興趣」的說明見 *KrV*, A466/B494-A471-B499.

是在作者之遣詞用字當中，我們未認識到這種方式。

這部著作底最後部分包含方法論，它首先指出純粹理性須防範什麼，此即**訓練**(Disciplin)。其次，它指出純粹理性須遵守的規則，此即純粹理性之**法規**(Canon)。我們無法進一步分析此書底內容；甚至從上文已可得知其大半內容。這整部書的確有助於使人認識到思辨哲學最嚴重的困難，並且為形上學系統底建立者與捍衛者(他們太過自負且大膽地信賴其想像的純粹理性)保留若干材料，以供有益的考察。但對我們而言，作者似乎並未選擇在無節制的懷疑論與獨斷論之間的中道，亦即縱非完全滿意、但卻放心地回歸最自然的思考方式之真正中道。但在我們看來，這兩者均有可靠的特徵來標示。首先，知性底正確運用必須符合關於正當行為之最普遍的概念，符合我們的道德本性之基本法則，因而符合對幸福的促進。由此立刻可知：知性必須按照其基本法則而被應用，而這些法則使矛盾成為無法容忍的，並且在贊同時使理由成為必要，而遭逢反對理由時，使佔優勢的持久理由成為必要。同樣地，由此也正可推知：我們必須以最強且最持久的**感覺**或是最強且最持久的幻相為依據，當作我們最後的實在性。這便是通常的人類知性之所為。而以理性思考者如何脫離此途呢？這是由於他將**兩類的感覺**——內在感覺與外在感覺——相互對勘，並且願意使它們相互融合或轉化。當內在感覺底知識被轉化為外在感覺底形式或者與它相混雜時，由此便產生唯物論、擬人論(Anthropomorphismus)等。當外在感覺得以與內在感覺並列的合法地位，亦即其特點，被否認時，由此也產生觀念論。懷疑論一下子這麼做，一下子那麼做，為的是將一切弄得亂七八糟，並且

動搖一切。在一定的程度上，我們的作者也是如此。由於他想
要將實體與現實性底概念視為僅屬於外在感覺，他誤判了內在
感覺之權利。但是他的觀念論更加反對外在感覺之法則，以及
由此而產生、且合乎我們的本性之表象方式與語言。如果像作
者所主張的那樣，知性僅為感覺加工，而不為我們提供新知
識，則當它在一切涉及現實性的事物上，讓自己為感覺所引
導，多過他引導感覺時，它是按照其第一法則而運作。而設若
完全如觀念論者所要主張的，我們能有所知且有所說的一切僅
是表象與思想法則，又如果在我們之內依某些法則而被限定與
安排的表象正是我們稱為對象與世界的東西，那麼，究竟為何
要為反對這種通常採用的語言而爭論呢？究竟**為何**且**何從**有
觀念論的區別呢 [8]？

8　【譯注】康德在《純粹理性批判》第一版中將他自己的系統稱為
　　「先驗觀念論」(transzendentaler Idealism)，以別於柏克萊所代表
　　的「經驗觀念論」(A369-371, A491)。

哥塔評論[1]

《哥塔學報》（*Gothaische gelehrte Zeitungen*），
第68期，哥塔（Gotha），1782年，頁560-563。

《純粹理性批判》，作者伊曼努埃·康德（柯尼希貝爾格大
學教授），出版者哈特克諾特（Hartknoch），1781年，856頁，大
八開本（2帝國塔勒8古爾登）。在多年來問世的眾多書籍當中，
本書屬於那種應優先廣為週知的書籍。因此，我們樂於彌補我
們所耽誤的事，並非為了討論這部著作之細節（因為這需要另
寫一文），而僅是為了讓我們的讀者熟悉這部著作之主要對象

1　【譯者按】這篇評論是艾瓦爾德（Schack Hermann Ewald,
　　1745-1822）以匿名對《純粹理性批判》所作的評論。他出生於哥
　　塔，在哥廷根大學修習法律與政治，其後回家鄉擔任律師與公職。
　　1774至1804年，他擔任《哥塔學報》主編。其主要著作為《論人
　　心：關於人之特質的論文》（*Ueber das menschliche Herz: ein
　　Beytrag zur Charakteristik der Menschheit*, Erfurt, 1784）。原文未分
　　段，但為了便於閱讀，譯文加以分段。

及其章節畫分，並且使讀者底目光注意到這部著作——這部著作為德意志民族帶來光榮，而縱使絕大多數讀者都無法了解其內容，它還是值得被提出來，當作人類理性底細緻及其高度精微的思考力之紀念碑。

這位思想深刻而學問淵博的作者簡短地說明了形上學之所以喪失信譽（它的確有最有理由要求這種信譽）的原因之後，他在〈前言〉中確定他所理解的「純粹理性之批判」是什麼，此即，這並非對於書籍或系統的一種批判，而是對於一般而言的理性能力之批判（就形上學可**無待於一切經驗**而追求的一切知識而言），從而決定一般而言的形上學之可能性或不可能性，並且不但確定形上學之來源，也確定其範圍與界限（但均根據原則）。憑這種方式，作者自許消除了一切過去使理性在脫離經驗的運用中自我分裂的錯誤，並且斷言：必然沒有任何一個形上學課題在此未得到解決，或者不為其解決至少提供了關鍵。

凡是不與任何異類之物相混雜的知識，便稱為純粹的。但特別是，一種根本無任何經驗或感覺攙入其中，因而是完全先天地可能的知識，被稱為絕對純粹的。而今理性是提供先天知識底原則的能力。因此，純粹理性是一種理性，它包含絕對先天地認識某物的原則。純粹理性之工具（Organon）便是一切純粹先天知識能據以被取得或得以實現的那些原則之總合。但既然此事所要求的極多，而且我們的知識是否甚至根本有這樣一種擴展，以及在什麼情況下這種擴展是可能的，亦尚未確定，則我們能將一門僅是評斷純粹理性、其來源與界限的學問視為對於純粹理性之工具的一種預備，而如果這做不到的話，至少

視為對於純粹理性之法規（Canon）的一種預備——按照這種法規，或許有朝一日純粹理性之完整系統（不論這個系統在於擴充還是僅限制理性底知識）能不僅分析地、而且綜合地被闡述。這樣一門學問僅稱為純粹理性之批判，而非學說（Doctrin），而且其用處實際上僅是消極的；它並非用來擴展，而僅是澄清我們的理性，並且僅使它免於錯誤。是故，凡是構成先驗哲學（Transscendental-Philosophie）的，均屬於純粹理性之批判，而且這種批判是先驗哲學之完整理念，但還不是這門學問本身，因為這門學問進行分析到足以完整地評斷先天綜合知識。作者將不僅是探討對象，而是探討我們關於一般而言的對象之先天概念的一切知識稱為先驗的，而且這類概念之系統將稱為先驗哲學。

這部著作分為兩個主要部分，即〈先驗成素論〉（"transscendentale Elementarlehre"）與〈先驗方法論〉（"transscendentale Methodenlehre"）。前者包含兩部，即〈先驗感性論〉（"transscendentale Aesthetik"）與〈先驗邏輯〉（"transscendentale Logik"）。〈感性論〉有兩節，分別討論空間與時間。但〈邏輯〉包括兩編：1)〈先驗分析論〉（"transscendentale Analytik"），特別是概念與原理底分析論；2)〈先驗辯證論〉（"transscendentale Dialektik"），特別是關於純粹理性之概念與純粹理性之辯證推理。〈先驗方法論〉分為四章：第一章包含〈純粹理性之訓練（Disciplin）〉，第二章包含〈純粹理性之法規〉，第三章包含〈純粹理性之建築學（Architectonik）〉，而第四章則包含〈純粹理性之歷史〉。既然這些章又分節，而有些節又有進一步的畫分，則我們無法討論細節（因為列舉這些章節之標題就已經會佔有太多

的篇幅），而是必須滿足於僅是介紹作者底若干思想，讓讀者先品其味，特別是對於那些可能還不知道本書之存在的形上學教師。

一切表象，若在其中不見任何屬於感覺的東西，作者便稱之為純粹的（依先驗的意義）。是故，一般而言的感性直觀之純粹形式會先天地見諸心中，而在其中，現象之一切雜多在某種關係中被直觀。感性底這種純粹形式本身也稱為純粹直觀。於是當我從一個物體底表象抽去知性對它所作的一切思考（作為實體、力、可分性等等），以及其中屬於感覺的東西（作為不可穿透性、堅硬、顏色等）時，這種感性直觀還遺留給我某物，即擴延與形狀。它們屬於純粹直觀，這種直觀即使沒有一個來自感官或感覺的實際對象，也作為感性底一種純然形式而在心中出現。

關於感性底一切先天原則的學問，作者稱為「**先驗感性論**」。德國人使用 Aesthetik 一詞，以便藉此來指稱他人所謂的「品味底批判」（Critik des Geschmacks）。因為包姆加騰[2]心懷期望，要將對於「美」的批判性評斷歸於理性原則之下，並且將這種評斷底原則提升為學問。然而，這種努力卻是枉然的，因為上述的規則或判準就其來源而言，均只是經驗的，且因此決無法充作我們的品味判斷必須遵循之先天法則；反倒是品味判斷才是這些規則或判準底正確性之真正試金石。

2　【譯注】包姆加騰（Alexander Gottlieb Baumgarten, 1714-1762）首度將 Ästhetik 一詞用作「美學」之義，著有《美學》（*Aesthetica*, Frankfurt/Oder, 1750-1758）一書。

空間並非取自外在經驗的經驗性概念，而且決不呈現某些物自身之任何特性，或是在這些物自身底相互關係中呈現它們，亦非這些物自身之決定（它依附於對象本身）；而是它不外乎僅是外感底一切現象之形式，亦即感性底主觀條件——唯有在這種條件之下，外在直觀對於我們才是可能的。這也適用於**時間**。時間決非獨立存在的東西，或是作為客觀決定而繫屬於事物的東西，而不外乎是內感（亦即對於我們自己及我們的內在狀態之直觀）底形式。時間是所有一般而言的現象——外在現象與（我們的心靈底）內在現象——之先天的形式條件；反之，空間僅局限於外在現象，而作為一切外在直觀之純粹形式，作為先天條件。

從以上所說可知：時間固然具有一種經驗的實在性，亦即對於一切可能在某個時刻被提供給我們的感覺之對象的主觀有效性，但決無法要求絕對的實在性。針對這種看法，有人對作者提出以下的反駁：變化是現實的（儘管人們想要否定一切外在現象連同其變化，我們自己的表象之更迭卻證明了這一點）。而今變化唯有在時間中才是可能的，因此時間是現實之物。康德先生回答道：我承認這整個論證。時間的確是現實之物，亦即內感之現實形式。因此，時間對於內在經驗具有主觀的實在性，也就是說，我實際上擁有時間及我在其中的決定之表象。因此，時間實際上不可被視為對象，而是可被視為我的自我（作為對象）之表象方式。但如果我自己或是另一個存有者能不靠感性底這項條件而直觀我自己，我目前設想為變化的同樣這些決定就會提供一種知識，在這種知識中，時間底表象，從而甚至變化底表象決不會出現。因此，時間底經驗實在性還

保留作為我們的一切經驗之條件；我們唯獨不承認它具有絕對的實在性；它不外乎是我們的內在直觀之形式。如果我們從時間除去我們的感性之特殊條件，時間底概念也會消失，而且時間並不繫屬於對象本身，而是僅繫屬於直觀它的主體。

加爾維評論

《德意志萬有文庫》(*Allgemeine Deutsche Biblio-thek*)，第37-52冊，附冊，1783年，第2分冊，頁
838-862。

《純粹理性批判》，伊曼努埃·康德著，里加(Riga)，1781
年，856頁，八開本。

　　康德先生憑其迄今呈獻給讀者的哲學著作而知名，被視為
最深刻而透徹的思想家之一，同時也被視為一位人物，其優美
而豐富的想像力甚至經常為最抽象的概念提供極為恰當且善
巧的圖像——藉此，這些概念甚至對於較不敏銳的讀者也變得
可以理解且往往具有吸引力。他在其任何的作品中，都不如在
這部作品中如此明白地顯示出其哲學天才之深度；但論及另一
項特質，即適意而通俗的論述，這部作品在其大部分章節中卻
少得多；我們相信：這並非由於作者之撰寫方式已過時，而是
由於他在這裡所探討的大多數題材在本性上距離感性與直觀
極遠，以致憑作家之一切努力，它們均無法再度與感性與直觀

拉近。這部作品之根本目的是要決定理性之界限，而其內容是要顯示：每當理性對任何一項事物之現實性有所斷言時，就一定會逸出這些界限。然而，取消了一切系統，自然會產生一個新的系統。有若干原理是人根本無法欠缺的，或是他無法放棄的。因此，如果有人以為發現了這些原理在它們迄今被使用的一切意義中均是無效的，他就不得不為這些原理尋求一項新的意涵。在他拆除了一切過去將這些原理保存於其中的建築物之後，他必須堅決地為這些原理建築一座新的理念建築物。

作者為了使他的系統可理解，發現有必要也引進一套新的術語。要利用這套術語為他的系統提出一個簡短的概括，是不可能的。但是要藉一套更通俗的哲學之用語來充分表達作者思想之特點，或許也是同樣不可能的。這套術語是阿麗阿德涅之線團，若無這個線團，往往連最機敏的頭腦都無法引導他的讀者通過抽象思辨之幽暗迷園 [1]。即使讀者並非始終看得清楚，但他卻安心地感覺到：他還是手握線團，而且希望走出來。無論人們花費多少氣力將通常的人類知性之陽光引進這些幽寂的通道，這道陽光卻罕能充分照亮這些通道，使人們先前藉由一種感受而發現的道路顯然可見。

在此當兒，所有這類的知識必定能以某種方式與過去的表

1　【譯注】阿麗阿德涅(Ariadne)是希臘神話中克里特國王米諾斯(Minos)之女。她為了協助雅典王子特修斯(Theseus)殺死半人半牛的妖怪米諾陶爾(Minotaur)，在特修斯進入米諾陶爾棲身的迷園時，交給他一個線團，讓他將線頭繫在迷園入口，帶著線團進入迷園。特修斯於殺死米諾陶爾之後，再循線逃出迷園。

象關聯起來，因為它們完全確實是由這些表象所產生（即使只是偶然地）。因此，它們必定也可以被轉譯為一種更常用的語言（儘管或許多少會喪失其準確性）。故在此，作者底系統如同它在評論者底腦中所形成的一樣。作者期望：其系統因此而遭到的改變，至少不會比它為了要成為可理解或有用而必定在其他每位讀者底腦中所遭到的改變更大或更不利。

　　我們的所有知識均由我們自己之某些限定（我們稱之為感覺）所產生。這些感覺存在於何處，來自何處，我們畢竟完全無所知。如果有一個現實的事物為諸表象所依存，也有現實的事物無待於我們，而產生這些表象，則我們對於前者一如對於後者，均不知絲毫謂詞。儘管如此，我們還是假定諸對象，我們談到我們自己，我們談到作為現實事物的物體；我們相信自己認識這兩者，我們對它們下判斷。自然藉由什麼神奇的伎倆促使在我們內部的一系列變化轉變為在我們之外的一系列事物呢？儘管在表象與對象（如果有對象的話）之間存在完全不相類之處，表象卻似乎通往對象，並且為我們取得關於對象的知識，這如何發生呢？如今，康德先生著手去說明這個秘密。第一個問題是：視、聽，一言以蔽之，外在的感覺需要什麼？第二個問題是：要從眼睛底現象、耳朵底印象構成對象底概念，或者換言之，要從這些東西形成一種知識（我們擁有這樣一種知識），需要什麼？純然的現象需要器官之若干特定的限定。但在這裡，我們抽離於此。在每一個感覺中，這些限定在種類上都是個別的，但我們尋求共相；它們構成現象之質料；我們尋求其形式。然而，這些現象有共通之處，而正是這點使它們作為外在現象而顯現於我們。因為我們將它們全部置於某

一**空間**中，而成為事物；我們將它們置於某一**時間**中，而成為事件。我們擬想為在**某處**與**某時**的東西，對我們來說，是現實的。在所有其他的表象當中，空間與時間具有極為獨特而突出之處。它們並非在我們之外的現實之物，否則就必定會有完全無限的實體存在，而它們絕對不具有任何特質。它們並非關係概念，因為關係後於發生關係的事物，而且若無這些事物，就無法被設想。但空間與時間先於一切事物，因為一切事物都要在它們之中才能被呈現；而且即使這些事物被取消了，它們還是可以設想的。它們並非抽象的概念，因為並沒有許多空間、許多時間，可供匯集其類似性。有一個普遍的空間、一個無限的時間，個別的空間或 [2]時間並非其類屬，而是其限制。

空間與時間是我們的表象能力之主觀法則、感覺之形式、我們的本性之安排（我們的本性為先前的印象所限定，又反過來將這兩者，即它自己的普遍形式，銘刻於這些印象之上）──捨此之外，還有他途嗎？所有這些說法均關聯著某個眾所周知的道理；因此，以這種方式來表達，這項看法還是令人覺得奇怪。作者說：空間與時間是感性直觀之主觀條件；而當陌生的理念以更不熟悉的說法來表達時，這項困難事實上就消失了。

這是康德系統底基柱之一。藉由現象，對象之材料被提供給我們。但現象僅由於「空間與時間與之相結合」這項主觀條件而有別於其他的表象。因此，我們所有關於存在的概念都要依它們能否與空間和時間之表象共存來檢驗。

2　【譯注】oder 原文誤作 der，今依文義校改。

　　而今，知性從這些現象形成諸對象。它自己形成這些對象：因為是它將心靈之諸多相繼的小變化統合為整體的完整感覺；是它進而使這些整體在時間中相互繫屬，致使它們作為原因與結果而前後相繼；由此每個整體在無限的時間中取得其特定的位置，而它們全體共同取得現實事物之穩定與堅固；最後，是它藉由另外附加的聯結，將同時存在的對象與相繼的對象區別開來，而且以這種方式——亦即，它將秩序、先後次第底規則性與交互的影響帶入感覺底直觀之中——創造就本義而言的自然，並且依它自己的法則來決定自然底法則。

　　單是感性直觀，僅提供純然的夢幻。單是知性概念，僅提供秩序之一種規則，而沒有可供安排的事物；感性直觀與概念相結合，便提供對象，即看來現實的東西。知性底這些法則比它們應用於其上的現象更為久遠；因此有先天的知性概念。康德先生確定知性之四種普遍機能，並且由此推衍出四種可應用於現象的普遍概念，亦即範疇：質、量、關係、樣態。在第一類範疇之下有實在性、虛無性與限制性；在第二類範疇之下有普遍者、特殊者、個別者；在第三類範疇之下有依存、因果性與交互影響；在第四類範疇之下有可能性、存在與必然性。（但是這種畫分有何根據呢？用什麼證明其完整性呢？如果這些是先天的知性概念，而不僅是後天的謂詞之邏輯分類，則它們必然衍生自知性之本性。即使在意義最深刻的系統中，難道基本概念不是似乎往往僅由聯想而產生，而且洞察力難道不是似乎僅致力於藉由它對這些概念所能作的意外應用來證成這些概念嗎？）

　　知性在將感性的圖像轉變為經驗知識時，有雙重的工作；

它根據範疇安排諸現象，藉此形成概念；再者，它制定諸原理，而這些原理不外是它自己的法則之表現，以及感性直觀底規則之表現。要產生對象底概念，有三件事是必要的：相繼的印象必須由感能（sinn）本身統一為一項感覺；諸多完整的感覺必須借助於構想力而被結合為一項知覺；此際，構想力更新過去的直觀，而一項新的直觀呈現出來。諸多知覺必須藉由對於我們自己的意識被統一為屬於**同一個自我**。為了建立原理，範疇必須（按照作者底新語詞）被圖式化，亦即變得更為具象、更可直接應用於現象；而這是藉由範疇與空間及時間底表象（作為直觀底條件）之結合而發生。

分析的原理是這樣的原理，即它們僅包含主詞之已存在的概念；綜合的原理則是這樣的原理，即它們為主詞加上一個新的謂詞。唯有在主詞與直觀相接時，綜合原理才能被建立（我們要在一個事物上發現新的東西，就得親眼見到它）；且因此，除非範疇被圖式化，否則由範疇不會產生綜合原理。第一項分析原理是矛盾原理。它不過是意謂：當我以知性之一項機能來抵消另一項機能時，我沒有完成任何機能。普遍的綜合原理是這樣的原理，即它表述：為了形成一項說明而必要的一切先天知識，亦即現象要成為對象或是要讓對象結合為相互連貫的整體而需要的一切概念，都必須被視為客觀有效的。

而今，當量底範疇與空間及時間相結合時，就產生這項公理：一切存在（即在現象中）之物均在空間與時間中為廣度的（extensiv）。任何事物若非充塞某一空間與一段綿延，就無法被為呈現為現存的。將質底概念與時間及位置之決定相聯結，便產生這項原理：每個被感覺到的事物（每個在現象中的現實

之物)必然具有一個內在的量度,即實在性底一個程度。藉由
這項原理之應用,我們能顯示:比重之不同不可單由在物體中
或多或少虛空的居間空間來說明,而是能來自其基本部分底實
在性之不等程度。若將第三類範疇,即關係底範疇(實體性、
依存與交互聯結)與時間之三種主要決定(常住性、繼起與同時
存在)相比較,就產生作者稱為「經驗之類比」[3]的三項原理。
1)在一切現象中,實體性之物不外是常住之物,而其他構成附
質的表象伴隨它而交替。變化之物底繼起,因而時間,要藉由
此物所依的常住之物才能為人所察覺,如同瞬息即逝的影象必
須有一個背景,其運動才會被看見。因此,正如時間底概念對
於一切存在均是必要的,實體之常住性也是如此。創造與毀滅
底概念對我們而言,等於是取消一切思考,且因此是一種荒
謬。2)一切發生的事物必定跟隨另一個事物,而它合乎規則地
由這另一個事物產生。因為有**一個**時刻,也會有一個先前的時
刻。這個先前的時刻並非虛空的。但是在先前時刻與後續時刻
間的繼起必須是合乎規則的,因為時間是一個連續的量度。3)
一切同時存在的事物必定是在一種交互性之中。甚至同時的事
物也造成相繼的印象。因此,知性要如何將同時的事物與相繼
的事物區別開來呢?要藉由另一種聯結。而除了「在相繼的事
物當中,影響是片面的,僅由原因進至結果,而在同時的事物
當中,影響卻成為雙重的與相互的」這一點之外,還能有什麼
區別呢?

3　【譯注】「經驗」(Erfahrung)一詞原文誤作「距離」(Entfernung),
　　今依《純粹理性批判》校改。

最後，我們將樣態底範疇（存在、**可能性**與必然性）應用於作為直觀底根據的決定，而我們會發現：這些字眼也僅表示在我們的表象中之若干差異而已，而無法按照這個意義應用於物自身。能被經驗的東西，亦即與經驗之形式條件相符的東西，對於我們是**可能的**。與經驗之實質條件相符的東西，也就是說，直接被直觀的東西，或是這樣的東西，即我們清楚地了解，當它被置於另一個位置、另一個時刻時，我們會經驗到它，是**現實的**。最後，按照一切經驗所依據的普遍法則而與現實之物相聯結的東西，是**必然的**。職是之故，除了由原因而來的結果之外，並無任何必然之物；是以，我們始終僅了解狀態、變化、事件之必然性，而決不了解實體之必然性。實體決非結果；實體是常住不變之物，而在其中，原因與結果之交替才為人所察覺。因此，凡是我們視為且稱為對象的東西僅是現象，但它們是憑藉知性根據它自己的法則，由於在範疇中所表達的機能而被關聯起來，根據空間與時間而被一律聯結起來；而當純粹知性（它將統一性與系統引進現象之中）之法則與直觀之法則（它們要求時間與位置之決定）彷彿聯合運作時，所有關於存在與實體的概念，連同一切依附於它們的概念便產生了。除了這些對象（它們只是由知性與直觀底規則所限定的印象）之外，是否還有其他的對象（我們能稱之為**物自身**[4]，因為它們的存在無待於我們的表象方式），我們誠然完全不知道；而且，如果有這

4　【譯注】加爾維在此使用 Dinge für sich，而非依康德底習慣，使用 Dinge an sich 一詞。但由上下文可知，他在此所談的正是康德所謂的「物自身」，故譯者還是譯為「物自身」。

些事物的話，它們對我們而言，並無任何謂詞，因而形同虛無。然而，我們彷彿為我們的知性之另一項法則所迫，而以或然的方式假定這些事物。而正是這點讓人有理由依古代的真正意義去區分「事相」（Phänomenis）與「理體」（Noumenis）——這些字眼表明一個無法避免、但卻決無法回答的問題。

我們彷彿在現象中將上述的諸原理實體化，藉此將它們從範疇抽繹出來。但即使不考慮到對象，知性底純粹表象也能被相互比較。這其實就是所謂的「反省」（Reflexion）；而在知性底純粹表象之下所發現的關係不外是「同一與差異」之關係、「內在與外在」之關係、「一致與矛盾」之關係，最後是「可決定者與決定」或者「質料與形式」之關係。但是這些表象具有雙重性格：一方面，它們僅在純粹知性之中作為其機能之表現而存在；而另一方面，它們被應用於現象，並且彷彿包在感覺之中。既然如此，上述的關係也取得雙重意義。1)在純粹知性底概念中被設想的差異只能存在於特徵之差異當中；因為除了這些特徵之外，一個概念並不包含任何東西。在直觀中的差異存在於地點與時間之不同當中，因為地點與時間是感性直觀之條件。2)如果知性撇開感性現象而尋求事物之內在本性，它所發現的不過是**它自己的妄想**（Dünkel）——知性能以此名稱之。我們在直觀中見到的事物之內在本性意謂其最初且最普遍的關係，諸如引力與阻力。3)在純然概念中的一致即是矛盾之不存在，而矛盾存在於對同一謂詞之肯定與否定。在現象底對象中的一致即是諸力量之可能的統一，而不相互取消其作用；而矛盾即是諸力量之直接對立。4)對知性及直觀而言，質料是感覺之材料，是我們的自我之個別限定。對知性而言，形式存

在於空間與時間中的事相之普遍先天概念，或者說範疇。

從上述關係底這兩種表象方式之混合可以推衍並駁斥萊布尼茲著名的形上學原理。除非他在一個事物中發現一項謂詞是另一個事物所欠缺的，否則他無法在事物底概念中區別兩個事物；因此，他推斷：若不存在特質之不同，感性底兩個對象也決無法被設想。他並未察覺到：概念在此所欠缺的差異是添加上去的，此即空間與時間（真正建構對象的決定）之差異。由於他藉由知性而能在事物當中設想的內在之物不過就是思想而已，他賦予其所有的實體以表象力，並且形成單子（Monaden），而未發覺：在感性底對象（它們不外是表象，且因此完全由關係所組成）當中，並不會有一個真正的**內在之物**。由於他發現一切不自相矛盾的概念都是可設想的，他推斷：一切實在性必然相互協調，且由此證明一個最圓滿的存有者之可能性；但他並未考慮到：不自相矛盾的實在性在現實性當中能相互抵消，如同兩種相反的運動一樣。這種及一切類似的形上學幻覺均由此產生，因為人們並未探討，諸表象是在何種精神能力之中被相互比較。若不添加上依待於空間性與時間性的存在之特殊決定，在純粹知性底概念中真實的關係不可被應用於現實物，亦即直觀底對象。

因此，我們在這裡登上了形上學高度之頂端，而探討：**某物**（Etwas）是什麼？當我們談到一個對象、一個事物時，這是什麼意思？不外是一種由感性直觀所給與、由知性所處理，並且被置於概念之下的表象。因此，「**無**」（Nichts）乃是表示欠缺實在物底這兩項條件之一。當這些條件完全闕如時，或是只要它們被我們所消除時，這種欠缺便會發生。當知性概念完全被

一項矛盾所取消時，或是感性直觀完全被排除（因為並無任何印象存在）時，前者是否定的無（nihil negativum），後者是缺乏的無（nihil privativum）。反之，如果我們自己將這兩者彼此分開，就會產生沒有感性直觀的概念，即理性之有（entia rationis），或是沒有概念的直觀，即想像的有（entia imaginaria），空的空間即屬於此類[5]。

由此可知：對純粹知性的正確使用在於將其概念應用於感性現象，並且藉由兩者之結合而形成**經驗**；再者，由概念去推論我們決無法經驗到的對象之存在與特性，是對純粹知性的一種誤用，也是一項決不會成功的工作。我們的作者將這種誤用稱為辯證，或是理性之先驗[6]運用；而這部著作之第二部分就是要檢查這種運用。

如今又加上一種新的力量，即對諸表象的進一步處理，而其來源在於理性。理性涉及已匯集的知性概念，一如知性涉及現象。正如知性包含規則，而個別的事相依這些規則被納入一套連貫的經驗之諸系列中，理性則尋求最高原則，而這些系列能由這些原則統一為一個完整的宇宙全體。如同知性從感覺製造一連串的對象，而這些對象像時間與空間之各部分一樣，彼此相依待，但其中的最後環節還是回溯到更早或更遠的環節，理性則想要延長這個串系，直到其最初或最遠的環節；它尋求諸事物之開端與界限。

在此，作者所選擇的「**條件**」（Bedingungen）一詞對他大

5　【譯注】「無」之分類表見 *KrV*, A291/B348.

6　【譯注】加爾維在此使用 trancendentell 一詞。

有裨益；他以此詞來涵蓋為了能理解任何事物或表象而必須被預設的一切東西。因此，先前的時間是未來的時間之條件，原因是結果之條件，部分是全體之條件。當知性被應用於現象時，它總是將我們從有條件者引向條件，而這些條件又是有條件的，而且停留在條件當中。理性之第一法則是：在某個有條件之物存在之處，條件之系列必須完整地被給與，或是上升至某個無條件之物。我們感覺到這項自然法則之必然性；但這同樣的法則既是就其自身而觀的事物之一項法則，又是我們的知性之一項主觀規則嗎？理性以兩種方式超越經驗：首先，它想要延長我們所經驗的事物之系列，使之遠遠超出經驗本身所及之處，因為它想要達到系列之完成。其次，它也想要將我們引向我們從未經驗到其類似物的事物，即引向無條件之物、絕對必然之物、無限制之物。

　　而今理性尋求條件之這種全體性，係針對：1)思考的主體本身；2)現象或是感性底對象；3)知性所預設、但卻不認識的物自身或是先驗的[7]對象。

　　由此便產生了關於**心靈**、**宇宙**與**上帝**的理性探討。

　　我們不知道，作者在理性推論[8]底邏輯規則與這些形上學探討之間發現了什麼關聯。對他而言，大前提必須是全稱的，這是理性何以要尋求普遍性，亦即宇宙系列之全部完成的一項理由。定言的推論將他引至心理學，假言的推論將他引至宇宙論，選言的推論將他引至神學。評論者承認：他無法在這條路

7　　【譯注】加爾維在此依然使用 trancendentell 一詞。

8　　【譯注】「理性推論」即是指「三段論法」。

上追隨作者。

這些探討之總結論是：如果理性底原理被擴展，以顯示現實的事物及其特質，它們便會通往幻相或矛盾；但如果這些原理充作知性之規則，以期在探究自然時**無止境地前進**，它們便是有用的且不可或缺的。在心靈學中，當僅屬於作為思想的思想之規定被視為思想性存有者之性質時，錯誤推論便產生了。「**我思**」（Ich denke）是整個理性心理學之唯一來源。這個命題並不包含任何關於**我**、關於存有者本身的謂詞。它僅陳述思想之某一規定，即由意識而來的思想關聯。因此，從這個命題決無法對據稱由「我」所表述的存有者之實在性質有所推論。

1)[9] 由「『**我**』底概念是許多命題之主詞，而且決無法成為任何一個命題之謂詞」推論出「**我**，即思想性存有者，是一個實體」，但此詞[10]僅是要表示外在直觀當中的常住者。2) 由「在我的思想中找不到部分之外的部分」推論出心靈之單純性；但是在據稱被視為現實的，亦即作為外在直觀底一個對象的東西當中，單純性不會發生，因為此其條件是：此物是在空間中，充滿一個空間。3)由意識之同一性推論出心靈之人格性。但是難道一系列的實體不會彼此傳送其意識與思想，一如它們彼此傳達其運動嗎？（這唯一的譬喻闡明了作者底思想，勝過所有的一般性說明。）4)最後，由對於我們自己的意識與對於外在事物的直觀之區別錯誤地推論出外在事物之觀念性（Idealität）。不過，為了使人只是多少理解，關於物體世界的觀

念論(作者稱之為經驗的)如何能為先驗的[11]觀念論所駁倒,這需要作者底一切洞察力。評論者對此所了解的一切概括如下:觀念論者[12]如此區分內感與外感之感覺,即是他想像:前者將現實的事物呈現於他,後者僅將事物之作用呈現於他,而這些作用之原因則不確定。先驗的[13]觀念論者並不知這樣一種區分。他了解:就我們自己與物體當被視為物自身而言,我們的內感並不提供我們關於我們自己的絕對謂詞,一如外感不提供我們關於物體的絕對謂詞。依他的看法,我們的感覺有如一系列交替更迭的繪畫,這也在於:這些繪畫並不告訴我們繪畫者之真正特性,一如它們不告訴我們所畫的對象之真正特性。一言以蔽之,先驗的[14]觀念論並未證明物體之存在,而只是取消對我們自己的存在之信念據稱相對於對物體底存在之信念所具有的優先性。

在心理學中,理性底幻相僅是片面的;在宇宙論中,這種幻相同樣必然地是雙面的,並且相互對立。因此,它引起決無法消除的矛盾。因為理性尋求在宇宙中被聯結的所有對象底系列之完整性。1)關於綿延與擴延的完整性;它探詢宇宙之開端與界限。2)關於組合的完整性;它探問:物質是否可以無窮分割?還是由單純的元素所組成?3)關於因果性的完整性;

11　【譯注】加爾維在此亦使用 trancendentell 一詞。

12　【譯注】對照於接下來談到的「先驗的觀念論者」,這裡所談的顯然是康德所謂的「經驗的觀念論者」。

13　【譯注】加爾維在此倒是例外地使用 transcendental 一詞。

14　【譯注】加爾維在此又使用 transcendentell 一詞。

它探問：是否有自由的原因？還是變化本身始終是被決定的，一個變化為另一個變化所決定，以至於無窮？4）關於事物底絕對存在的完整性；它尋求一個絕對必然之物。在所有這些問題當中，矛盾之發生完全無法避免，因為理性與知性有完全相反的需求，提出完全不同的要求。

如果我們在某處結束這些系列，並且假定一個第一環節，理性便覺得這個停頓來得太突然，這個系列太短了，而尋求更高的環節；再者，如果我們要讓這些系列無窮盡地前進，則它們對於知性來說，似乎又太長了而無法理解，且因此是荒謬的。一個沒有開端與界限的宇宙、一個沒有元素的組合物、沒有自由原因的結果、沒有一個必然之物的偶然事物，均冒犯了知性，因為它找不到它所尋求的休止點；但如果我們將任何一個事物視為最初的、單純的、自由的或是必然的，就冒犯了理性，因為它不會發現我們何以必得在這個事物、而非在其他事物停住的理由。

如果我們知道理性之真正運用，這些矛盾就會被化解。如果理性之使命僅是在形成並運用知性底經驗知識時為知性在前面照明，則理性底原理並不會表述事物如何存在，而是僅為知性規定它該如何處置事物；而這種處置可能往往是對立的，而且在每一方面都是必然的。

理性從一方面預懷「要達成諸事物底系統之完整性」的意圖，而指示知性無止境地尋求原因之原因、部分之部分，但卻從另一方面警告知性不要將它藉由經驗所發現的任何原因、任何部分假定為最初的與最後的，這其間並無矛盾。這是趨近（Approximation）底法則，它同時包括「無法達成」與「不斷接

近」二義。但是一旦這些規制的(regulativ)原理被視為關於事物本身的主張，它們必然會導向矛盾。而今藉由上述的發現，這些矛盾以下列的方式被化解。前兩項背反僅涉及量度之界限，即宇宙之開端與物質之可分性。藉由我們指出：兩個對立項均是虛假的，這兩項背反被化解。像在這兩個對立項中所假定的這樣一種宇宙、這樣一種分割並不存在。只有現象存在，其中的回溯事實上能一直被延續下去，但卻不會被完成。「**宇宙**」只是藉由經驗被提供給人的表象系列之別名。對人而言，這個系列既無法無止境地前進，也無法在任何時候完全結束。關於自由與原始存有者的另兩項背反涉及諸事物之界限、極限，但不是關乎量度，而是關乎因果性；而這兩者[15]能同時為真實的。變化之系列能由具有雙重性格的行動產生：就這些行動本身作為現象而屬於宇宙中的事件，並且作為現象而必然回歸到其他先前的現象而言，它們具有一種感性的性格；就它們來自無所知的**某物**(我們稱之為先驗之物[16]、物自身)而言，它們具有一種智性的性格[17]，並且由於這種性格，它們能是自由的。在「應當」(Sollen)底概念中、在理性之**命令**中，我們發現這特殊種類的因果性之一個跡象；這是一種必然性，它與任何其他的必然性均不同，以致儘管由於自然原因之必然性，一

15　【譯注】就文義而言，「這兩者」是指後兩項背反；但就義理而言，它當是指這兩項背反中的兩組對立項，而對應於上文針對前兩項背反所說：「兩個對立項均是虛假的。」

16　【譯注】加爾維在此使用 das transcendentelle 一詞。

17　【譯注】加爾維在此使用「智性的」(intellektuell)一詞，而非依康德底習慣，使用「智思的」(intellegibel)一詞。

個行為之反面實際發生了，但這種必然性還是清楚地見諸這個行為當中。宇宙中的實體能有一種智性的性格，而就這種性格而言，其行為是自由的，但就另一方面而言，這些行為作為事相，卻是自然地必然的；同樣地，在偶然之物底系列之外能有一個完全智性的實體，它建立這個系列，卻不限制它。（要以少許字句清楚地表述康德先生在此想要建立的統合，是不可能的；我相信：要清楚地理解它，是不可能的。但清楚的是：作者將若干命題視為比他的系統更高、更神聖；而且在若干決定上，他考慮他一定要保留的結論，甚於他已確定的原則。）理性所要求的系列之最後完成將理性從感性世界引向最高與最遠之處，這即是絕對地或就其自身而觀的事物之最後完成；而這為自然神學提供了根據。

自然神學底批判之結果與先前的結果十分類似。似乎對現實性有所陳述的命題被轉變為僅為知性規定某種程序的規則。作者在這裡所添加的唯一新義是：在思辨讓天秤底兩個稱盤同樣重，或者不如說，同樣空的情況下，他求助於實踐的興趣（Interesse），並且讓道德理念最後拍板定槌。思辨之所得如下：關於一個有限的實在物之一切思想類似於關於一個有限的空間之思想。如果沒有一個無限的普遍空間（圖形在其中設定界限），就不可能有一個有限的空間；同樣地，如果沒有一個普遍的無限的實在物作為個別事物底規定（亦即限制）之根據，就不可能有任何特定的有限的實在物。但是這兩者僅對於我們的概念為真實的，這兩者僅表示我們的知性之一項法則——就一個表象預設另一個表象而言。其他所有據稱有進一步闡發的證明，在經過檢查之後，都被認為不充分。第一項證明，即存

有論的證明，是先天的。它從最高圓滿性(它包含一切實在性，因而也包含存在)之概念推論一個上帝之必然存在。在這項證明當中存在兩個缺陷。第一、我們無法了解這個最圓滿的存有者之內在可能性，亦即，所有的實在性是否且如何能共存於一個實體之中。第二、我們無法理解任何一個存有者(不論它有什麼謂詞)底存在之必然性。唯有在一個主詞之諸謂詞當中，一個謂詞取消另一個謂詞的情況下，而決非在這個主詞連同諸謂詞一起被取消的情況下，我們才發現矛盾。存在並非一個新謂詞，對事物底概念無所添加；因此，它既無法被視為與事物底概念相協調，亦無法被視為與之相矛盾。

宇宙論的證明係從任何一個偶然事物之系列推論一個上帝之存在。第一、它將因果性原理擴展到宇宙底現象之外，而這項原理僅是從宇宙底現象推論出來，而且僅對於宇宙底現象為真實的。第二、這項證明最後與存有論的證明重合，並且預設它，因為必然性與最高圓滿性之間的關聯終究還是得在這同一個實體中被顯示出來──這種關聯無法被顯示出來，因為我們根本無法將必然的存在與任何事物底概念聯結起來，而且我們也無法闡明最高圓滿性之內在可能性。

自然神學的證明係由我們這個宇宙之圓滿性去推論：1)它使宇宙之創造者不成為上帝，而是僅根據宇宙中的善與惡而為圓滿的或不圓滿的。2)為了補充無法從這個宇宙之特性推論出來的東西，它回頭求助於前兩項證明，即存有論的證明與宇宙論的證明。

因此，這整套思辨神學所剩下的，不外是知性之規則：藉由你從條件上升到條件，不斷地尋求一切實在性之來源，即無

條件的存有者；但你決不相信會在任何一個實際被經驗的事物中找到它。

如今，道德的概念出而協助這些思辨，而這些概念是完全必然的，且是先天地真實的；它們向我們顯示某種行為方式為**正當**（Recht），且同時使它對我們呈現為**對於幸福的要求**。藉由這兩個理念，它們將我們引到事物底一種關聯上，而在其中，幸福必須按照品位來分配；而這個系統（我們可稱之為恩寵王國）以上帝為其頂點。

當評論者讀到本書底這部分時，他呼喊道：人之本性被安排得多麼智慧與幸運呀！在人跟蹌地通過他在思辨之途中所發現的每塊小絆腳石之後，而一旦更強的德行興趣將他召回通常的人類知性之坦途時，他便越過了全部巖石與鴻溝。唯有道德情感使關於上帝的思想對我們是重要的，而且唯有道德情感之圓滿化改善我們的神學，這是千真萬確的。然而，在我們排除了所有其他涉及事物底存在的感覺及由此得出的理論之後，我們便有可能掌握這種情感及建立於其上的真理；再者，在自然王國在我們的眼前消失之後，我們便能居住且生活於恩寵王國之中——我相信：這將會進入僅僅極少數人之腦中與心中。

在對所有思辨神學的這種批判當中，作者還以若干例子來顯示：知性如何根據他自己的法則來制定自然法則，以及甚至知性對於其一項或另一項原則的較大偏好如何促使它也從不同的方面來看待自然。我們不可無必要地增加種屬之數目；在所有的物種中我們預設類似性，而藉由這些類似性，所有的物種能被歸於共類之下；在所有的特性當中我們預設可能的限

定，而藉由這些限定，這些特性提供新的亞種——這一切均來
自我們的本性之雙重法則：其中的一項法則為我們指定規則，
以便有系統地安排我們的表象；另一項法則迫使我們在事物底
本性中預設一種系統性統一，而這種統一正是我們的本性在對
於事物的概念中所要求的。

因此，由現象擷取的諸概念，由知性在經驗中聯結起來，
儘管它們決不會完全被納入一個完整的系統中，但是理性卻不
休止地努力將它們組成一個完整的系統：這便是我們的宇宙。
以此為我們的事業，這是我們的全部宇宙論與神學之結論。

這部著作之最後部分包含方法論，它首先指出純粹理性必
須防範什麼，此即**訓練**（Disciplin）。其次，它指出純粹理性必
須遵守的規則，此即純粹理性之**法規**（Canon）。對純粹理性底
獨斷運用的探討導向對數學方法與哲學方法的比較，這種比較
甚至對於那些無法探究作者底全部系統的人來說，也是大有啟
發的。數學是唯一能使其普遍概念可直觀、而不絲毫喪失其普
遍性的學問。但除非是藉由來自經驗的例子（它們始終具有特
殊情況之限制），否則哲學無法使其概念可直觀。畫出來的三
角形完整地預示了三角形底普遍概念，而在這個概念之外所預
示的極少，以致它可被視為這個概念本身之一種純粹直觀。在
一個例子中展示「力」或「原因」底概念，會將許多外來的與
個別的東西與共相相混，使人很難將其注意力僅集中在這個共
相之上。在數學中，定義構成概念，因為這個概念是我們自己
的知性之一項組合，且因此是必然的；在哲學中，定義據稱僅
釐清一個已存在於心靈中的概念，且因此是可或缺的；再者，
無論是對於經驗還是對於純粹知性之理念，都不會有真正的定

義。數學中有公理（Axiomata），因為概念能在其普遍性中（亦即，先天地）被直觀，某些命題藉此而成為直接明確的。哲學沒有這樣的公理；除非後天地藉由經驗，否則哲學無法提供其理念以任何可直觀性。最後，唯有數學有證明——在此，每個推理步驟均有直觀相伴。

理性之第二種運用是辯駁與爭論；如果在理性底各種主張中發現必然且無法解決的矛盾，最後引導理性發現它必須駐足的界限，這種運用便是有用的。理性之第三種運用是建立假設，其延伸範圍僅限於理性將已知的自然原因應用到新的事相上，而不是理性可以臆想新的原因；如果假設完全解釋了事相，而且毋須為了說明事相中該假設無法滿足或甚至與之相牴牾的部分，而再求助於新的假設，這種運用便是恰當的。為了解釋宇宙而以一個最高存有者之現實性為假設，這有兩項缺點。這是一個與我們所經驗到的一切事物不同類的存有者；而且它並未解釋一切事物；宇宙中的不圓滿與失序又要求新的附帶假設。

最後，這便通往純粹知性[18]之法規，而這是由其最高目的——即道德或是「配得幸福」——所組成。

我們認識到某種行為是絕對配得幸福的；這個「配得」較諸幸福本身，更是自然之最後目的。對許多讀者而言，這兩個

18　【譯注】加爾維在此使用「知性」（Verstand）一詞，顯然是「理性」（Vernunft）之誤，否則此詞在文法上將與下文所言「由其最高目的」（aus **ihrem** höchstzen Zwecke）不合。

命題較諸作者底批判所駁斥的一些命題，似乎更不明確[19]。

我們無法基於思辨的理由而知道的事物，理性要求我們去相信，因為它讓我們先天地認識我們的行為之某些必然的規則——但若無一個上帝和一個來世，亦即，若無一個睿智的宇宙創造者，以及幸福與「配得〔幸福〕」始終相伴的一個狀態，這些規則便不會是真的，或者至少無法成為我們的意志之動機。

對於已跟隨我們至今的讀者，我們沒必要搶先對這個系統下判斷。這個系統無疑發現了決無法完全化解、也決無法化解的困難，且因此協助我們清楚地了解我們的知性之界限。就這方面而言，本書是極為重要的。它在若干章節中圓滿地完成了評論者長久以來所期望之事，亦即藉由比較彼此相互爭辯的諸系統來顯示：理性不可能在任何一個系統中得到完全的滿足。

19　【譯注】康德以「配得幸福」(die Würdigkeit, glücklich zu sein) 來界定「德行」(Tugend)，故「配得幸福」與「幸福」之關係即是德、福關係。加爾維本人以「幸福」為道德原則，故質疑這種區分。他後來在其《試論道德學、文學與社會生活底各種對象》(*Versuche über verschiedene Gegenstände aus der Moral, der Litteratur und dem gesellschaftlichen Leben*, Breslau: Wilhelm Gottlieb Korn, 1792-1800) 一書中便提出這項質疑，而康德也在1793年發表的〈論俗語所謂：這在理論上可能是正確的，但不適於實踐〉("Über den Gemeinspruch: Das mag in der Theorie richtig sein, taugt aber nicht für die Praxis") 一文中加以回應。康德之回應見 *KGS*, Bd. 8, S. 278-289；亦見李明輝譯：《康德歷史哲學論文集》(臺北：聯經出版公司，2002)，頁100-112。關於加爾維與康德在這個問題上的意見分歧，參閱 Franz Nauen: "Garve - ein Philosoph in der echten Bedeutung des Wortes", *Kant-Studien*, 87. Jg. (1996), S. 184-197.

但作者還想要更進一步。他試圖藉由一種新的人為翻轉來解決這些困難，此即，他使我們稱為對象的一切東西都成為表象底方式，並且將事物底法則轉化為我們的思考力之主觀規則。而正如這種方法決無法完全明確化，且因此無法在探究或生活中成為有用的，它更無法免除困難——這些困難與它想要解決的困難一樣大或者甚至更大。

這整個系統之最初基礎是作者據以提出空間與時間底概念的新觀點。首先，它們作為感性現象之主觀條件（作者如此看待它們），存在於我們之內，是我們的感覺能力之形式、法則；其次，是它們使向我們呈現某物為**現實的**、為在我們之外的一個對象之那些表象有別於其餘的表象。既然他相信自己發現了繫屬於我們對於諸存在的理念、並且彷彿使它成立之特點，他便從這項原則出發，以期從空間與時間之獨特規定推衍出一切存有論的與宇宙論的原理——它們對現實事物有所述說，並且將其他事物視為由經驗而來的抽象。如果我們在外在現象中假定某個實體性之物，為一切變化預設原因，相信一切同時存在的事物均是在相互影響之中，則這是緣於（我們自己對此無意識）時間與空間（若無它們，任何事物均無法顯現為一個感覺對象）包含所有這些概念。從未有人像我們的作者那樣，使時間與空間對於哲學真理如此富有成效。

事實上，在我們的知識之全部範圍內，幾乎不存在兩個如此奇特的、與所有其他的理念如此不同的、如此不可理解的理念。人們迄今為此所假定的理論中，沒有一個令人滿意。我們的知性不可能將它們視為事物；我們的想像（Imagination）不可能將它們視為關係。它們似乎無待於且先於外在感覺，而且也

無法從內在感覺推衍出來。這些困難是存在的；但如果我們使空間與時間成為直觀之一項法則或一個條件，這些困難會被化解嗎？我們的思想之一項主觀形式如何呈現為在我們之外的一個對象，是更可理解的嗎？因為對於想像而言，空間，甚至空的空間，似乎的確存在。「**法則**」（Gesetz）一詞——直觀之主觀的[20]形式、**條件**——若非用於我們的表象之一項限定，而是用於一個特殊種類的表象，則它所表示的豈是超出了以下之義：這個表象存在於我們之內，而我們無法從感覺發現其來源（一如其餘表象之情況）？因此，這基本上豈非等於承認我們的無知？解悟我們不可能化解這些困難？豈非一種為哲學家帶來榮耀的承認？一種對哲學家而言真有所得的解悟？但是，這種解悟不可能成為諸多結論之根據。

　　再者，在空間與時間底概念與純粹知性底所有其他概念之間的距離，實際上是否像作者所假定的那麼大？對評論者來說，他似乎發現了作者藉以達到這種分離之道路。作者了解數學之確然的確實性，而在所有的人類知識當中，惟獨數學具有這種確實性。他了解：數學是唯一的學問，它能讓普遍概念完全純粹地成為可直觀的。當他更深入地探究這種區別時，他相信自己在數學中發現了一種特殊種類的可直觀之物——他稱之為先天的直觀，因為藉由它，而不借助於經驗，普遍概念還是能按照在其他的情況下唯有感性底對象能被展現的方式而被展現。而今他推論說：數學及特別是幾何學之這項特點只能

20　【譯注】加爾維在此異乎尋常地使用 subjektivische 一詞。

來自其對象——**空間**——之特殊本性；而既然空間與時間完全是類比的概念，這種先天的直觀必然為這兩者所特有，而且僅為它們所特有。而今一道靈光似乎突然使他了解純粹知性底理念與感覺底現象，因為他相信自己找到了將這兩者相互統合起來的媒介。空間與時間底概念不屬於這兩者中的任何一者；但是當這兩個概念及其結論被添加到前者時，便形成原理，而這些原理又能被應用於後者，並且將它們轉化為真正的知識。但首先，作者似乎並未注意到：這整套理論僅針對視覺而被構思；而聽、嗜、觸（在此並無空間，亦無先天直觀）理當無法以這種方式讓人思考任何**現實**之物、任何對象。其次，無論空間與時間據稱彼此是多麼相似，又縱使兩者如作者所言，是被先天地直觀，何以時間底可直觀之物幾乎不曾使我們得到一個或另一個命題，但空間底可直觀之物卻使我們得到了一門完整的學問，即幾何學呢？

　　作者所獨有、且對他而言極富成效的先天直觀或許不正是一個知性概念之感性映像，但這個映像是如此簡單，以致圖像之殊相、個別相不太使心靈驚訝，且因此不脫離對共相的考察？再者，幾何學中一個畫出來的三角形之直觀與哲學中一項事實之直觀彼此在本質上如此不同嗎？在我看來，不然！這兩者均是經驗底例子。只是前一個例子包含極少外來的東西、極少有趣的附帶情況與規定，以致我們極其容易在看見它時就抽離於一切不屬於這個普遍概念的東西。反之，在哲學的例子中，外來的添加物極多，而且事件之特殊情況往往令人大為驚訝，以致注意力完全被從概念之普遍特徵引開，而唯有以最大的努力才可防止兩者之相混。

最後，如果我們同意作者底所有區分，則對我們來說，他似乎仍未（按照其意圖）充分地解釋，我們如何藉由我們自己的本性之法則而得到某個存在之物底表象或是確信此物。因為無論是空間與時間底概念，還是與它們相結合的範疇，均非專屬於清醒與感覺之狀態（唯有在這種狀態中，我們才假定存在的對象）；它們也為小說、幻覺與夢幻所共有；它們甚至存在於瘋人之幻想中。每當我們作夢時，我們看到被呈現的東西的確在時間與空間之中，在前後相續中，在相互影響中，簡言之，合乎我們的精神之法則；但我們終究不認為它是現實的。這兩種狀態——感覺與強烈的幻想——之區別（作者並未考慮到這項區別）似乎一向也以最清楚的方式將知性引到了某些對象之現實性；因為知性了解：單是主觀的法則並無法解釋那些最有理由被所有人視為現實對象的表象之種類與先後次序。

在作者底系統中所闡述的命題其實是一個有名的古老命題，即是：我們的感覺沒教我們任何關於事物底性質的東西，而只是我們自己之變化，而由事物之某些我們所不知道的性質所產生。儘管如此，我們自己之這些限定（特別是在視覺中）還是顯現為在我們之外的對象。因此，感性與理性之間的第一個且最大的矛盾就在這裡。感性說：有事物存在，而且我們知道其特性；理性則清楚地顯示：我們對於這些特性無所知，且因此使我們甚至懷疑事物本身之存在。至此，對於事物底現實性的這番探討同時即是對於我們的本性之探究，而我們很快就碰到我們無法逾越的界限。

但既然理性底那項理念與感性（它始終伴隨那項理念）之間的矛盾決無法被消除，那麼，當那項理念進一步被追求與發

展時，由此會產生甚麼好處，就很難看出來。如果我們能將兩者統合起來，我們就會得到關於我們自己及事物的一種真正知識。根據作者自己的主張，知性底工作並非為我們取得新知識，而是為被提供給它的感覺加工；且因此看來，知性最好在一切現實事物方面信任感覺。如果如作者所主張的，知性僅為感覺加工，而不提供新知識給我們，則當它在一切涉及現實性的事物中讓自己為感覺所引導，更甚於引導感覺時，它是按照其基本法則而活動。此外，如果兩個事物（如代數中的兩個表述式）是完全相等的相關項，則我使用兩者中的何者，我從何者（作為定義）出發，以便由此去解釋另一者，都是一樣的。然則，同一個對象便只有兩個詞，而且我們有理由使用最常用的詞。因此，如果在我們之內的諸表象按照如此這般的法則而被限定、整理並聯結在一起之後，完全等同於我們稱為對象的東西（我們談到它們，而且我們的全部聰明與學問都在探討它們），那麼，是否我們將事物化約為理念，還是將理念轉化為事物，對我們而言，也是完全無所謂的。後者更符合我們的本性底法則，而且也已被編入我們的語言之中，以致我們無法以其他方式表達自己。

　　要為這部著作底所有部分附上它們在評論者所引發的那些反思，是不可能的。宇宙論的與神學的探討本身較為清楚，而作者本人也已嘗試解決他所製造或凸顯的困難。

加爾維致康德函[1]

可敬的先生：

　　您要求《哥廷根學報》中大作底評論者具名。如今以這篇評論目前的樣子來說，我誠然決無法承認它是我的評論。如果它是完全出自我的筆，我會遺憾萬分。我也不相信：這份學報底任何一位其他的編輯若是獨自作業，會產生如此亂無章法的東西。但我的確多少參與其事。而既然我所在意的是：我一向極為推崇的一位人士，即使他可能將我看成一個淺薄的形上學家，至少認為我是個誠實的人，所以我就依您在您的《序論》中的一處所要求的，放棄匿名。但為了使您能正確地下判斷，我必須向您陳述事情之原委。我並非《哥廷根學報》之編輯。兩年前，我有一次萊比錫之旅（我在我的祖國度過百病纏身、閑散且黯淡的多年歲月之後），經過漢諾威邦，而抵達哥廷根。

1　【譯注】此函收入 *Kants Briefwechsel*, Bd. 1, in: *KGS*, Bd. 10, S. 328-333.

由於我受到這份學報底主編海聶[2]與幾位編輯不少客氣而友善的接待，我不知是何種來自感恩的感動，混雜著幾分自負，促使我自告奮勇去撰寫一篇評論。由於當時您的《純粹理性批判》剛問世，而且我指望從一部以康德為作者的巨著得到極大的樂趣，由於他先前的小著作已帶給我許多樂趣，又由於我同時認為懷有動機以超乎尋常的注意力通讀這部書，對我自己有好處，所以我在看到大作之前，就表示願意評論它。這項承諾來得倉卒，而事實上，這是我在這件事上所意識到且依然感到懊悔的唯一蠢事。接下來的一切，或是來自我實際的無能，或是來自我的不幸。當我開始閱讀這部著作時，我立刻便知道：我作了錯誤的選擇，而且閱讀這部書，對我而言，是太難了──尤其正當我在旅途中，心思渙散，還忙於別的工作，並且多年來身體虛弱，加以當時又如以往一般多病。我向您坦承：我不知道世上還有任何書，閱讀它會耗費我如此多的心力；而且若非我自認為受到曾作過的承諾之約束，我會延後通讀此書，直到更適當的時刻，即我的頭腦與我的身體變得更強健之際。然而我並非輕率地從事。我已盡我所能地將我所有的力氣與所有的注意力用在這部作品上面；我已將它完全讀過。我相信：我正確地把握了大部分個別章節之意義；我並不十分確定，我是否正確地掌握了全書。一開始我就為自己作了一個超過12張的完整摘要，雜以我在閱讀時不由得浮現腦際的想法。但令我遺憾的是：這份摘要遺失了；或許它像我通常最初的想法一

2　【譯注】海聶(Christian Gottlob Heyne, 1729-1812)自1763年起擔任哥廷根大學修辭學教授。

樣，比我以後根據它而寫出來的東西更好。根據這十二張（它
們決無法成為一篇學報評論），我寫成一篇評論，但卻費了極大
的氣力（因為我一方面要節省篇幅，另一方面要使人理解，並且
照應此書）。但是這篇評論也極為詳盡，而且為一部書——其語
言必須先讓讀者熟悉——作一個簡短的報導（這並不荒謬），事
實上是不可能的。儘管我了解：這篇評論比《哥廷根學報》中
最長的評論還要長，我還是將它投寄出去，其實是因為我自己
不知道如何刪節它，而不會使它支離破碎。我自以為：在哥廷
根，人們或者會由於此書之龐大與重要而突破常規，或者如果
這篇評論的確太長的話，人們會比我更了解如何去刪節它。我
是在旅途回程中從萊比錫將這篇評論寄出。在我返回我的祖國
西里西亞（Schlesien）[3] 之後，很長的時間都不見出版。最後我
得到了這份刊物，其中據稱刊載了所謂「我的評論」。您可以
相信：在看到這篇評論時，您本人所感受到的反感或不快不會
像我這麼多。我的原稿中之若干語句事實上被保留下來，但是
它們的確不及我的評論底十分之一，且不及〈哥廷根評論〉底
三分之一[4]。我了解：我的工作（它實際上並非毫無困難）已變

3　【譯注】大部分位於今波蘭西南部，少部分屬於德國與捷克。1740
　　年起，普魯士從奧地利手中逐步奪得其統治權。

4　【譯注】加爾維底評論全文後來刊於 *Allgemeine Deutsche Biblio-
　　thek*, Anhang zu den 37-52. Bd.,1783, Abt. 2, S. 838-862；收入
　　*Prolegomena zu einer jeden künftigen Metaphysik, die als Wissen-
　　schaft wird auftreten können,* hrsg. von Rudolf Malter（Stuttgart:
　　Reclam 1989），S. 219-246. 阿諾德（Emil Arnoldt）詳細比較了加爾
　　維的評論與〈哥廷根評論〉之後，發現加爾維此處所言不實；參

得形同徒勞,並且不僅徒勞,而是有害。因為如果刪節並改動我的評論之哥廷根學者[5]在粗略閱讀了大作之後,也對它提出自己的看法,這將會更好,至少會變得更加有章法。為了在我的親密朋友(他們知道我為哥廷根工作)當中為自己辯解,並且在**他們**當中至少減輕這篇評論必然會對每個人造成的不良印象,當我在若干時日後從哥廷根收回我的手稿之後,我便將它寄給在柏林的參議斯巴爾丁[6]。其後,尼可萊請求我讓我的評論刊登於他的《德意志萬有文庫》[7]。而我答應了他,但有一項條件,即是:我的一位柏林的朋友要將我的評論與〈哥廷根評論〉相比較,而且一則要修改那裡所保留的用語,再則還要先決定:此事是否值得一提?因為我現在完全無力再插手了。而對於此事,我知道的就這麼多。在寫此信的同時,我也寫信給斯巴爾丁先生,並且請求他將我的手稿加以複寫(如果它尚未印出來的話),再將它連同我的信寄給您。這樣一來,您就可以加以比較。如果您對我這篇評論就像對〈哥廷根評論〉一

(續)————————————

閱本書,〈中譯本導讀〉,頁 xxi-xxii。

5　【譯注】這是指費德爾。

6　【譯注】斯巴爾丁(Johann Joachim Spalding, 1714-1804)是德國啟蒙神學底主要代表之一。1764年起,他在柏林擔任普魯士最高教會監理會參議,兼聖尼可萊教堂與聖瑪利亞教堂教長與首席牧師。他也是加爾維底朋友。

7　【譯注】尼可萊(Christoph Friedrich Nicolai, 1733-1811)是腓特烈大帝時代「柏林啟蒙運動」(Berliner Aufklärung)之主要代表。他支持雷辛(Gotthold Ephraim Lessing, 1729-1781)與孟德爾頌(Moses Mendelssohn, 1729-1786),而批判康德。1765年他創辦了《德意志萬有文庫》(*Allgemeine Deutsche Bibliothek*)。

樣不滿，這就證明：我沒有足夠的洞察力去評斷一部如此困難
且意味深邃的書，而且它不是為我而寫的。儘管如此，我還是
相信：即使您對我這篇評論不滿，您還是會認為應當給予我幾
分尊重與寬容；我更加確切地期望：在我們見面相識時，您會
是我的朋友。

我不想使自己從您對《哥廷根學報》之評論者所作的指摘
完全開脫，此即：他對他必須克服的困難惱羞成怒。我承認：
我有時候也是如此；因為我相信：我們必然有可能使據稱在哲
學中產生重大改革的真理（對於那些並非完全不習慣於思索的
人）更容易理解。我驚嘆於要耗費如此大量的精力，才足以徹
底思考這一長串的高度抽象，而不致感到倦怠、不耐，並且不
致偏離其軌道。在大作中的極多地方，我也發現了對於我的精
神之教導與滋養，例如，就在您指出「有若干相互矛盾的命題，
它們卻能同樣充分地得到證明」之處。但即使現在我還是認為
（或許是錯誤的）：您的整個系統若要成為實際可運用的，就得
以更通俗的方式來表達，而且如果它包含真理，也能被表達；
我還認為：完全主導您的整個系統之新語言，無論其用語被納
入的脈絡透露出多大的洞察力，往往使在這門學問本身中出現
的改革，或是與他人的想法之分歧顯得比實際上還要大。

您要求您的評論者在那些相互矛盾的命題當中，證明一個
命題之相反命題無法有同樣充分的證明。這項要求能針對我在
哥廷根的合作者，而無法針對我。我深信：我們的知識有其界
限；而且正是在這類相互矛盾的命題能以同樣的明證性從我們
的感覺發展出來時，這些界限才存在。我相信：認識這些界限
是十分有用的；而且我認為大作中最有益於公眾的方面之一在

於：您比過去還要更清晰而完整地闡明了這些界限。但我不了解：您的《純粹理性批判》如何有助於排除這些困難。至少在大作中您揭露這些矛盾的部分，較諸大作中能據以消除這些困難的原則據稱得到確定的部分，無可比較地更為清楚而明白（而您本人不會否認這點）。

由於我目前又在旅途中，也未帶書籍，而且手頭既無大作，亦無我的評論，故您不妨將我在這裡對此事所說的話僅視為粗疏的想法，而您本人不必太嚴格地評斷它們。如果我在這裡、在我的評論中不正確地表述了您的看法與意圖，這是由於我誤解了它們，或是由於我的記憶欺騙了我。我並無歪曲事情的惡意，也無能力這麼做。

最後，我必須請求您不要公開使用這項報導。儘管在我初見我的作品被支解之際，這對我似乎是一種侮辱，但我還是完全原諒了那位認為有必要這麼做的人士，一則由於我既然授予他以全權，就要自己為此負責，再則由於我還有理由去愛他並推崇他。再者，如果我向他抗議，否定自己是這篇評論之作者，他必然會視之為一種報復。在萊比錫與柏林有許多人知道我想要撰寫〈哥廷根評論〉，而很少人知道這篇評論中只有極小的部分是我寫的。因此，儘管您對《哥廷根學報》之評論者所表示的不滿（固然有道理，但卻是以一種有些嚴厲的方式）在這所有人底眼中對我有所不利，我還是寧可將此事當作對一種輕率（因為這是承諾去做一件我不知其範圍與困難的工作）的懲罰而承擔起來，而不要得到一種公開的辯白（這必然會使我在哥廷根的朋友難堪）。

謹以真正的尊敬與恭順
致可敬的先生

　　　　　　您最順從的朋友兼僕人
　　　　　　加爾維
　　　　　　1783年7月13日於萊比錫

康德覆加爾維函¹

可敬的先生：

　　長久以來，我就景仰您的人格中之一種已啟蒙的哲學精神及一種因博學與對世界的知識而純化的品味，並且同蘇爾澤（Sultzer）²一樣，惋惜您如此傑出的才能為疾病所困，而無法讓其全部生產力有益於世。現在我享有更純粹的愉悅，即是在大札中見到明確的證明，顯示您那種一絲不苟的耿直與通情達理的體貼心態，而這些特質賦予您那些精神稟賦以真

1　【譯注】此函收入 Kants Briefwechsel, Bd. 1, in: KGS, Bd. 10, S. 336-343.

2　【譯注】這可能是指 Johann Georg Sulzer (1720-1779)，因為在18世紀的德文裡，tz 與 z 往往不分。蘇爾澤是瑞士美學家，屬於吳爾夫學派。自1775年起，他主管普魯士王室學術院之哲學部門。其主要著作為《美術通論》(Allgemeine Theorie der schönen Künste, 1771-1774)。康德曾將其教授就職論文《論感性世界與智思世界之形式與原則》(De mundi sensibilis atque intelligibilis forma et principiis, 1770) 寄給蘇爾澤。

正的價值。我相信無法將這些特質加諸您在哥廷根的朋友[3]
——他毫無緣由地在其通篇評論（因為這篇評論在經過竄改
之後，我或許能稱之為「他的評論」）中僅是發洩怨氣而已。
儘管他對我所發現的困難之說明不表贊同，但至少由於我首
先恰當而全面地闡明了這些困難，且由於我將這項課題可以
說化約為最簡單的程式（即使並未解決它），在我的著作中還
是有一些東西值得一提。但他卻以某種程度的暴烈，甚至我
可以說，以一種明顯的怒氣抹殺一切；對此，我僅舉出一件
小事：就連在這份學報中平常為了多少緩和責難而習慣在「作
者」一詞前加上的縮寫「先生」（Hr.），他都刻意略去。從他
的手法——特別是在他表達自己的思想之際——，我能十足
地揣摩出這位人士。身為一份知名學報之編輯，他即使不掌
控榮耀，但至少在短期間內掌控一位作者之聲望。可是他自
己同時也是作者，而在此也將他自己的名聲置於危險之中，
而這種危險必定不像他可能想像的那麼小。但我對此不置一
詞，因為您仍然將他稱為您的朋友。如果共同參與同一門學
問，並且竭盡努力（儘管失敗地）將這門學問置於堅實的基礎
上，能造成文字之交，則他誠然也應當是我的朋友（儘管是就
廣義而言）；然而在我看來，事情在這裡的態勢，正如在其他
情況中一樣；這位人士必然擔心，在這類的革新當中，會有
損他自己的要求；這是一種毫無根據的恐懼，因為在此所談
的，並非作者之局限，而是人類知性之局限。

3　【譯注】這是指《哥廷根學報》編輯費德爾（Johann Georg Heinrich
Feder, 1740-1821）。

（請容許我在此中斷，而從下頁開始，因為拙劣的複寫紙
會使文字無法閱讀。）

　可敬的先生！您可以堅定地相信我，甚至隨時到萊比錫博
覽會向我的出版者哈特克諾赫[4]探詢：我從未相信他的一切保
證，說您在這篇評論上參與其事，而如今我極其高興由您善意
的報導證實了我的揣測。我並未嬌氣與自負到會被異議與責難
（即使它們涉及我視為我的著作底最卓越功績之處）所激怒
──除非表現出對值得讚許之事的刻意隱瞞（這種事偶而還是
會碰到）及傷害之故意。我也樂於期待您未經竄改的評論刊登
於《德意志萬有文庫》（*Allgemeine Deutsche Bibliothek*）。您在
這種處理方式中極其巧妙地表現出存心之正直與純潔，而這是
真正的學者之標誌，而且必然永遠使我感到敬意（不論您會作
何評斷）。我也坦承：一開始我並未指望我的著作會很快地受
到歡迎；因為就這項目的而言，我尚未充分按照一般可理解的
方式，將我在超過12年的時間內先後深思熟慮的材料編寫成
稿，為此可能還需要數年之久；但我卻在大約四至五個月內完
稿了，因為我害怕在經過長期蹉跎之後，如此一件廣大悉備的
工作本身最後會成為我的負擔，而且我日增的年歲（我現在已
60歲了）最後或許會使我（這整個系統目前還在我的腦中）不可
能完成此事。甚至就這部著作現在的樣子而言，我目前還是十
分滿意我這項決定，以致我不希望它未寫出來（不論以什麼代

4　【譯注】這是指德國出版商老哈特克諾赫(Johann Friedrich Hart-
knoch, 1740-1789)。《純粹理性批判》即是由他的出版社所出版。
他的兒子(1768-1819)與他同名，亦繼承其業。

價），但無論如何也決不願意再度承擔為此所需付出的長期努力。起初由大量極不熟悉的概念，以及大量更不常用的（儘管對此是必要的）新語言必然引起的暈眩將會消失。若干論點將會逐漸明朗（我的《序論》或許對此能有所助益）。這些論點將會澄清其他的論點，當然有時還是需要我加以闡明；而只要我們先著手工作，並且願意從一切問題所繫的主要問題（我已將這個問題闡述得夠清楚了）出發，逐步個別地考察每個部分，且藉由統合的努力去處理它們，最後我們就會通觀並了解整體。一言以蔽之，機器一旦完成了，我們就只消打磨其零件，或為它們上油，以消除摩擦，否則摩擦的確會使機器停止。這種學問還有以下的特性，即是：為了要校正每個部分，有必要有對全體加以闡述，且因此為了要做到這點，我們有權讓這門學問暫時保持某種粗糙狀態。但如果我想要一下子完成這兩件事，則若非我的能力，就是甚至我的壽命都不足以完成。

您不吝提到：欠缺通俗性是人們能加諸拙著的一項公允的責難；因為事實上，每一部哲學著作都必須能夠有通俗性，否則它可能在貌似深刻之煙幕中掩蓋一派胡言[5]。然而，在達到

5　為了不讓語言之新奇與難以穿透的晦澀為我的讀者所造成之不便完全歸咎於我，我想提出以下的建議。人們會判定：純粹知性概念或是範疇之推證——亦即，〔證明〕擁有對一般而言的事物底全然先天的概念之可能性——是極度必要的，因為若無這種推證，純粹先天知識就決不會有確實性。而我希望有人嘗試以更容易且更通俗的方式去完成這種推證；這樣一來，他就會感覺到困難，而這是思辨在這個領域中所能碰到的一切困難中最大的困難。但是我完全確定：除了從我已指出的來源之外，他決無法從其他的來

如此高遠的研究當中，我們不能從這種通俗性開始。只要我能
促使人們以中規中矩的想法在諸多不合規矩的說法當中與我同
行一段路，我還是願意自行著手——但其他人在這個問題上會
更幸運——為整體勾勒一個通俗但卻深刻的概念（對此，我的心
中已有藍圖）。只要我們能繼續發展解悟——較有品味的公眾當
然不會關切其工作，直到它走出其幽暗的工作室，並且帶著一
身光澤，連公眾之評斷都不會害怕為止——，我們就願意暫時
稱為「**學究**」（Dunse/doctores umbratici）。請您惠以對整體再度
略加瀏覽，並且注意：我在《批判》中所處理的決非形上學，
而是一門全新的且迄今尚無人嘗試過的學問，即是**一種先天地
判斷的理性之批判**。其他人（如**洛克**與**萊布尼茲**）固然也提到了
這種能力，但卻始終與其他的認知力相混雜，可是從無人想到
過：這是一種正規的且必然的、甚至十分廣泛的學問之對象，
而這門學問要求有眾多分支（而不偏離「僅考慮**唯一的純粹認
知能力**」之限制），且同時能（這是奇妙之事）從這種能力之本
性**推衍出這門學問所涉及的一切對象**，將它們加以列舉，並且
藉由它們在一種整體認知能力中的關聯證明其完整性；這決非
任何其他的學問所能做到，亦即單從一種認知能力底概念（若
它已準確地被決定的話）也能先天地展開一切對象——這是我
們對它們所能知道的一切，甚至是我們儘管欺騙地、但仍不由
自主地被強迫對它們所作的判斷。邏輯會是最類似於這門學
問，但在這一點上卻遠遠不如它。因為邏輯固然涉及一般而言

（續）————————————————————
　　源將它們推衍出來。

的知性之每種運用，但決無法指明，它涉及哪些對象，以及知性底知識有多大的範圍，而是因此必須等待從經驗或是其他的地方（例如，從數學）得到其運用底對象。

而今，我最尊貴的先生，若您還要繼續在這個問題上有所著力，我請求您運用您的聲望與影響力，促使我的反對者——不是我這個人底反對者（因為我與全世界都和睦相處），而是我那部著作底反對者，而且不是匿名的反對者——不要一下子攻擊一切或是中間的某一點，而是井然有序地進行：首先考察或是同意我關於分析知識與綜合知識之區分的學說，再進而考慮在《序論》中明確地被提出來的那項普遍課題，即「先天綜合知識是否可能」，然後依序探討我解決這項課題的嘗試云云。因為我敢按規則證明：沒有任何一個真正的形上學命題能脫離整體而得到證實，而是必須始終僅從它對於我們的所有一般而言的純粹理性知識之來源的關係，因而從這類知識底可能的整體之概念被推衍出來云云。然而，不論您對於我的這項請求是如何的體貼與熱心，我還是願意承認：按照這個時代流行的品味，亦即將思辨性事物中的困難之事設想為簡單的（不是化為簡單的），您最令人滿意的努力在這一點上將會徒勞無功。在我所認識的人士當中，或許唯有加爾維、孟德爾頌與特騰斯[6]之

6　【譯注】特騰斯（Johann Nicolaus Tetens, 1736-1807）是德國哲學家，曾先後擔任畢佐夫（Bützow）大學教授及基爾（Kiel）大學教授，1789年遷居丹麥哥本哈根，並擔任公職。他的哲學思想深受英國經驗論之影響，並且將休謨底哲學引進德國。其主要著作有《論語言與文字之根源》（*Über den Ursprung der Sprachen und der*

參與才能使這件事在短時間內達到一項數百年來無法達到的
目的；然而，這些傑出的人士害怕耕耘一片沙漠，儘管為它付
出辛勞，它卻始終依然毫無回報。在此期間，人類底努力一直
在兜圈子，並且回到它們曾待過的地點；在這種情況下，目前
埋在塵土中的建材或許會被加工成一座富麗堂皇的建築。

　　承蒙您的好意，對我關於純粹理性底辯證性矛盾的**闡述**提
出一項有利的評斷——儘管您不滿意其**解決方式**[7]。如果我在哥
廷根的評論者能自行得出即使只是一項這類的評斷，我至少不
會猜測他有惡意，我會歸咎於我的大部分命題之未能達意（這出
乎我的意料），且因此也**多半歸咎於我自己**；並且不會帶著一些
火氣回答，而是寧可根本不回答，或是至多只是略發牢騷，說
人們尚未抓住基礎，就想如此絕對地判定一切。但如今在這篇

(續)————————————————

　　　Schrift, 1772)、《論一般思辨哲學》(*Über die allgemeine speculative
　　　Philosophie*, 1775)、《關於人性及其發展的哲學論文》(*Philoso-
　　　phische Versuche über die menschliche Natur und ihre Entwicklung*,
　　　2 Bände, 1777) 等。最後一書對康德底思想有所影響。

7　　解決之關鍵卻已被提出來了——儘管其最初的運用讓人不習慣，
　　　且因此是困難的。其關鍵在於：我們能根據兩個概念來看待一切
　　　被提供給我們的對象，**一則**當作現象，**再則**當作物自身。如果我
　　　們將現象當作物自身，並且在諸條件之系列中向現象要求**絕對無**
　　　條件者，我們就會陷於不折不扣的矛盾之中；但若我們指出：這
　　　個完全無條件者不存在於現象當中，而是僅存在於物自身，這些
　　　矛盾就會消解。反之，如果我們將**作為物自身**而能包含宇宙中某
　　　物之條件的東西當作**現象**，我們就會在不必要有矛盾的地方（例如
　　　在自由〔底問題〕上）為自己製造矛盾；而一旦考慮到對象之上述
　　　的不同意義，這項矛盾就會消解。

評論中，通篇充斥著如此一種輕視與自大之傲慢腔調，使我不由得想要盡可能地讓這位偉大的天才曝光，以便藉由比較他的作品與我的作品（不論它們是多麼微不足道）來判定：是否在他那邊真的有一種極大的優越性？還是或許有作者底某種心機隱藏在背後，為的是藉由稱讚一切與在他自己的著作中出現之命題協調一致的東西，而指摘一切與它們相違背的東西，暗中為自己在某一學科中樹立一點對於所有作者的支配力（如果他們想要得到好評，就不得不焚香膜拜，並且將他們所猜想的評論者之著作捧為其主導思想），並且毋須特別費力就逐漸為自己贏得一份聲名？請您據此評斷：我是否以**一種有些嚴厲的方式**表達了我對於哥廷根底評論者的不滿（如您所願意說的）？

在您願意就此事為我提出解釋（據此，真正的評論者必須保持匿名）之後，依我的了解，我對於他必須接受的挑戰之期待落空了；他必須自願接受這番挑戰，也就是現身——即使在這種情況下，我還是受到約束，對於我從您好意的報導所得知此事之真正始末**不得作絲毫公開的運用**。此外，對我而言，一場激烈的學術爭論是如此難以忍受，而甚至在我們一定要進行這場爭論之情況下所處的心靈狀態是如此反常，以致我寧可承擔最煩瑣的工作，針對最尖銳的、但只想追求解悟的反對者，闡釋並證成我已寫過的東西，而不想要在我的內心鼓動並維持一種在其他情況下決不會在我心中出現的情緒。然而，如果這位哥廷根底評論者認為必須在學報上回答我的意見，而且是以上述的手法，即不透露其身分，那麼我就不得不（但不損及我上述的義務）藉有效的措施來排除存在於一個隱形的攻擊者與一個暴露於全世界面前的自衛者之間這種惱人的不平等——儘管還有

一項折中之道，即是不公開具名，但是在必要時以書面向我現身（基於我在《序論》中所提出的理由），並且公開而心平氣和地宣告並解決他可以自己選擇的爭論點。但我們在此很想呼喊：「啊！人類底憂慮呀！」[8]軟弱的人類！你們自命說：你們僅關心真理與知識之傳布，但其實在意的僅是你們的虛榮。

而今，我可敬的先生，請您不要讓這次機緣成為絕響，而要在方便時保持交往，這是我極度期望的。姑且不論才能之卓越，您在第一封大札中所表現的那種品格在我們的學術界並非如此多見，以致重視心地純潔、溫厚與同情甚至勝於一切學問的人在見到一人兼有如此多的功績時，會感受到一種熱切的期盼，想要與他更密切地聯繫。來自一位如此明理而細膩的人士之任何建議、任何提示，對我來說，總是極度可貴的；再者，如果在我這邊我可以提供任何東西來回報這樣一種盛意，我會加倍高興。謹以真正的尊敬與恭順

致可敬的先生

您最順從的僕人

伊曼努埃・康德

1783年8月7日於柯尼希貝爾格（Königsberg）

8　【譯注】"O curas hominum!" 語出古羅馬詩人佩爾修斯（Aulus Persius Flaccus, 34-62）底《諷刺詩集》；見 W.V. Clausen. (ed.): *Saturarum Liber, Accedit Vita* (Oxford: Clarendon, 1956), I.1. 康德在其《實用人類學》（*Anthropologie in pragmatischer Hinsicht*）中也引用了這句詩（*KGS*, Bd. 7, S. 189）。

參考文獻

一、此書之版本

Immanuel Kant's Prolegomena zu einer jeden künftigen Metaphysik, die als Wissenschaft wird auftreten können. Herausgegeben von Benno Erdmann, Leipzig: Voss 1878.

Immanuel Kant: *Prolegomena zu einer jeden künftigen Metaphysik, die als Wissenschaft wird auftreten können.* Herausgegeben von Karl Schulz, Leipzig: Reclam 1888.

————: *Prolegomena zu einer jeden künftigen Metaphysik, die als Wissenschaft wird auftreten können.* Herausgegeben von Karl Vorländer, Hamburg: Meiner 1957.

————: *Prolegomena zu einer jeden künftigen Metaphysik, die als Wissenschaft wird auftreten können.* Textkritisch herausgegeben und mit Beilagen versehen von Rudolf Malter, Stuttgart: Reclam 1989.

————: *Prolegomena zu einer jeden künftigen Metaphysik, die als Wissenschaft wird auftreten können.* Eingeleitet und mit Anmerkungen herausgegeben von Konstantin Pollok, Hamburg: Meiner 2001.

————: *Prolegomena zu einer jeden künftigen Metaphysik, die als Wis-*

senschaft wird auftreten können. In: *Kants Gesammelte Schriften* (Akademie-Ausgabe), Bd. 6, S. 203-493.

二、此書之評論

Allgemeine deutsche Bibliothek, 59. Bd., 2. Stück, Berlin and Stettin, verlegts Friedrich Nichlai, 1784, S. 322-356. [H.A. Pistorius]

Allgemeine Literatur-Zeitung, Jena, Bd. 3 (1785), Nr. 162 (Dienstags, den 12. Julius 1785), 41a-44a; Nr. 164 (Donnerstags, den 14. Julius 1785), 53a-56b; Nr. 178 (Freytags, den 29. Julius 1785), 117a-118b; Nr. 179 und Beylage (Sonnabends, den 30. Julius 1785), 121a-128b. [Ch. G. Schütz]

Altonaischer Gelehrter Mercurius, "Kan man sich in der Metaphysick auf gesunden Menschenverstand berufen? (Aus Kants Prolegomenen)", 33. Stück, Altona, den 14 August, 1783, S. 257-258.

Altonaischer Gelehrter Mercurius, 31. Stück, Altona, den 31 Juli 1783, S. 243-245.

Gothaische gelehrte Zeitungen, 86. Stück, den 25 October 1783, S. 705-710; 87. Stück, den 29 October 1783, S. 715-718.

Neueste Critische Nachrichten, 9. Bd., 35. Stück (den 30. August 1783), Greifswald, S. 280.

Philosophische Unterhaltungen. Hg. von J.G. Müller, Bd. 1, Leipzig 1786, S. 122-133.

Russische Bibliothek, zur Kenntniß des gegenwärtigen Zustandes der Literatur in Rußland, herausgegeben von Hartwich Ludwig Christian Bacmeister, 10. Bd., 1-3. Stück, St. Petersburg, Riga und Leipzig, 1786, S. 163-165.

Uebersicht der neuesten Philosophischen Litteratur, von Johann Christian Lossius, 1. Stück, Gera 1784, S. 51-70.

Kiesewetter, Johann Gottfried Karl Christian: *Gedrängter Auszug aus Kants Prolegomena zu einer jeden künftigen Metaphysik, die als Wissenschaft wird auftreten können.* Berlin 1796.

Landau, Albert: *Rezensionen zur Kantischen Philosophie*, Bd. 1, 1781-1787. Bebra: Landau 1991.

Stöger, Bernard: *H. I. Kants Prolegomena zu jeder künftigen Metaphysik, die als Wissenschaft wird auftreten können, in einem kurzen Auszuge, nebst Sätzen aus Logik, Metaphysik und Anthropologie,* vorgelegt von B. Stöger und vertheidigt von Karl Eßlinger und Thaddäus Gerl, Salzburg: F.X. Duyle 1794.

三、此書之校勘

Grillo, Friedrich: "Druckfehlerverzeichnis in den Schriften Herrn I. Kant". In: *Philosophischer Anzeiger.* Herausgegeben von Ludwig Heinrich Jakob, Halle/Leipzig 1795, 37-45, 47-49, 51-54. Stück; Nachdruck in: *Aetas Kantiana*, 128a (Bruxelles: Culture et Civilisation 1968).

Hoyningen-Huene, Paul: "Eine weitere Textverschiebungshypothese zu Kants *Prolegomena* (und zur 2. Auflage der *KrV*)". *Kant-Studien,* 89. Jg. (1998), S. 84-89.

Kühn, Emil: *Kants Prolegomena in sprachlicher Bearbeitung.* Gotha: E.F. Thienemann 1908.

Kullmann, Georg: "Die Reihenfolge der Prolegomenadrucke. Ein Beitrag zu einer Kantbibliographie". *Altpreussische Monatsschrift,* Bd. 51 (1914), S. 193-215.

————: "Hartnäckige Druckfehler". *Altpreussische Monatsschrift,* Bd.

56 (1919), S. 135-140.

————: *Kantiana I. Korrekturen und Konjekturen zu den Prolegomenen.* Wiesbaden: Heinrich Staadt 1922.

Riehl, Alois: "Korrekturen zu Kant". *Kant-Studien*, Bd. 5 (1901), S. 268-269.

Schopenhauer, Arthur: "Druckfehler in den 'Prolegomena zu jeder Metaphysik', erste u. vermuthl. einzige Aufl. v. 1783". In: "Drei Briefe Schopenhauers an Karl Resenkranz betreffend die Gesammtausgabe von Kants Werken. Mitgetheilt von Rudolf Reicke", *Altpeussische Monatsschrift*, Bd. 26 (1889), S. 327f.

Stark, Werner: "Zu Kants Mitwirkung an der Drucklegung seiner Schriften". In: Bernd Ludwig, *Kants Rechtslehre* (Hamburg: Meiner 1988), S. 7-29.

Warda, Arthur: "Ein Bruckstück aus Kants Manuscript zu seinen *Prolegomena zu einer jeden künftigen Metaphysik*". *Altpreussische Monatsschrift*, Bd. 37 (1900), S. 533-553.

四、此書之翻譯與注解

Apel, Max: *Kommentar zu Kants Prolegomena.* Leipzig: Felix Meiner 1923.

Carus, Paul (ed.): *Kant's Prolegomena to any Future Metaphysics.* Chicago: Open Court 1949.

Logan, Beryl (ed.): *Immanuel Kant's Prolegomena to Any Future Metaphysics.* London: Routledge 1996.

Kant, Immanuel: *Prolegomena to Any Future Metaphysics.* Trans. by Cary Hatfield, Cambridge: Cambridge University Press 1997.

————: *Prolegomena to Any Future Metaphysics That Will Be Able to*

Present Itself as Science. With Two Early Reviews of the Critique of Pure Reason. Edited by Günter Zöller, translated by Peter G. Lucas and Günter Zöller, Oxford: Oxford University Press 2004.

Kirchmann, Julius Hermann von: *Erläuterungen zu Kant's Prolegomenen zu einer jeden künftigen Metaphysik, die als Wissenschaft wird auftreten können.* Berlin: L. Heimann's Verlag（Erich Koschny）1873.

康德著、龐景仁譯：《任何一種能夠作爲科學出現的未來形而上學導論》。北京：商務印書館，1995。

康德著、李秋零主編：《未來形而上學導論》，收入李秋零譯：《康德著作全集》，第4卷(北京：中國人民大學出版社，2005)，頁253-389。

五、中文相關資料

丁冬紅：〈康德的因果學說及人類認識的主觀能動性──兼論對康德先驗論的歷史評價〉。《外國哲學》，第8輯（1986），頁119-139。

于　文：〈哲學革命的「綱要」：讀康德《導論》有感〉。《讀書》，1984年第7期，頁65-73；收入《中國人民大學複印報刊資料：外國哲學與哲學史》，1984年第7期，頁63-69。

王樹人：〈談談康德的《導論》〉。《讀書》，1979年第3期，頁48-55；收入《複印報刊資料：外國哲學與哲學史》，1979年第7期，頁11-16。

余碧平：〈康德《未來形而上學》論綱〉。《學術月刊》，1988年第3期，頁43-45；收入《中國人民大學複印報刊資料：外國哲學與哲學史》，1988年第6期，頁31-33。

吳開明：〈課題的提出與問題的轉換──從《未來形而上學導論》看康德與休謨關係〉。《福建學刊》，1993年第2期，頁47-52；

收入《中國人民大學複印報刊資料：外國哲學與哲學史》，
1993年第6期，頁107-112。

李明輝：《康德倫理學與孟子道德思考之重建》。臺北：中央研究
院中國文哲研究所，1994。

李　懷：〈康德的先天感性形式和先天知性範疇是如何由主觀性轉
化爲客觀性的——康德《導論》學習體會〉。《綏化師專學
報》，1989年第2期，頁1-5；收入《中國人民大學複印報刊資
料：外國哲學與哲學史》，1989年第11期，頁59-63。

李質明：《康德「導論」評述》。福州：福建人民出版社，1984。

林秉生：〈對康德哲學中分析判斷與綜合判斷的區分之探究〉。《鵝
湖學誌》，第10期(1993年6月)，頁131-144。

陳嘉明：〈康德的「綜合」方法〉。《外國哲學》，第8輯(1986)，
頁100-118。

陳榮灼：〈康德空間理論的現象學安立〉。《鵝湖月刊》，第8卷第
5期(1982年11月)，頁17-20。

鄭　昕：〈「主」「客」之辨兼論《未來玄學》——《康德學述》
補篇之一〉。《外國哲學》，第5輯(1981)，頁133-145。

六、西文相關資料

Allison, Henry E.: "The Originality of Kant's Distinction between
Analytic and Synthetic Judgment". In: Richard Kennington (ed.),
The Philosophy of Immanuel Kant (Washington, D. C.: Catholic
University of America Press 1985), pp. 15-38.

Arnoldt, Emil: "Kants Prolegomena nicht doppelt redigiert. Widerlegung
der Enno Erdmann'schen Hypothese". *Altpeussische Monats-
schrift*, Bd. 16 (1879), S. 1-78; auch in: Emil Arnoldt, *Gesam-
melte Schriften*, hrsg. von O. Schöndörfer, Bd. III (Berlin: Bruno

Cassirer 1908), S. 3-101.

————: "Garves erster Brief an Kant und Kants Antwort". In: Emil Arnoldt, *Gesammelte Schriften*, hrsg. von O. Schöndörfer, Bd. IV (Berlin: Bruno Cassirer 1908), S. 77-118.

————: "Vergleichung der Garve'schen und der Feder'schen Rezension über die Kritik der reinen Vernunft". In: idem, *Gesammelte Schriften*, hrsg. von O. Schönörfer, Bd. IV (Berlin: Bruno Cassirer 1908), S. 7-76.

Bandyopadhyay, Prasanta S.: "Incongruent Counterparts and the Nature of Space: Demystifying Their Reappearance in Kant's Writings". In: Volker Gerhardt u. a. (Hg.), *Kant und Berliner Aufklärung. Akten des IX. Internationalen Kant-Kongresses* (Berlin: de Gruyter 2001), Bd. 2, S. 122-128.

Baumgarten, Alexander Gottlieb: *Aesthetica*. Frankfurt/Oder 1750-1758; Nachdruck Hildesheim: Georg Olms 1961.

————: *Metaphysica*. Halle 1779, 7. Aufl.; Nachdruck Hildesheim: Georg Olms 1963.

Baumgärtner, Jörg: "An Uncritical Sense of 'Subjective' in the *Critique of Pure Reason* and in the *Prolegomena*". In: Gerhard Funke (Hg.), *Akten des 7. Internationalen Kant-Kongresses, Kurfürstliches Schloß zu Mainz 1990* (Bonn: Bouvier 1991), Band II/1, S. 73-80.

Baumgartner, Hans Michael: *Kant "Kritik der reinen Vernunft": Anleitung zur Lektüre*. Feiburg i. Br.: Karl Albert 1985. 李明輝中譯本：《康德「純粹理性批判」導讀》。臺北：聯經出版公司，1988。

Beanblossom, Ronald E.: "Kant's Quarrel with Reid: The Role of Metaphysics". *History of Philosophy Quarterly*, Vol. 5 (1988), pp.

53-62.

Beck, Lewis White: "Hatte denn der Philosoph von Königsberg keine Träume?". In: Gerhard Funke (Hg.), *Akten des 4. Internationalen Kant-Kongresses, Mainz 1974* (Berlin: de Gruyter 1974), Teil III, S. 26-34.

——: *Essays on Kant and Hume*. New Haven: Yale University Press 1978.

Beiser, Frederick C.: *The Fate of Reason: German Philosophy from Kant to Fichte*. Cambridge/Mass.: Harvard University Press 1987.

Beiser, Frederick C.: *German Idealism: The Struggle against Subjectivism 1781-1801*. Cambridge/Mass.: Harvard University Press 2002.

Brandt, Reinhard: " Feder und Kant". *Kant-Studien*, 80. Jg. (1989), S. 249-264.

——: "Rezension zu Lothar Kreimendahl: *Kant - Der Durchbruch von 1769*." *Kant-Studien*, 83. Jg. (1992), S. 100-111.

Brandt, Reinhard/Klemme, Heiner F. (Hg.): *David Hume in Deutschland*. Marburg: Universitätsbibliothek Marburg 1989.

Breidert, Wolfgang: "Die Rezeption Berkeleys in Deutschland im 18. Jahrhundert". *Revue Internationale de Philosophie*, Vol. 39 (1985), pp. 223-241.

Buhl, Günter: "Über ein mathematisches Beispiel in Kants *Prolegomena*". In: Hariof Oberer (Hg.), *Kant. Analysen – Probleme – Kritik*, Bd. II (Würzburg: Königshausen & Neumann 1996), S. 261-264.

Buroker, Jill Vance: *Space and Incongruence. The Origin of Kant's Idealism*. Dordrecht: D. Reidel 1981.

Buschmann, Cornelia: "Die philosophischen Preisfragen und Preisschriften der Berliner Akademie der Wissenschaften im 18. Jahrhundert", in: Wolfgang Förster (Hg.), *Aufklärung in Berlin* (Berlin: Akademie-Verlag 1989), S. 165- 228.

Capaldi, Nicholas: "The Copernican Revolution in Hume and Kant". In: Lewis White Beck (ed.), *Proceedings of the Third International Kant-Congress* (Dordrecht: Reidel 1972), pp. 234-240.

Corr, Charles A.: "Analytic and Synthetic Method in Kant". In: P. Laberge, F. Duchesneau & B.E. Morrisey (ed.): *Proceedings of the Ottawa Congress on Kant in the Anglo-American and Continental Traditions* (Ottawa: The University of Ottawa Press 1976), pp. 382-390.

————: "The Relationship Between the *Critique of Pure Reason* and the *Prolegomena* of Immanuel Kant". In: Gerhard Funke (Hg.), *Akten des 5. Internationalen Kant-Kongresses, Mainz 1981* (Bonn: Bouvier 1981), Teil I.2, S. 711-719.

Crusius, Christian August: *Weg zur Gewißheit und Zuverläßigkeit der menschlichen Erkenntniß*, Leipzig 1747; Nachdruck in: derselbe, *Die philosophischen Hauptwerke*, Bd. 3 (Hildesheim: Georg Olms 1965).

Dauer, Francis W.: "Towards a Copernican Reading of Hume". *Noûs*, Vol. 9, No 3 (Sep. 1975), pp. 269-293.

Descartes, René: *The Philosophical Works of Descartes*. Trans. by Elizabeth S. Haldane & G. R. T. Ross, Cambridge: Cambridge University Press 1968.

Dörflinger, Bernd: "Die Dignität des Erfahrungsurteils". *Prima Philosophia* (Cuxhaven), Bd. 8 (1995), S. 125-138.

Erdmann, Benno: "Kant und Hume um 1762". *Archiv für Geschichte der Philosophie*, Bd. 1 (1888), S. 62-77.

————: *Historische Untersuchungen über Kants Prolegomena*. Halle:

Max Niemeyer 1904 (Nachdruck Hildesheim: H. A.Gerstenberg 1975).

Falkenstein, Lorne: "The Great Light of 1769 – A Humeian Awakening? Comments on Lothar Kreimendahl's Account of Hume's Influence on Kant". *Archiv für Geschichte der Philosophie*, Bd. 77 (1995), S. 63-79.

Farr, Wolfgang (Hg.): *Hume und Kant*. Freiburg i. Br.: Alber 1982.

Förster, Eckart: "Kant's Refutation of Idealism". In: A.J. Holland (ed.), *Philosophy, Its History and Historiography* (Dordrecht: D. Reidel 1985), pp. 287-303.

Freundiger, Jürg: "Zum Problem der Wahrnehmungsurteile in Kants theoretischer Philosophie". *Kant-Studien*, 82. Jg. (1991), S. 414-435.

Friedmann, Michael: "Kant on Space, the Understanding and the Law of Gravitation: *Prolegomena* §38". *The Monist*, Vol. 72 (1989), pp. 236-284.

Groos, Karl: "Hat Kant Hume's Treatise gelesen? "*Kant-Studien*, Bd. 5 (1901), S. 177-181.

Gutterer, Dietrich: "Über das Wahrnehmungsurteil in Kants *Prolegomena*". *Kodikas/Code* (Tübingen), Bd. 1 (1979), S. 281-291.

Guyer, Paul: *Knowledge, Reason, and Taste: Kant's Response to Hume*. Princeton: Princeton University Press 2008.

Hamann, Johann Georg: *Briefwechsel*. Frankfurt/M: Insel 1988.

Hatfield, Gary: "The *Prolegomena* and the *Critiques of Pure Reason*". In: Volker Gerhardt u. a. (Hg.), *Kant und Berliner Aufklärung. Akten des IX. Internationalen Kant-Kongresses* (Berlin: de Gruyter 2001), Bd. 1, S. 185-208.

Heidemann Dietmar Hermann: *Kant und das Problem des metaphy-*

sischen Idealismus. Berlin: de Gruyter 1998.

Herissone-Kelly, Peter: "The Transcendental Ideality of Space and the Neglected Alternative". *Kant-Studien*, 98. Jg. (2007), S. 269-282.

Hoppe, Hansgeorg: "Kants Antwort auf Hume". *Kant-Studien*, Bd. 62. (1971), S. 335-350; auch in: Wolfgang Farr (Hg.), *Hume und Kant* (Freiburg i. Br.: Alber 1982), S. 209-230.

Hume, David: *Dialogues Concerning Natural Religion*. Edited, with an introduction, by Norman Kemp Smith, Indianapolis: Bobbs-Merrill 1947.

————: *Enquiry Concerning Human Understanding*. Edited by P.H. Nidditch, Oxford: Clarendon 1975, 3rd edition.

————: *A Treatise of Human Nature*. Edited by L.A. Selby-Bigge, Oxford: Oxford University Press 1978, 2nd edition.

Jacquette, Dale: "Of Time and the River in Kant's Refutation of Idealism". In: Volker Gerhardt u. a. (Hg.), *Kant und Berliner Aufklärung. Akten des IX. Internationalen Kant-Kongresses* (Berlin: de Gruyter 2001), Bd. 2, S. 571-581.

Kant, Immanuel: *Kants Gesammelte Schriften*. 29 Bde. Bd. 1-22, hrsg. von der Königlich Preußischen Akademie der Wissenschaften, Berlin 1902-1942; Bd. 23, herausgegeben von der Deutschen Akademie der Wissenschaften zu Berlin, Berlin 1955; Bd. 24 u. 27-29, herausgegeben von der Akademie der Wissenschaften zu Berlin und der Akademie der Wissenschaften zu Göttingen, Berlin 1966-1974; Bd. 25 u. 26 sind noch nicht erschienen.

Kotzin, Rhoda H./Lansing, East/Baumgärtner, Jörg: "Sensations and Judgments of Perception. Diagnosis and Rehabilitation of Some of Kant's Misleading Examples". *Kant-Studien*, 81. Jg. (1990), S.

401-412.

Kreimendahl, Lothar: *Kant - Der Durchbruch von 1769.* Köln: Dinter 1990.

Kühn, Emil: *Kants Prolegomena in sprachlicher Bearbeitung.* Gotha: E.F. Thienemann 1908.

Kühn, Manfred: "The Early Reception of Reid, Oswald and Beattie in Germany: 1768-1800". *Journal of the History of Philosophy,* Vol. 21 (1983), pp. 479- 496.

————: "Kant's Conception of Hume's Problem". *Journal of the History of Philosophy,* Vol. 21 (1983), pp. 175-193.

————: *Scottish Common Sense in Germany, 1768-1800: A Contribution to the History of Critical Philosophy.* Kingston/Ont.: McGill-Queen's University Press 1987.

Lehmann, Gerhard: "Kants Widerlegung des Idealismus". In: idem, *Beiträge zur Geschichte und Interpretation der Philosophie Kants* (Berlin: de Gruyter 1969), S. 171-187.

Leibniz, Gottfried Wilhelm: *Die Theodizee.* Hamburg: Felix Meiner 1968, 2. Aufl.

————: *Vernunftprinzipien der Natur und der Gnade. Monadologie.* Hamburg: Felix Meiner 1982, 2. Aufl.

————: *Philosophical Papers and Letters.* Translated and edited by Leroy E. Loemker, Dordrecht: Kluwer Academic Publishers 1989, 2nd Edition.

Locke, John: *An Essay Concerning Human Understanding,* edited by Peter H. Nidditch, Oxford: Oxford University Press 1975.

Logan, Beryl: "Hume and Kant on 'Knowing' the Deity". *International Journal for Philosophy of Religion,* Vol. 43, No. 3 (1998), pp. 133-148.

Löwisch, Dieter-Jürgen: *Immanuel Kant und David Hume's "Dialogues concerning Natural Religion". Ein Versuch zur Aufhellung der Bedeutung von Humes Spätschrift für die Philosophie Immanuel Kants*, im besonderen für die "Kritik der reinen Vernunft". Diss. Bonn 1963.

————: "Kants Kritik der reinen Vernunft und David Humes Dialogues Concerning Natural Religion". *Kant-Studien*, 56. Jg. (1966), S. 170- 207.

Lohmar, Dieter: "Kants Wahrnehmungsurteile als Erbe Humes?". *Zeitschrift für philosophische Forschung*, Bd. 46 (1992), S. 186-204.

Lovejoy, Arthur: "On Kant's Reply to Hume". *Archiv für Geschichte der Philosophie*, Bd. 19 (1906), S. 380-407.

Lütterfeld, Wilhelm: "Kant oder Berkeley? Zum aktuellen Streit um den konkreten Realismus?" *Perspektiven der Philosophie (Neues Jahrbuch)*, Bd. 22 (1966), S. 305-340.

Mall, Ram Adhar: "Hume's Prinzipien und Kant's Kategoriensystem". *Kant-Studien*, Bd. 62. (1971), S. 319-334.

Malter, Rudolf: "Rezension von B. Erdmann: *Historische Untersuchungen über Kants Prolegomena*". *Kant-Studien*, 67. Jg. (1976), S. 237-238.

Maluschke, Günther: "Prolegomena". In: Franco Volpi/Julian Nida-Rümelin (Hg.), *Lexikon der philosophischen Werke* (Stuttgart: Kröner 1988), S. 593-594.

Mattey, G.J.: "Kant's Conception of Berkeley's Idealism". *Kant-Studien*, 74. Jg. (1984), S. 161-175.

Mohr, Georg: " Wahrnehmungsurteile und Schematismus". In: Hoke Robinson (ed.), *Proceedings of the Eighth International Kant Congress* (Milwaukee: Marquette University Press 1995), Vol.

II.1, pp. 331-340.

Morgan, Vance G.: "Kant and Dogmatic Idealism: A Defense of Kant's Refutation of Berkeley". *Southern Journal of Philosophy*, Vol 31, No. 2 (1993), pp. 217- 237.

Nauen, Franz: "Garve - ein Philosoph in der echten Bedeutung des Wortes". *Kant-Studien*, 87. Jg. (1996), S. 184-197.

Petrus, Klaus: "Beschrieene Dunkelheit und Seichtigkeit. Historisch-systematische Voraussetzungen der Auseinandersetzung zwischen Kant und Garve im Umfeld der Göttinger Rezeption". *Kant-Studien*, 85. Jg. (1994), S. 280-302.

Pollok, Konstantin: "Kants *Prolegomena zu einer jeden künftigen Metaphysik* (1783) und die *Metaphysischen Anfangsgründe der Naturwissenschaft* (1786). Kritische Anmerkungen zur Akademischen Textedition". *Kant-Studien*, 91. Jg., Sonderhefte 2000, Zustand und Zukunft der Akademie-Ausgabe von Immanuel Kants Gesammelten Schriften, herausgegeben von Reinhard Brandt/Werner Stark (Berlin 2000), S. 23-34.

Prauss, Gerold: *Erscheinung bei Kant. Ein Problem der "Kritik der reinen Vernunft"*. Berlin: de Gruyter 1971.

Redekop, Benjamin W.: "Reid's Influence in Britain, Germany, France, and America". In: Terence Cuneo/René van Woudenberg (eds.), *The Cambridge Companion to Thomas Reid* (New York: Cambridge University Press 2004), pp. 313-339.

Robinson, Hoke: "Incongruent Counterparts and the Refutation of Idealism". *Kant-Studien*, 72. Jg. (1981), S. 391-39

Röttgers, Kurt: "J.G.H. Feder – Beitrag zu einer Verhinderungsgeschichte eines deutschen Empirismus". *Kant-Studien*, 73. Jg. (1984), S. 420-441.

Rohs, Peter: "Bezieht sich nach Kant die Anschauung unmittelbar auf Gegenstände?". In: Volker Gerhardt u. a. (Hg.), *Kant und Berliner Aufklärung. Akten des IX. Internationalen Kant-Kongresses* (Berlin: de Gruyter 2001), Bd. 2, S. 214-228.

Ros, Arno: "Kants Begriff der synthetischen Urteile a priori". *Kant-Studien*, 82 Jg. (1991), S. 146-172.

Rusnock, Paul/George, Rolf: "A Last Shot at Kant and Incongruent Counterparts". *Kant-Studien*, 86. Jg. (1995), S. 257-277.

Rohs, Peter: "Wahrnehmungsurteile und Erfahrungsurteile". In: G. Schönrich/Y. Kato (Hg.), *Kant in der Diskussion der Moderne* (Frankfurt/M: Suhrkamp 1996), S. 166-189.

Schalow, Frank: "The Problem of Religious Discourse for Critical Philosophy". *Dialogue* (Journal of Phi Sigma Tau), Vol. 25 (1982), pp. 1-6.

Schipper, E.W.: "Kant's Answer to Humes Problem". *Kant-Studien*, Bd. 53 (1961/ 1962), S. 68-74.

Schmidt, Claudia M.: "Psychologism and Cognitive Theory in Hume and Kant: A Response to Kitcher". *The Southern Journal of Philosophy*, Vol. 43 (2005), pp. 621-641.

Schöndörffer, Otto: "Kant's Briefwechsel. Band I. 1747-1788". *Altpreussische Monatsschrift*, Bd. 37 (1900), S. 435-474.

Schultz, Friedrick Marshal: "Education and the Quest for Apodictic Clarity. Reflections on Kant's *Prolegomena*". *Philosophy of Education*, Vol. 41 (1985), pp. 127-136.

Schulz, Günther: "Christian Garve und Immanuel Kant. Gelehrten-Tugenden im 18. Jahrhundert". *Jahrbuch der schlesischen Friedrich-Wilhelm-Universität zu Bleslau*, Bd. 5 (1960), S. 123-188.

Schumacher, Ralph: "Kant and Berkeley über die Idealität des Raumes". In:

Volker Gerhardt u. a. (Hg.), *Kant und Berliner Aufklärung. Akten des IX. Internationalen Kant-Kongresses* (Berlin: de Gruyter 2001), Bd. 2, S. 238-248.

Seigfried, Hans: "Zum Problem des Wahrnehmungsurteils bei Kant". In: Gerhard Funke (Hg.), *Akten des 4. Internationalen Kant-Kongresses, Mainz 1974* (Berlin: de Gruyter 1974), Teil II.1, S. 255-264.

Sitzler in Aurich: "Zur Blattversetzung in Kants *Prolegomena*. Mit einem Nachwort von H. Vaihinger". *Kant-Studien*, Bd. 9 (1904), S. 538-544.

Stegmüller, Werner: "Der Begriff des synthetischen Urteils a priori und die moderne Logik". *Zeitschrift für philosophische Forschung*, Bd. 8 (1954), S. 535-563.

Steiner, Mark: "Kant's Misrepresentations of Hume's Philosophy of Mathematics in the *Prolegomena*". *Hume Studies*, Vol. 13 (1987), pp. 400-417.

Stern, Albert: *Ueber die Beziehungen Chr. Garve's zu Kant. Nebst mehreren bisher ungedruckten Briefen Kants, Feders und Garve's*. Diss. Leipzig 1884.

Turbayne, Colin Murray: "Kant's Relation to Berkeley". In: Lewis White Beck (ed.), *Kant Studies Today* (La Salle/Illinois: Open Court 1969), pp. 88-116.

Vaihinger, Hans: "Die Erdmann-Arnoldt'sche Controverse über Kant's *Prolegomena*". *Philosophische Monatshefte*, Bd. 16 (1880), S. 44-71.

————: "Eine angebliche Widerlegung der 'Blattversetzung' in Kant's *Prolegomena*". *Philosophische Monatshefte*, Bd. 19 (1883), S. 401-416.

————: "Eine Blattversetzung in Kant's *Prolegomena*". *Philosophische Monatshefte*, Bd. 15 (1879), S. 321-332& 513-532.

Van Cleve, James: "Incongruent Counterparts and Things in Themselves". In: Gerhard Funke/Thomas M. Seebohm (eds.): *Proceedings of the Sixth International Kant Congress* (Washington, D.C.: University Press of America 1991), Vol. II. 2, pp. 33-45.

Ward, Andrew: "What is the Relationship between Kant's Defence of Natural Science and his Attack on Hume's Scepticism about Causation". In: Hoke Robinson (ed.), *Proceedings of the Eighth International Kant Congress* (Milwaukee: Marquette University Press 1995), Vol. II. 1, pp. 373-379.

Washburn, Michael C.: "The Second Edition of the Critique: Toward an Understanding of Its Nature and Genesis". *Kant-Studien*, Bd. 66 (1975), S. 277-290.

Wenzel, Christian Helmut: "Spielen nach Kant die Kategorien schon bei der Wahrnehmung eine Rolle? Peter Rohs und John MacDowell". *Kant-Studien*, 96. Jg. (2005), S. 407-426.

Williams, M.E.: "Kant's Reply to Hume". *Kant-Studien*, Bd. 56 (1965), S. 71-78.

Witte, Johann H.: "Die angebliche Blattversetzung in Kants *Prolegomena*". *Philosophische Monatshefte*, Bd. 19 (1883), S. 145-174.

————: "Prof. H. Vaihinger und seine Polemik". *Philosophische Monatshefte*, Bd. 19 (1883), S. 597-614.

Wolff, Christian: *Philosophia prima sive Ontologia*. Frankfurt u. Leipzig 1736, 2. Aufl.; Nachdruck in: ders., *Gesammelte Werke*, Abt. 2, Lateinische Schriften Bd. 3 (Hildesheim: Georg Olms 1962).

Wolff, Christian: *Psychologia empirica*. Frankfurt u. Leipzig 1738, 2. Aufl.; Nachdruck in: ders., *Gesammelte Werke*, Abt. 2, Lateinische Schriften Bd. 5 (Hildesheim: Georg Olms 1968).

———: *Vernünfftige Gedancken von Gott, der Welt und der Seele des Menschen, auch allen Dingen überhaupt*. Frankfurt/M 1740, 4. Aufl.; Nachdruck in: ders., *Gesammelte Werke*, Abt. 1, Deutsche Schriften, Bd. 3 (Hildesheim: Georg Olms 2003).

Wolff, Robert Paul: "Kant's Debt to Hume via Beattie". *Journal of the History of Ideas*, Vol. 21 (1960), pp. 117-123.

Woudenberg, René van: "Reid and Kant against the Sceptic." In: Joseph Houston (ed.), *Thomas Reid: Context, Influence and Significance* (Edinburgh: Dunedin Academic Press 2004), pp. 161-186.

Zachhuber, Johannes: "'Überschwenglich'. Ein Begriff der Mystikersprache bei Immanuel Kant". *Archiv für Begriffsgeschichte*, Bd. 42 (2000), S. 139-154.

人名索引

A

Apel, Max, 48

Aristoteles（亞里斯多德）, 97-98, 157

Arnoldt, Emil（阿諾德）, xxi-xxii, xxv-xxvii, 225

B

Baumeister, Friedrich Christian（鮑麥斯特）, 23

Baumgarten, Alexander Gottlieb（包姆加騰）, 24, 101, 192

Baumgartner, Hans Michael（包姆嘉特納）, xxxvii, 36

Beattie, James（比提）, xiv, 5-6, 8

Berkeley, George（柏克萊）, xiv, xvi-xviii, xxii, xxxviii, 55, 164-166, 180, 187

Buschmann, Cornelia, 155

C

Crusius, Christian August（克魯修斯）, 92

D

Descartes, René（笛卡爾）, xviii, xxxii, xxxviii, 55, 116-117, 166

E

Erdmann, Benno（艾爾德曼）, xxv-xxvii, 71

Euclid（歐幾里德）, xvii, 27, 164

Ewald, Schack Hermann（艾瓦爾德）, vi, xxiv, 172, 189

F

Feder, Johann Georg Heinrich（費德爾）, vi, xiii, xxi-xxii, 10, 179, 226, 232

概念索引

七畫

十一畫

聯經經典

一切能作為學問而出現的未來形上學之序論

2021年10月二版 定價：新臺幣360元
有著作權・翻印必究
Printed in Taiwan.

著　　　者	康　　　德
譯 注 者	李　明　輝
特 約 編 輯	李　國　維
封 面 設 計	黃　祉　菱

出　版　者	聯經出版事業股份有限公司	副總編輯	陳　逸　華
地　　　址	新北市汐止區大同路一段369號1樓	總 編 輯	涂　豐　恩
叢書主編電話	(02)86925588轉5305	總 經 理	陳　芝　宇
台北聯經書房	台北市新生南路三段94號	社　　　長	羅　國　俊
電　　　話	(02)23620308	發 行 人	林　載　爵
台中分公司	台中市北區崇德路一段198號		
暨門市電話	(04)22312023		
郵政劃撥帳戶	第0100559-3號		
郵 撥 電 話	(02)23620308		
印　刷　者	世和印製企業有限公司		
總　經　銷	聯合發行股份有限公司		
發　行　所	新北市新店區寶橋路235巷6弄6號2F		
電　　　話	(02)29178022		

行政院新聞局出版事業登記證局版臺業字第0130號

本書如有缺頁，破損，倒裝請寄回台北聯經書房更換。　ISBN　978-957-08-6044-3 (平裝)
聯經網址 http://www.linkingbooks.com.tw
電子信箱 e-mail:linking@udngroup.com

國家圖書館出版品預行編目資料

一切能作為學問而出現的未來形上學之序論 /
康德著 . 李明輝譯注 . 二版 . 新北市 . 聯經 . 2021.10
328面 . 14.8×21公分 . (聯經經典) . 參考書目：33面(含索引)
譯自：Prolegomena zu einer jeden künftigen
　　　Metaphysik, die als Wissenschaft wird
　　　Auftreten können
ISBN　978-957-08-6044-3（平裝）
[2021年10月二版]

1.形上學 2.知識論

160　　　　　　　　　　　　　　　　　　　110016650